# LA GUERRE DES SOLDATS INCONNUS

du même auteur

*LE PACHA* (Grasset)
Couronné par l'Académie française.
Prix de la Société des gens de lettres de France.

*BATAILLES AUX MALOUINES*
(Ed. Maritimes et d'Outre-Mer / J.-C. Lattès, épuisé).
Couronné par l'Académie de marine.

*LE TONNERRE DES ARMES* (Presses de la Cité).

*UN PAVILLON SANS TACHE*
De l'armistice au sabotage: la vérité (Grasset).
Prix de l'Association amicale des anciens élèves de l'Ecole navale.

*UN SOUS-MARIN SANS ÉQUIPAGE* (Editions du Rocher).
Prix de l'Association centrale des officiers de réserve de l'Armée de mer.

ALEX WASSILIEFF

# LA GUERRE DES SOLDATS INCONNUS

Littérature
*EDITIONS DU ROCHER*
Jean-Paul Bertrand
Editeur

Pour des raisons évidentes, les noms des personnages et des lieux ont été systématiquement modifiés.


ISBN 22680 1167-4

Dans le livre aux sublimes chapitres,
Majuscules, c'est vous qui composez les titres,
Et c'est sur vous toujours que s'arrêtent les yeux !
Mais les mille petites lettres, ce sont eux !
Et vous ne seriez rien sans l'armée humble et noire
Qu'il faut pour composer une page d'histoire !

Edmond Rostand, *L'Aiglon,* II, 9

## Rappel succinct des principaux événements de la guerre 1939-1945

| | |
|---|---|
| 3 septembre 1939 | Déclaration de guerre |
| Jusqu'en mai 1940 | Sauf en mer, c'est la « drôle de guerre » (à l'exception de la campagne de Norvège) |
| 10 mai 1940 | Offensive allemande en Belgique et dans les Ardennes |
| 26 mai-3 juin 1940 | Evacuation de Dunkerque |
| 10 juin 1940 | Entrée en guerre de l'Italie |
| 17 juin 1940 | Le gouvernement du maréchal Pétain demande l'armistice (qui entrera en vigueur le 25 juin) |
| 18 juin 1940 | Evacuation de la flotte de Brest<br>Premier appel du général de Gaulle |
| 3 juillet 1940 | La *Royal Navy* canonne notre escadre à Mers El-Kébir |
| Août-septembre 40 | Bataille aérienne d'Angleterre |
| 8 juin-14 juillet 40 | Campagne de Syrie |
| 22 juin 1941 | Hitler envahit l'Union soviétique |
| 21 août 1941 | Premier attentat individuel contre l'armée allemande d'occupation |
| 29 août 1941 | D'Estienne d'Orves est fusillé |

| | |
|---|---|
| 7 décembre 1941 | Attaque japonaise contre la flotte américaine à Pearl Harbor |
| 2-11 juin 1942 | Héroïque résistance des Français libres à Bir-Hacheim |
| 4-7 juin 1942 | Victoire aéronavale américaine à Midway |
| 4 septembre 1942 | Début de la bataille de Stalingrad |
| 8 novembre 1942 | Débarquement anglo-américain en Afrique du Nord |
| 10 novembre 1942 | L'Empire reprend le combat sur l'ordre de l'amiral Darlan |
| 27 novembre 1942 | Sabordage de la flotte de Toulon |
| 2 février 1943 | L'armée du maréchal von Paulus capitule à Stalingrad |
| 12 mai 1943 | L'armée allemande de Tunisie capitule à son tour |
| 10 juillet 1943 | Débarquement allié en Sicile |
| 4 septembre 1943 | Débarquement allié en Italie |
| 4 juin 1944 | Prise de Rome (grâce à l'action du corps expéditionnaire français du général Juin) |
| 6 juin 1944 | Débarquement allié en Normandie |
| 15 août 1944 | La 1re Armée française du général de Lattre de Tassigny débarque en Provence |
| 25 août 1944 | Libération de Paris |
| 23 novembre 1944 | Libération de Strasbourg |
| Février 1945 | Conférence de Yalta |
| 8 mai 1945 | Capitulation allemande |
| 15 août 1945 | Capitulation japonaise |

## *Un vrai pacha*[1]

La prise de commandement du nouveau préfet maritime de Brest avait eu lieu le matin même avec le cérémonial habituel : salut au drapeau, présentation des officiers supérieurs alignés en grande tenue, le sabre dans la main gauche, suivie de la revue des troupes. Le soleil s'était mis de la partie. Les fusiliers, dont les guêtres et les ceinturons blancs tranchaient sur le bleu des uniformes, faisaient face aux commandos-marine en vestes camouflées, coiffés du légendaire béret vert ; les uns et les autres arboraient leurs décorations gagnées en Indochine ou, récemment, en Algérie. Les caméras de la télévision filmaient la prise d'armes.

J'étais depuis deux semaines l'aide de camp de l'amiral et déjà je subissais le charme de cet homme aussi habile à convaincre les parlementaires qu'il avait été valeureux au combat. Le reste de la journée fut consacré aux visites officielles. Comme nous revenions de la dernière (un général particulièrement bavard), mon chef se laissa aller en arrière sur son siège, enleva sa casquette étoilée et s'épongea le front.

— Ouf, c'est terminé ! s'écria-t-il. Demain nous nous

1. Pacha : commandant d'un bâtiment de guerre.

mettrons au travail. Ce soir j'ai envie d'aller faire un tour en ville. Tenez, midship, si vous n'avez rien de mieux à faire, je vous invite à dîner. Ça vous va?

Ça ne m'allait qu'à moitié: j'avais rendez-vous avec une fille, mais ce genre d'invitation ne se refuse pas.

— Allez vous mettre en civil et revenez me chercher dans une heure, me dit-il en descendant de voiture.

Nous remontions à pied la rue de Siam, noire de monde en cette fin d'après-midi. Ravi de son incognito, l'amiral musardait aux vitrines.

— Les Brestois ne connaissent pas encore mon visage: profitons-en. Je vous emmène dans une petite boîte que j'ai beaucoup fréquentée jadis. Si elle existe encore, car je n'ai pas remis les pieds en Bretagne depuis... Seigneur! il doit y avoir vingt ans.

En effet, il les avait passés à barouder dans les rizières et ensuite dans les djebels avant de commander l'escadre de la Méditerranée; il en avait gardé une fraîcheur de caractère qui me faisait oublier par moments notre différence d'âge.

La petite boîte, une crêperie, existait toujours; seule la patronne avait changé. Elle nous installa dans le fond de la salle à une petite table couverte d'une nappe à carreaux et nous tendit la carte que l'amiral parcourut des yeux avec un plaisir enfantin.

— Je vous recommande les crêpes au jambon et au fromage; elles sont...

Il s'interrompit, laissa la phrase en suspens et se leva en murmurant: « Ça, par exemple! », puis se dirigea vivement vers la caisse. Je me retournai: un vieux monsieur aux cheveux blancs taillés en brosse, légèrement voûté, était en train de régler son addition. Sa gabardine lustrée d'une coupe démodée, le ruban rouge de la boutonnière révélaient assez l'officier de marine en retraite.

Arrivé devant lui, mon chef s'arrêta net et, ma parole, se figea au garde-à-vous.

En le voyant, l'autre parut d'abord surpris: j'eus l'impression qu'il ne le reconnaissait pas. Soudain son visage s'éclaira et il serra avec effusion la main du préfet maritime; celui-ci observait en lui parlant une attitude extrêmement déférente. Je compris qu'il le conviait à se joindre à nous et que son interlocuteur refusait. Finalement le vieux monsieur lui tapa amicalement sur l'épaule et s'en fut. L'amiral revint vers moi, le regard lointain, un sourire mélancolique aux lèvres.

La scène m'avait fortement intrigué : quel était donc ce vieillard que mon patron traitait avec autant de respect? Un officier général? Probablement non car il n'était que chevalier de la Légion d'honneur. Alors qui? Ma curiosité ne tarda pas à être satisfaite.

— C'était à l'automne 1939, commença l'amiral. Il ne se passait pas grand-chose sur le front terrestre mais, en mer, les sous-marins d'Hitler s'étaient déjà manifestés. Cet officier que je viens de saluer (au fait, il se nomme Le Roc'h) commandait alors le *Puma,* un contre-torpilleur d'un type ancien qui, sans la guerre, aurait été sans doute déjà désarmé. Une vieille baille, quoi! Le poste n'était certes pas brillant mais la carrière de l'intéressé n'avait pas été brillante, elle non plus. Cet excellent marin avait eu, comme l'on dit, plusieurs pépins dus à des négligences de ses subordonnés qu'il avait à chaque fois couverts et surtout il s'était attrapé un jour avec l'inspecteur général. Un truc qui ne pardonnait pas à l'époque! Bref, notre homme allait terminer comme capitaine de frégate. Enfin... en attendant il exerçait un commandement à la mer: pour lui c'était l'essentiel.

Or voici que l'état-major lui ordonne d'aller patrouiller dans l'Iroise.

— Simple routine, lui déclare le chef des opérations.

Dans cette zone vous ne risquez guère de rencontrer un sous-marin ennemi, quant aux nôtres, il n'y en a aucun dans le secteur.

— Dans ces conditions, rétorque Le Roc'h, je ne vois pas bien ce que je vais y foutre ! Bon ! Après tout j'aime autant être à la mer.

Il était comme ça : cabochard avec ses supérieurs et exigeant avec les subalternes. Attention : enquiquinant mais juste !

Voici donc le *Puma* en train de croiser au nord de l'île de Sein. Il était environ vingt-trois heures. Ayant minutieusement rédigé ses ordres pour la nuit en précisant que l'on ne devait jamais hésiter à le déranger, le pacha alla s'allonger tout habillé sur l'étroite couchette de sa chambre de veille, située juste derrière la passerelle qu'il n'avait pas quittée depuis l'aube. Les jambes devaient lui rentrer dans le ventre. En ce temps-là il n'y avait pas de fauteuil pour le commandant, vous savez. L'officier de quart était un jeune lieutenant de vaisseau, spécialiste des transmissions et de l'électronique...

Mon chef baissa la tête et marqua une hésitation.

Un garçon... hum... qui avait peut-être le tort de penser d'avantage à la technique qu'au combat mais le commandant Le Roc'h faisait, par principe, confiance à ceux qui servaient sous ses ordres. Par ses relations à l'état-major, ce loufiat[1] était parfaitement au courant de la situation. Les augures estimaient, en effet, que le *Puma* avait autant de chances de tomber sur un submersible allemand que de voir tout à coup le ministre embarquer à bord en redingote et chapeau claque. Aussi la navigation monopolisait-elle toute son attention.

Le temps était couvert, le coin parsemé de cailloux et

---

1. Lieutenant de vaisseau.

l'estime très difficile à tenir avec le fort courant de flot qui faisait dériver le contre-torpilleur. L'officier rentra un instant dans le minuscule P.C. radio qui jouxtait la passerelle pour ordonner de prendre des relèvements gonio, histoire de vérifier si l'on n'était pas en train de se flanquer au sec. Le radar n'existait pas en 1939.

Soudain, sur l'aileron, un veilleur, se mit à hurler:

— Sous-marin... sous-marin en surface!

Le lieutenant de vaisseau se précipita. Encore ébloui, il distingua à peine un long fuseau noir qui défilait à contre-bord à moins de cent mètres du bâtiment. Pas de doute: c'était un Boche!

Il en resta muet de stupéfaction et perdit de précieuses secondes avant d'alerter l'armement de la pièce de 138 à l'avant. Bien que transis de froid, les *boum*[1] réagirent au quart de tour mais lorsque le canon fut pointé, il était trop tard: le submersible avait déjà disparu, happé par la nuit. Sans doute avait-il plongé en catastrophe. Atterré, l'officier se décida, *alors seulement,* à prévenir son commandant. Celui-ci, écrasé de fatigue, n'avait rien entendu; il arriva aussitôt sur la passerelle en criant:

— Le phoscar? Où est le phoscar[2]?

En ce temps-là, voyez-vous, nos appareils d'écoute étaient rudimentaires. Repérer un sous-marin en plongée, même à faible immersion, c'était la croix et la bannière et le premier réflexe de l'officier de quart aurait dû être de larguer en vitesse cet engin lumineux de façon à matérialiser dans l'obscurité la position de l'ennemi et permettre de grenader tout autour. C'était d'ailleurs en toutes lettres dans les ordres permanents. Jamais on

1. Boum: canonniers.
2. Bouée munie d'un fumigène à base de phosphore, qui brûle pendant une demi-heure ou plus, selon les modèles.

n'avait manqué le coche à ce point ! Le pacha écouta en silence les explications du lieutenant de vaisseau qui ne savait plus où se mettre ; lorsque celui-ci eut terminé, il se contenta de déclarer :

— Bien, je prends la suite. Nous allons rendre compte.

Vous devinez la réaction de l'état major en apprenant l'incident. Dès son retour à Brest, Le Roc'h fut convoqué, toutes affaires cessantes, chez le commandant en chef, lequel, après avoir tonné pendant cinq bonnes minutes d'horloge, lui demanda :

— Quel est l'abruti qui était de quart ?

— J'étais sur la passerelle, répondit simplement le capitaine de frégate.

— Vous vous fichez de moi ? Je vous connais : jamais vous n'auriez omis de larguer un phoscar en pareil cas. Je veux le nom du responsable de cette... cette...

Ecumant de rage, il ne trouvait plus ses mots.

— Voyons, amiral, répliqua très calmement Le Roc'h. Vous savez bien qu'un commandant *est toujours sur la passerelle.* Quand on a l'honneur d'être le maître à bord après Dieu, on est le *seul* responsable.

L'officier général fronça les sourcils et regarda longuement le vieux marin qui n'avait même pas pris la peine de troquer sa tenue de mer contre son uniforme numéro un.

— Vous savez ce qui vous attend avec une telle attitude, murmura-t-il d'une voix sourde. Je serai obligé de vous démonter de votre commandement.

Le Roc'h pâlit et acquiesça d'un signe de tête :

— Je le sais, amiral.

Celui-ci se leva et lui tendit la main ; le pacha la serra et, le regardant droit dans les yeux, articula en martelant chaque mot :

— Mais il n'y aura aucune sanction, n'est-ce pas? Pour personne d'autre que moi.

Le commandant en chef réprima un mouvement d'humeur puis lâcha d'un ton bourru:

— Vous avez ma parole. Soyez tranquille.

Ainsi fut fait et le capitaine de frégate Le Roc'h s'en alla attendre la limite d'âge dans un bureau obscur. Voyez-vous, midship, cet homme-là, c'était un seigneur. Un vrai pacha!

Mon patron se tut et contempla, songeur, les crêpes maintenant froides auxquelles il n'avait pas touché. Me payant d'audace, je lui demandai:

— Et l'officier de quart, ce lieutenant de vaisseau, qu'est-il devenu?

Il rougit imperceptiblement avant de répondre:

— Oh, lui? Il a fait... mon Dieu... une assez bonne carrière.

# *La Nouille*

Septembre 1936. Après deux mois de grèves et deux semaines de congés payés, nos usines d'armement redémarraient péniblement au rythme des quarante heures tandis que celles du Grand Reich pratiquaient les trois huit. Plutôt inquiétant, non? Le président de notre club de football — « Bois et Charbons » de son état — s'en fichait éperdument; il n'avait qu'une idée en tête: obtenir une subvention de la mairie de Nice. Pour étoffer son dossier, il avait engagé dans les différentes compétitions deux équipes au lieu d'une seule pour chaque catégorie d'âge. Résultat: la nôtre, celle des *Juniors B,* n'alignait pas toujours onze joueurs à l'heure du match. Alors, en désespoir de cause, je me tournais vers un blondin d'apparence frêle qui attendait sur le bord de la touche:

— Allez Jacques, viens: tu seras demi gauche.

Transfiguré de bonheur, l'interpellé accourait.

— Tu prends la Nouille, cette nullité? Vé, j'aimerais mieux jouer à dix, ronchonnait Mérano, notre buteur patenté.

Il faut avouer que Jacques Burmey n'était guère doué pour le ballon rond. Couvé par sa maman, une veuve inconsolable, il méritait sans doute le surnom dont l'avait affublé notre bande. J'étais le seul à ne jamais l'appeler ainsi. Au fond je fus son unique vrai copain et aujourd'hui encore je me demande pourquoi. Les autres se contentaient de le réquisitionner pour résoudre leurs problèmes de maths.

L'année suivante je m'en fus « préparer Navale » au lycée de Toulon. La dernière fois que j'ai rencontré Jacques, il venait de devancer l'appel. Encore une idée de sa mère: son fils chéri pourrait de la sorte choisir son affectation et demeurer auprès d'elle pendant son service militaire. Mauvais calcul: ayant volontairement fait état des quelques leçons d'équitation qu'elle lui avait imposées (c'est beaucoup mieux que le football, ce jeu de brutes!), Burmey fut envoyé à Saumur, mais au lieu d'y obtenir son galon d'aspirant, il se fit éliminer du cours des E.O.R. quelques jours avant la déclaration de guerre.

Pourtant en « théorie » ses notes étaient bonnes malgré la timidité qui le paralysait lors des examens oraux. Hélas, il n'en fut pas de même pour la pratique!

Démonter et remonter une arme avec les yeux bandés ne lui faisait pas peur: il s'y était tellement exercé! Mais lorsque l'adjudant eut subrepticement changé de place les différentes pièces du fusil-mitrailleur qu'il avait disposées à tâtons devant lui dans un ordre parfait, il a perdu les pédales. De plus, ce sadique avait certainement subtilisé l'une d'elles. Affolé, les yeux pleins de larmes, Jacques a crié:

— Mais où est la bielette? Je l'avais posée *là,* j'en suis sûr! Ce n'est pas possible! Vous l'avez prise, mon lieutenant[1], ce n'est pas juste!

L'autre s'est fichu de lui de plus belle et l'a engueulé copieusement:

1. Dans la cavalerie, on appelle toujours ainsi un adjudant.

— Et alors, espèce d'andouille ! Supposez qu'en temps de guerre, la nuit, le même truc vous arrive ; il faudra bien vous démerder, non ?

L'après-midi sur le terrain, ce fut encore pire : on aurait dit que ses camarades faisaient exprès de ne pas comprendre ses ordres.

Gratifié d'une note éliminatoire en « aptitude au commandement », le malheureux s'est retrouvé maréchal des logis fourrier dans un G.R.D.I.[1] provisoirement cantonné à l'arrière des lignes dans une bourgade lorraine. Le chef comptable, un vieux sous-off remobilisé quatre ans après sa mise à la retraite, a accueilli avec satisfaction ce renfort providentiel : si on ne se bat guère en cet automne 39, les paperasses ne manquent pas.

L'unité est en pleine formation ; la plupart des officiers et des gradés sont des réservistes, les hommes en majorité normands ou bretons. Les véhicules sont hétéroclites et l'armement encore incomplet. Quant aux montures de l'escadron à cheval : un désastre ! Des bêtes de labour, tellement pansues que les sangles des selles se révèlent trop courtes ; on y remédie avec du fil de fer.

Dans ces conditions, la comptabilité du matériel devient un véritable casse-tête chinois. Jacques travaille d'arrache-pied, veillant souvent très tard sans arriver pour autant à boucler sa besogne, constamment houspillé, traité d'incapable et au bord du désespoir. Pour corser le tout, il pleut sans discontinuer.

C'est alors que le miracle se produit : comme il traverse la cour du quartier, quelqu'un le hèle :

— Burmey !

Il se retourne :

— Oh ! Mes respects, mon lieutenant.

---

1. Groupe de reconnaissance de division d'infanterie.

Celui qui vient de l'interpeller est assez grand, large d'épaules, la taille bien prise dans le ceinturon. Sous le hâle, le visage creusé de petites rides est jeune, la trentaine tout au plus, mais les cheveux sont gris, presque blancs. Une flamme joyeuse brille dans ses yeux bleus: un regard qui rassure. Il lui tend la main; Jacques la serre avec effusion. A Saumur, le lieutenant de Bellerise était son idole: le seul de ses instructeurs à lui avoir témoigné de la bienveillance et de la compréhension. Hélas! Il a quitté l'école de cavalerie une semaine avant le désastreux examen. A présent qu'il l'a retrouvé, le jeune garçon est certain que tout va changer. Effectivement Burmey est arraché à la férule du chef comptable et affecté « en supplément » au peloton motorisé que l'officier commande. Trois semaines plus tard, le G.R.D.I. « monte en ligne ». En fait il prend position dans un bois non loin de la frontière. Celle-ci passe par le fond d'une large dépression que les Bretons, écorchant son nom, ont baptisée « le ravin de l'Apache ».

Le front! Jacques croit encore entendre son défunt père lui raconter sa guerre: les tranchées, la boue, la vermine, les assauts à la baïonnette, les tirs de barrage et surtout les interminables attentes sous les bombardements lorsqu'il fallait tenir. Aujourd'hui, rien de tel. Le secteur paraît parfaitement calme. En avant des fortifications de la ligne Maginot, des éléments d'infanterie occupent des points d'appui qu'aucune organisation défensive ne relie les uns aux autres.

Il a fallu laisser à l'arrière chevaux et motocyclettes. Le chef d'escadrons Rivelle, qui vient de prendre le commandement du groupe, ne décolère pas: rester statiques et inactifs, quelle misère pour les cavaliers! Heureusement il a reçu l'ordre de constituer trois corps francs d'une vingtaine d'hommes chacun. Ceux-ci opèrent toujours de nuit, effectuant de fréquentes incursions vers les positions ennemies. Comme les Allemands en font autant et s'infiltrent également dans nos lignes, il arrive souvent que les deux patrouilles s'affrontent.

Burmey, qui est chargé de distribuer les munitions, regarde avec envie ces guerriers disparaître dans le noir. Ils reviennent avant l'aube, ramenant souvent des blessés, parfois des morts, ce qui ne les empêche pas de plastronner. Faute de pouvoir prendre part au combat, Jacques s'improvise hôtesse d'accueil et confectionne des grogs, toujours accueillis par des cris de joie car l'hiver est arrivé et le thermomètre ne cesse de dégringoler. Le jeune maréchal des logis est payé au centuple par le récit de leurs exploits.

— Si vous aviez vu ça, margis. Je l'ai transpercé aussi sec avec ma fourchette! clame Verdoy, un Nantais, équarisseur dans le civil.

A l'évocation de ce corps à corps, Jacques frissonne: se battre ainsi à l'arme blanche, il sent qu'il ne pourra jamais... et que ne donnerait-il pas pour en être capable?

Février touche à sa fin: le sol est encore couvert de neige mais le froid est moins vif. Le bruit court qu'un grand coup se prépare. Bellerise a réuni ses hommes dans la cabane qui sert à la fois de P.C. et de magasin. Burmey s'est glissé au dernier rang et écoute de toutes ses oreilles; le lieutenant se penche sur la carte:

— Vous connaissez tous cet éperon boisé qui domine le ravin de l'Apache.

Il montre le point avec son crayon:

— Ici, à la corne sud-ouest. Les Boches l'appellent le *Wielenbusch*; c'est là qu'ils ont installé un poste d'observation. Seulement ces messieurs n'aiment pas la froidure: ils l'évacuent chaque soir et partent dormir au chaud pour revenir au point du jour. Et bien nous allons les cravater en douceur demain matin, tandis que le corps franc d'une unité voisine effectuera une diversion dans l'ouest. Maintenant, j'ai une surprise pour vous...

Dans le mouvement de curiosité qui se produit, le regard de l'officier croise celui de Jacques qui rougit et s'éclipse comme un gamin pris en faute. Lorsque le dernier des cavaliers a quitté la cabane, le jeune homme, qui guettait leur sortie, y revient précipitamment. Bellerise est en train de remonter un pistolet-mitrailleur Thompson, flambant neuf. En entendant ouvrir la porte, il relève la tête:

— Ah, c'est vous!

Hypnotisé, Jacques regarde fixement l'arme que sa noirceur rend encore plus terrifiante. Le lieutenant sourit et frappe du plat de la main sur la crosse:

— Bel engin, n'est-ce pas? Nous en avons reçu six tout à l'heure. Mais chut! C'est notre botte secrète. Grâce à ces P.M., nous serons enfin sur un pied d'égalité avec les Boches.

Voyant que son interlocuteur n'ouvre pas la bouche, il lui demande:

— Au fait, que voulez-vous, mon vieux?

Burmey s'arrache à sa contemplation et balbutie en rougissant:

— Je... euh... J'ai entendu dire que pour cette opération l'effectif de votre corps franc serait renforcé.

— C'est exact.

— Prenez-moi avec vous, mon lieutenant!

Jacques a dit cela comme on se jette à l'eau. Bellerise l'enveloppe du regard: le gosse a certainement changé, il a mûri mais garde toujours son air d'enfant de chœur pris en faute. L'officier hoche doucement la tête:

— C'est qu'il s'agit d'un travail assez spécial. Il faut connaître. Surtout si l'on est gradé.

— Je suis prêt à rendre mes galons mais emmenez-moi, mon lieutenant. A n'importe quel poste!

Et il ajoute tout bas:

— Pourvu que je sois avec vous.

Emu, l'autre acquiesce:

— Allons, c'est entendu. Vous serez mon agent de liaison.

Jusqu'au soir, Burmey ne tient plus en place, partagé entre l'ardent désir de justifier la confiance de son chef et la crainte de ne pas s'en montrer digne. Il vérifie pour la dixième fois qu'il n'a rien oublié et déambule à travers le cantonnement sans oser se mêler aux autres. A la tombée de la nuit, le corps franc chargé d'effectuer la diversion se présente pour gagner sa base de départ. Les hommes qui le composent portent le grand béret des chasseurs alpins et lancent des regards ironiques aux cavaliers coiffés du casque à bourrelet de cuir.

— Tu les as vus, ces mecs. C'qu'ils peuvent rouler des mécaniques! lance le brigadier Curot, un titi parisien, métallo chez Citroën, qui est en train de casser la croûte sur le seuil de la cabane-magasin.

— Dame, tous les journaux ne parlent que d'eux. Paraît que leur patron est un héros de l'autre guerre, répond Verdoy, en sirotant son café chaud.

C'est Jacques qui a eu l'idée d'en préparer car il gèle. Il en a fait porter aux nouveaux arrivants et il tend lui-même un quart rempli à ras bord à l'officier qui les commande.

— Attention, mon lieutenant! Il est brûlant.

— Merci, mon vieux. Une sacrée bonne idée que vous avez eue là.

Le jeune homme rougit de confusion. L'autre le domine de toute sa taille. La cinquantaine, les cheveux taillés en brosse, le teint coloré, tout en lui respire l'énergie. Et soudain Burmey le reconnaît: c'est lui qui dirigeait le service d'ordre d'un meeting d'Action française auquel un camarade l'avait entraîné. C'était en 1937.

En circulant parmi les chasseurs, Jacques a l'impression de retrouver des visages connus; il les entend d'ailleurs parler niçois entre eux. Tout à coup, il tombe nez à nez avec un grand gaillard au teint basané qui porte les galons de caporal-chef.

— Mérano! Félix! Ça par exemple!

— Burmey! La Nouille! Qu'est ce que tu fous là?

— Mais... je fais partie d'un corps franc moi aussi!

— Sans blague! Ta maman t'a permis?

— Oh, assez!

— Tu as raison. Excuse-moi, mais c'est tellement inatendu.

Jacques a trop souvent été la cible des railleries de Mérano pour résister au plaisir de l'asticoter un peu à son tour:

— Dis donc, tu es sous les ordres d'un fasciste à présent. Curieux: je te croyais communiste.

— Ah, siou plaît. *Cebe*[1], coupe Félix soudain devenu grave. Je suis communiste, oui, mais pas pour déserter, au contraire! Nous aussi nous voulons combattre les nazis.

Il jette un coup d'œil derrière lui: les chasseurs sont en train de se rassembler:

— Té, je crois qu'on va y aller! Tchao! *Va ben!...* et merci pour le café.

Trois heures du matin. Les hommes de Bellerise s'équipent en silence. En revêtant la chasuble en peau de mouton que ceux des corps francs portent pour mieux se

1. Assez!

confondre avec le paysage neigeux, Jacques se sent devenir un autre homme; en même temps son appréhension augmente: plus que jamais il a peur d'avoir peur. Machinalement il s'essuie le front. L'officier l'observe à la dérobée, se demandant s'il a bien fait de l'emmener. Pour le rassurer, il lance à la cantonade:

— Rappelez-vous que nous ne sommes pas seuls et que nous aurons des mortiers pour nous appuyer. Ah! Ah! Je plains les gars d'en face!

Puis, comme s'il venait seulement de l'apercevoir:

— Vous, Burmey, restez avec moi.

Le jeune homme rougit: il a l'impression d'être l'objet de l'attention générale. Pour se donner une contenance, il fait fonctionner à deux reprises le mécanisme de son mousqueton.

Une demi-heure plus tard, les cavaliers se glissent doucement hors du point d'appui par un passage ménagé dans les barbelés. La neige crisse sous leurs pas mais le brouillard qui s'est abattu sur le ravin de l'Apache étouffe les bruits. Dans la descente, ils restent à trois ou quatre mètres les uns des autres pour ne pas se perdre et adoptent une formation en bec de canard derrière Bellerise que Jacques suit comme son ombre. Laot, le sous-officier adjoint, ferme la marche avec le tireur du F.M. Bien que le lieutenant connaisse le secteur comme sa poche, la progression est lente dans cette atmosphère irréelle.

Avant d'entreprendre l'ascension du versant opposé, le corps franc se scinde en deux. Laot, avec son équipe, appuie vers la gauche: il va occuper l'observatoire. Sur un signe de l'officier, les autres s'avancent parmi les arbres en courbant le dos puis commencent à ramper. La pente est assez raide et Burmey transpire à grosses gouttes; il fait moins froid d'ailleurs. Serrant de toutes ses forces son mousqueton, il s'efforce de penser qu'il ne peut rien lui arriver de fâcheux tant qu'il sera près de son chef; d'ailleurs les anciens affirment que celui-ci a la baraka. A l'est, une tache plus pâle apparaît au dessus des collines. Bellerise siffle doucement entre ses dents, les hommes s'immobilisent.

— Nous y sommes, souffle-t-il à Jacques. Ne bougez pas, je reviens.

Resté seul, le jeune garçon est aussitôt repris par l'angoisse; haletant, il pose sa joue contre le sol: le contact de la neige lui fait du bien.

— Sainte Vierge, protégez moi, murmure-t-il. Pour se reprendre aussitôt, honteux:

« ... Protégez-*nous*.

Le lieutenant a disposé son monde le long du sentier qui mène à l'observatoire.

— Surtout ne dépassez pas le coude du chemin, recommande-t-il à Curot. Au-delà, vous risquez de ramasser un obus de nos mortiers ou de vous faire tirer dessus par les camarades qui couvrent notre flanc droit.

L'opération a l'air montée de main de maître; l'embuscade est tendue: il n'y a plus qu'à attendre l'équipe d'observation et à la cueillir. Mais les Boches eux aussi connaissent leur métier: ils ont envoyé une demi-section en protection des douze *feldgrau* qui reviennent, comme chaque matin, reprendre leur veille. A quelques centaines de mètres sur la droite de Bellerise, cette patrouille aborde un monticule qui prolonge le *Wielenbusch*. Par le plus grand des hasards, c'est juste en contre bas de cette éminence que le corps franc d'un des escadrons montés a pris position. L'adjudant-chef qui le commande est un vétéran des barouds marocains. Aujourd'hui il râle: on lui a piqué le tiers de ses hommes pour renforcer le groupe chargé de cravater les Allemands. Le jour commence à poindre; couché derrière un buisson, il observe attentivement. Et soudain il *les* voit.

— Moreau, chuchote-t-il à son adjoint. Il y a des Boches sur la crête. *Chouf,* à droite du gros chêne. Vu?

L'autre regarde dans la direction indiquée:

— Au poil, mon lieutenant, mais qu'est-ce qu'ils foutent par là?

— Ils se sont peut-être gourrés. Cherche pas à comprendre. Le F.M.: hausse 400 mètres. Prêt à ouvrir le feu. C'est nous qui allons les posséder ces salopards. Et en beauté! Tiens, ça me rappelle un truc dans le Djebel Afflou.

Le vieux briscard a retrouvé sa belle humeur.

Le brouillard se lève. Le chef de la patrouille allemande, un jeune *feldwebel*[1], scrute lui aussi le terrain avec ses jumelles en s'efforçant de repérer ses camarades qui doivent être sur le point d'atteindre l'observatoire; tout à coup, il sursaute:

— *Scheise!*[2] les Français occupent notre poste. Le *minenwerfer*[3] en position de tir, *schnell!* Donnez l'alerte. La fusée! Mais grouille-toi donc, cochon!

— Bon sang! s'écrie l'adjudant, ils mettent un mortier en batterie. Attention, le F.M.: Feu!

Alors tout se passe très vite: le fusil-mitrailleur de Moreau lâche une courte rafale, les deux servants du mortier sont abattus. Au même instant l'équipe d'observation arrive au coude du sentier. En entendant les coups de feu, les Allemands, pris au dépourvu, se jettent à terre et arrosent autour d'eux à l'aveuglette avec leurs pistolets-mitrailleurs.

— Nom de nom! Qu'est-ce que c'est? Quel est le cré-

1. Sergent.
2. M....
3. Mortier.

tin?... s'écrie Bellerise en regardant la fusée monter dans le ciel.

Du poste qu'il occupe à présent, Laot a également aperçu les observateurs. Se croyant repéré, il ouvre le feu à son tour. La surprise est manquée. Le lieutenant se lève et crie :

— En avant!

Il s'élance, la Thompson à la hanche, et tire en fauchant. Ses hommes le suivent, baïonnette au canon, et chargent en poussant des cris sauvages. Danglard, un gars de Poulaouen, barbu jusqu'aux yeux et qui dépasse les deux mètres, embroche successivement deux Boches; l'officier hurle :

— Des prisonniers! Je veux des prisonniers!

Mais les Allemands décrochent à toute vitesse vers un épais bouquet de hêtres. Danglard se rue à leur poursuite et réussit à en assommer un d'un terrible coup de crosse qui résonne sur le casque d'acier. Le bois vole en éclats. Le Breton jette son arme, ramasse le Bergmann[1] de son adversaire, s'agenouille et vide le chargeur dans la direction des fuyards puis se replie en traînant le corps inanimé.

— Heureux qu'il ait eu sa gamelle! Sans ça je lui bouzillais le crâne à ce salaud!

L'ennemi s'est ressaisi et riposte. Verdoy, qui avait dépassé Danglard, se trouve brusquement nez à nez avec un grenadier qui l'ajuste. Poussant un hurlement de fauve, il lève sa baïonnette mais l'autre le devance et tire : littéralement coupé en deux, l'équarisseur s'abat sur son adversaire et le cloue au sol.

Stoppés dans leur progression, abrités tant bien que

1. Pistolet-mitrailleur en service au début de la guerre; fut ensuite remplacé par le Schmeisser.

mal derrière les arbres, les hommes du corps franc n'ont pas la partie belle avec leurs mousquetons contre des mitraillettes. Seuls ceux qui ont touché des Thompson peuvent rendre coup pour coup : ils ne s'en privent pas.

— Et de trois ! Je vais me prendre pour Scarface[1] ! s'esclaffe Curot qui vient de faire mouche encore une fois.

Jacques a bien essayé de courir derrière son chef mais ce carnage, c'est vraiment trop pour lui. Tapi dans un creux de terrain, il contemple le combat en tremblant de tous ses membres. Tout à coup, sans attendre le signal prévu, les mortiers français se déchaînent. Leur capitaine avait promis un tir d'encagement parfaitement précis. Ah, ouiche ! Avec la dispersion certains projectiles arrivent en plein sur les nôtres. Curot chancelle, fait quelques pas en arrière et s'effondre au pied d'un arbre. Danglard, bien que touché à la hanche, s'élance et le tire à l'abri à côté de Jacques qui a repris son mousqueton mais ne se décide pas à tirer. Sans se soucier de lui, le géant recommence à arroser ceux d'en face avec l'arme de son prisonnier, toujours sans connaissance. Entre les obus qui continuent à dégringoler n'importe où et les Allemands dont les pistolets-mitrailleurs crachent l'enfer, le coin devient intenable.

— En arrière, par ici, hurle Bellerise en courant vers le creux.

Il appelle :

— Burmey !

A ce cri, le jeune garçon sursaute et se dresse, pâle comme un mort, les yeux remplis de larmes, étreignant son mousqueton. Soudain, un soldat allemand surgit, l'arme haute, à quelques mètres de Bellerise. Instincti-

1. Héros d'un célèbre film de gangsters.

vement le jeune épaule et, sans viser, appuie sur la détente.

— Ne tire pas imbécile, c'est moi ! s'écrie l'officier en se jetant à terre.

Trop tard, le coup est parti. La balle passe au ras de l'oreille du lieutenant et atteint le Boche qui s'abat comme une masse en poussant un râle de douleur. Bellerise regarde par-dessus son épaule et réalise :

— Bon sang, le gosse m'a sauvé la vie.

Se relevant, il lance :

— Formidable, Burmey !

Mais Jacques ne l'entend pas et reste debout, l'air égaré, comme indifférent à la fusillade qui fait rage. Danglard l'empoigne par la cheville et le fait choir.

— Couche-toi, petit con, ou tu vas déguster !

Une nouvelle salve de mortier éclate, parmi les Allemands cette fois, projetant en l'air des mottes de terre mêlées à la neige ; d'autres lui succèdent : c'est le moment d'en profiter.

L'officier bondit :

— Allez, les gars ! On décroche !

Le nez dans la gadoue, Burmey ne bouge pas. Le Breton l'attrape par le bras et le secoue :

— Tirez-vous, margis ! Tirez-vous, bordel !

Le jeune garçon avale péniblement sa salive, saisit machinalement son mousqueton et se met à courir. Danglard hisse son prisonnier sur ses épaules :

— Il ne s'agit pas de le perdre, celui-là !

Et il repart en direction du ravin où le reste du corps franc l'a déjà précédé.

A présent ce sont les *minen* qui pleuvent autour d'eux. Le colosse s'effondre, mais se relève aussitôt en s'ébrouant. C'est l'Allemand qui a tout pris: son dos n'est plus qu'une plaie; il est bien mort cette fois.

— Merde! Et le lieutenant qui voulait qu'on le prenne vivant, murmure le Breton, déçu.

Terrorisé par les explosions, Jacques fonce droit devant lui sans se rendre compte qu'il s'écarte des autres. Cisaillé par un obus un arbuste s'abat sur lui; les branches lui labourent la face. Il porte la main à sa joue, la retire pleine de sang et pousse un hurlement. Lançant autour de lui des regards affolés, il cherche désespérément une aide et aperçoit enfin Danglard. Il se précipite pour le rejoindre, butte sur une souche et tombe lourdement sur le cadavre du prisonnier, plongeant son visage dans les chairs déchirées.

— Aaah!

Il se rejette en arrière, horrifié, recule en titubant puis soudain se retourne et s'enfuit dans la direction opposée au reste du corps franc, droit sur l'observatoire.

— Ça y est, l'est devenu dingue à c't'heure, se dit Danglard, qui hausse les épaules et repart en soufflant comme un bœuf.

Le ravin, à mi-pente, présente un véritable glacis sur lequel les *minen* dégringolent de plus belle. Rien à faire pour franchir un tel barrage: les survivants du corps franc sont cloués au sol et s'abritent comme ils peuvent parmi les arbres. Comme si cela ne suffisait pas, une nouvelle arme automatique se dévoile et les prend de flanc. Heureusement, elle est assez loin et son tir est imprécis. Laot vient de les rejoindre avec son groupe; ses gars sont plus ou moins touchés par des éclats, mais ils ramènent trois prisonniers.

— Ils croyaient que c'était arrivé, ceux-là! ricane-t-il. On les a cueillis en beauté!

Allongés sur le ventre, les mains à la nuque, les Boches tremblent et bredouillent des mots inintelligibles.

— Qu'est ce qu'ils racontent, ces connards? demande Danglard.

— Ils supplient qu'on ne les achève pas, répond Laot qui se flatte de connaître un peu l'allemand.

— Sont rien cons! s'exclame le barbu qui se retourne majestueusement pour se soulager contre un gros chêne.

L'ennemi a corrigé son tir: plusieurs obus éclatent à toucher le bosquet.

— Pas moyen de pisser tranquille! ronchonne le Breton en se laissant tomber à terre.

— Il faut absolument dégager d'ici, dit Bellerise.

— On pourrait essayer de franchir le découvert d'un seul bond, suggère le sous-officier adjoint.

— Oui, mais il y a cette mitrailleuse.

Comme pour lui répondre, celle-ci lâche une longue rafale qui cisaille les buissons à moins de dix mètres d'eux.

La situation du corps franc devient désespérée: des Boches sont en train de s'infiltrer sur sa gauche pour lui couper définitivement la retraite. Le lieutenant les observe, impuissant, car pour comble de malheur son unique fusil-mitrailleur est resté à l'observatoire: le tireur, blessé au bras au moment où il vidait les lieux le dernier, l'a laissé choir sans prévenir Laot qui bouillonne de rage et de honte. Inexorablement le piège se referme sur eux.

Burmey a complètement perdu la tête. Il court droit devant lui, zigzaguant parmi les arbres, glisse, trébuche et repart sans se rendre compte que les balles sifflent autour de lui. Hors d'haleine, il vient enfin buter contre la levée ceinturant l'observatoire que les Allemands n'ont toujours pas réoccupé et se laisse glisser à terre. Enlevant son casque, il appuie son front sur un sac de sable à moitié recouvert de neige. Ce contact glacé l'aide à reprendre ses esprits. Quelle honte: il s'est conduit comme le dernier des lâches.

— Une nouille! Voilà ce que je suis. Les copains avaient bien raison de m'appeler ainsi.

Jacques frappe le sol de son poing et pousse un cri de douleur: il vient de s'entailler le doigt contre le mécanisme d'une arme coincée entre deux sacs. Il la dégage et l'examine machinalement: c'est un fusil-mitrailleur, il a l'air de fonctionner. Une musette pleine de chargeurs git à proximité. Le jeune garçon renifle, s'essuie le nez du revers de la main puis, serrant les dents, il se relève avant de se hisser lui-même à l'intérieur de l'observatoire. Celui-ci est comme un îlot de calme que personne n'a l'air de prendre pour cible. La binoculaire des Boches est intacte sur son trépied, pointée vers les lignes françaises. Il pose ses mains sur les poignées de l'appareil et entreprend de faire un tour d'horizon. Les Allemands avaient bougrement bien choisi leur emplacement: les vues sont parfaitement détachées sur plus de cent quatre-vingts degrés.

Ces silhouettes qui émergent des buissons, là-bas... mais oui: c'est le corps franc; grâce au grossissement, il a même reconnu la barbe de Danglard. Mais où est Bellerise? Mon Dieu! pourvu qu'il n'ait pas été touché. Burmey continue à observer; tout à coup une mitrailleuse allemande apparaît dans le champ des jumelles. Elle tire, elle tire vers le ravin. Seigneur! Mais elle tire sur ses camarades, sur son chef. Vite, il prend ses repères comme on le lui a appris à Saumur puis, abandonnant la binoculaire, il attire à lui le F.M., l'appuie sur un sac, manœuvre la culasse et vise. Le petit sapin? Oui c'est bien cela: la mitrailleuse est juste dessous. Il appuie sur la détente: son doigt se crispe et tout le chargeur y passe. Il le remplace fébrilement et recommence. Bondissant de nouveau vers la binoculaire, il regarde avidement: il ne voit plus d'Allemands, mais le canon de l'arme qu'il visait est à présent pointé vers lui. Une lueur orange remplit le champ des jumelles. Instinctivement, Jacques se jette à terre. Les balles sifflent au-dessus de sa tête; l'une d'elles s'écrase sur l'appareil qui pivote brusquement. Epaulant de nouveau, il reprend le feu. Encore un chargeur, un autre... Il lui semble que la mitrailleuse ne tire plus. Pour mieux voir, il se redresse et tombe en avant, foudroyé. Couché sur le ventre, il a très mal, mais surtout il ne comprend pas. Le projectile l'a frappé *dans le dos*; ce ne sont donc pas les Allemands qui... Sa vue se brouille, un liquide douceâtre remplit sa gorge.

— Bon sang, mais qu'est ce qui se passe, s'écrie Laot. Voilà que les Boches se flinguent entre eux!

Bellerise repose ses jumelles:

— C'est vrai: leur mitrailleuse vient de prendre comme objectif l'observatoire car une arme automatique les a azimutés de là-haut.

— Mais c'est mon F.M., mon lieutenant. Il n'y a pas à se tromper. Son bruit est assez caractéristique.

— En effet, il est possible que les Allemands l'aient utilisé lorsqu'ils ont réoccupé leur observatoire.

— Pour fusiller leurs copains! Elle est bien bonne! Oh! Voyez: la mitrailleuse a cessé le feu.

— Allez, mon vieux! Ce n'est pas le temps de blaguer. Profitons de ce répit pour décrocher en vitesse!

Les chasseurs de Darnand avaient parfaitement rempli leur mission, surgissant en plein cœur du dispositif adverse et infligeant des pertes sévères à l'ennemi. Voltigeur de pointe, Mérano, juché sur le toit d'une maison, aperçoit tout à coup une section de *feldgrau* qui progresse vers le *Wielenbusch*. Sautant à terre, il court vers son chef, le bras tendu:

— Mon lieutenant, les Boches sont sur notre droite, en train de contre-attaquer. En filant par là, derrière la ferme, nous leur tombons dessus, en plein dans le dos.

— Tu as raison, petit, Ça c'est astucieux! Allez on y va.

Les gars aux larges bérets se faufilent parmi les arbres. Complètement surpris, l'ennemi décroche en vitesse, laissant la moitié de son effectif sur le terrain. Mérano est le premier à apercevoir l'observatoire: une silhouette nu-tête est en train de tirer... sur qui? Parbleu, sur des cavaliers qui doivent être bien emmerdés dans la trouée là-bas. Sans hésiter, il épaule. La silhouette bascule et disparaît. Poussant un cri de triomphe, le Niçois se précipite et saute par-dessus la levée de terre. Un homme en chasuble blanche — mais les Boches ont des équipements blancs eux aussi — est étendu, le visage contre le sol; il se penche vers lui, et le retourne.

— Merde! C'est la Nouille! s'écrie-t-il atterré. Attends ma vieille, je vais te ramener.

Le corps franc est enfin à l'abri, de l'autre côté du ravin de l'Apache. Les hommes s'allongent, les paquets de cigarettes circulent. Des brancardiers viennent chercher les blessés. Les prisonniers sont déjà partis vers l'arrière sous bonne escorte.

Le lieutenant laisse éclater sa colère:

— Et ces mortiers! Qui a bien pu leur donner l'ordre de tirer?

— Sans doute la fusée, mon lieutenant, répond Laot. Vous savez: celle que les Boches ont lancée. Les gars de la compagnie d'appui ont dû croire que c'était nous.

— Les Boches auraient donc choisi la même couleur. Vous parlez d'une poisse ! N'empêche, quel bobinard !

— Qui parle de bobinard ? tonne une voix derrière eux.

Les deux hommes se retournent. C'est le chef d'escadrons Rivelle qui vient d'arriver. N'y tenant plus, il est venu se rendre compte par lui-même :

— Alors mon cher, cette embuscade ?

— Trois prisonniers seulement, mon commandant. Mais je crois qu'on en a liquidé pas mal. Malheureusement nous avons perdu un F.M. En revanche nous avons récupéré quelques mitraillettes.

— Dites donc : ce n'est pas si mal !

— Non, mon commandant. C'est dégueulasse ! J'ai deux morts, un disparu et onze blessés dont plusieurs par nos propres mortiers.

Rivelle l'interrompt :

— Un disparu, dites-vous ? Qui est-ce ?

— Le petit Burmey.

— Ah, diable ! Votre protégé. Pauvre gosse, si jeune !

— Oh, je crois qu'il est vivant. Pour tout vous dire... Bellerise s'arrête hésitant.

— Eh, bien, parlez, nom d'un chien !

— Danglard l'a vu courir vers les lignes allemandes. Il a dû se rendre.

Le chef d'escadrons fronce les sourcils :

— Vous en êtes certain ? Dans ce cas se serait plutôt moche.

— Oh ! Je ne suis sûr de rien. Nous étions dans un sacré merdier et je me demande encore comment nous aurions fait pour nous en sortir si à un moment donné les Boches ne s'étaient pas canardés entre eux.

— Tiens donc! Comment cela?

— Et bien, lorsqu'ils ont réoccupé l'observatoire, ils se sont mis à tirer sur une de leurs mitrailleuses: justement celle qui nous empêchait de décrocher. Je n'arrive pas à comprendre comment ils ont pu se tromper à ce point.

— En effet, c'est bizarre; je...

Il s'interrompt car une dizaine de chasseurs alpins sortent du couvert des arbres. Mérano, qui marchait en tête du groupe, se détache et s'avance, courbé sous le poids de l'homme qu'il porte sur son épaule et maintient de sa main gauche; dans l'autre, il étreint un fusil-mitrailleur. Arrivé devant les deux officiers il jette l'arme sur le sol.

— Ce F.M. doit être à vous, mon commandant. Et celui-là aussi, poursuit-il en laissant doucement glisser à terre le corps inerte.

Bellerise se précipite:

— Mais c'est Burmey! Où l'avez vous trouvé?

— Il tenait l'observatoire, et tout seul encore! Drôlement gonflé, je vous le jure. Il a dû en descendre quelques-uns, et dire que c'est moi...

Aïe, il a failli trop parler, mais Bellerise ne l'écoute plus; agenouillé près du jeune garçon qui gémit faiblement, il s'interroge:

— Mais comment a-t-il pu?... Il n'aurait jamais dû s'aventurer là-haut!

Mérano opine énergiquement du chef. Ah celui-là! toujours à se fourrer là où il ne fallait pas. Exactement comme sur le terrain; le jour de la finale il avait même arrêté avec ses fesses un ballon qui allait rentrer dans le but adverse. Et aujourd'hui... Pour un peu le Niçois lui en voudrait. Il murmure, bougon:

— Sacré Jacques!

L'officier relève la tête :

— Vous le connaissez?

— Si je le connais? *O fan!* Nous habitions le même immeuble. On jouait au ballon ensemble. Même qu'on l'appelait la N...

Mérano se mord les lèvres et fronce les sourcils. Soudain il a honte. Alors, pour réparer, il lance tout à trac :

— Vous savez, mon lieutenant ; c'était lui le meilleur de l'équipe !

## *Toute une vie...*

Mai 1940

Blafard, bleuâtre, et gonflé comme une baudruche, le noyé, un civil, n'était pas beau à voir. Les deux soldats qui venaient d'aider l'éclusier à le hisser sur la berge se reculèrent, dégoûtés.

— C'est un vieux. Il a dû être bousculé, dit l'un d'eux. Pressés comme ils étaient de foutre le camp, pas de danger que les autres aient perdu leur temps pour essayer de le tirer de l'eau.

Le capitaine Figon, qui s'était avancé pour regarder, eut un haut-le-cœur et détourna la tête; la guerre venait de lui apparaître brutalement sous sa forme la plus hideuse: celle qui frappe les non-combattants. Il en avait les sangs tout retournés; Dieu sait s'il était fier pourtant de ses galons de capitaine et de son titre de président des officiers de réserve du canton. Il ne manquait jamais une occasion de revêtir son uniforme, organisait des exercices sur la carte et plastronnait aux côtés du sous-préfet devant le monument aux morts à chaque commémoration de l'armistice de 1918. Sans compter que sa qualité et son grade lui étaient très utiles dans ses démarches d'agent d'assurances. Une excellente clientèle, les adjudants de carrière: à peine avaient-ils lu sa carte de visite qu'ils se mettaient au garde-à-vous; leur placer ensuite une bonne police devenait un simple jeu.

— Paraît que les noyés revivent toute leur existence en un clin d'œil avant de mourir, déclara le second soldat en remettant sa capote.

— Ben, mon pote, la mienne serait un drôle de cinéma cochon! affirma son camarade en prenant un air avantageux.

— Allons, pressons! bougonna Figon. Nous avons déjà perdu trop de temps!

Commandant une compagnie d'engins dans un régiment exclusivement composé de réservistes à l'exception du colonel, il avait débarqué hier avec ses hommes après deux nuits harassantes passées dans un train qui se traînait à l'allure d'un corbillard, lorsqu'il ne s'arrêtait pas pour quelque obscure raison. A peine sortis de la gare, ils avaient été noyés dans le flot des réfugiés qui refluaient du Nord dans des voitures encombrées de bagages jusqu'au toit, sur des chariots surchargés que traînaient des chevaux de labour, parfois même en autobus et le plus souvent à pied. Certains poussaient devant eux une bicyclette, une brouette, voire une voiture d'enfant où s'empilaient des objets hétéroclites.

— Nous n'en sortirons jamais, s'était écrié le chef de bataillon, petit bonhomme bedonnant mais énergique et décidé. Figon, prenez par le chemin de halage avec vos mortiers, sinon nous serons encore là demain.

C'est ainsi qu'ils avaient longé le canal et trouvé l'éclusier qui venait de crocher un cadavre avec sa gaffe.

Au fur et à mesure qu'ils se rapprochaient de la zone des combats, les civils qui fuyaient se faisaient plus rares. Le canon grondait au loin, l'horizon rougeoyait de la lueur des explosions mais l'ennemi demeurait invisible. Des avions tournoyaient dans le ciel, trop haut pour qu'on puisse distinguer s'il s'agissait d'amis ou d'ennemis. De toute façon, ils ignoraient superbement leur colonne qui s'étirait le long d'un étroit chemin vicinal.

Ils avaient passé la nuit dans un bois. Figon était tout courbaturé en se réveillant ; c'était la première fois qu'il couchait ainsi à la belle étoile. Pendant ses trois années d'Indochine il n'avait jamais quitté la quiétude d'une caserne ; sa belle écriture lui avait toujours valu de servir dans les états-majors. Quant aux manœuvres auxquelles il avait participé au cours de ses périodes de réserve (où son assiduité et l'intervention d'un cousin parlementaire lui avaient permis d'avancer rapidement en grade), elles se terminaient toujours au crépuscule dans une bonne auberge, devant une table bien garnie.

Qu'est-ce qui lui avait pris, bon sang, de se porter volontaire pour suivre un stage de perfectionnement sur les mortiers de 81 millimètres ? La perspective d'un troisième galon, bien sûr. Et voilà où sa vanité l'avait amené : dans cette clairière où il avait reçu l'ordre de disposer ses pièces et d'attendre des ordres qui ne venaient pas.

Cette fois, ça y est ! Pas de doute : leur unité est au contact. On entend des rafales de fusil-mitrailleur puis les détonations sèches des canons antichars qui sont venus leur prêter main-forte.

Figon a très consciencieusement préparé son plan de tir mais il a dû refaire ses calculs à plusieurs reprises : sa main tremble et par moments ses yeux se brouillent. La peur ! La peur qui lui tord les entrailles. Du reste son commandant qui est passé le voir tout à l'heure a remarqué sa pâleur :

— Que voulez-vous, mon cher, la guerre n'est quelquefois pas exempte d'un réel danger, comme l'a écrit mon distingué confrère André Maurois, lui a-t-il glissé ironiquement.

Dans le civil, le chef de bataillon Garillet est écrivain et ne se prive pas de le rappeler. Ce vétéran de 14-18, cocardier en diable, ne décolère pas devant le manque d'enthousiasme de ses hommes :

— Tout cela c'est la faute de nos politiciens. Ont-ils assez traîné le drapeau dans le fumier, ces salauds-là ! Ah ! Les poilus de ma génération c'était autre chose ! Croyez-moi !

Figon approuve vigoureusement de la tête en essayant de faire bonne contenance.

— Vous... vous pouvez compter sur nous, mon commandant.

— Mais je n'en ai jamais douté ! s'exclame celui-ci d'un ton railleur qui montre bien qu'il n'en pense pas un mot.

— En plein dedans, mon capitaine ! On tient la bonne hausse ! annonce joyeusement l'aspirant qui observe le tir à l'orée du bois.

Figon n'en croit pas ses oreilles. Sa joie est telle qu'il en oublie sa peur. C'est donc si facile, la guerre !

— Mêmes éléments. Trois obus par pièce. Feu ! commande-t-il d'un ton martial. Ah mais ! le bonhomme entrevoit déjà les félicitations de ses supérieurs : cité à l'ordre de l'Armée, son rêve !

Il vient d'ordonner une nouvelle salve lorsqu'un ronronnement de moteur d'avion se fait entendre. Il lève la tête : là-haut dans le ciel deux petits points noirs sont apparus qui grossissent à vue d'œil tandis que le bruit s'amplifie. A présent le capitaine distingue la silhouette des appareils avec leurs ailes en forme de W. Ils vont passer au-dessus de la clairière lorsque, soudain, ils basculent à tour de rôle et se laissent tomber comme une masse; un hurlement de sirène déchire l'air. Brusquement, il comprend...

*Des stukas!*

Hier, à l'étape, ils ont croisé un régiment qui venait d'être relevé avec de lourdes pertes. Ces soldats-là avaient l'air hagard des revenants. A mots hachés, ils racontaient les terribles assauts de ces bombardiers en piqué qu'ils venaient de subir tout au long de la journée. Figon ne peut détacher ses yeux du premier avion. Autour de lui ses hommes ont abandonné leurs mortiers et couru chercher un abri illusoire dans les fourrés. Lui demeure immobile au milieu de la clairière, comme fasciné par cet ennemi qui s'abat sur lui, sur lui personnellement, pas sur un autre. Tandis que la sirène lui vrille les tympans, quelque chose se détache de la carlingue et tombe avec un horrible sifflement. Il ouvre la bouche pour crier mais aucun son ne sort de ses lèvres.

En une fraction de seconde son existence entière lui saute au cerveau : la petite vendeuse qu'il a engrossée et abandonnée, son engagement dans l'infanterie coloniale pour échapper au scandale, Saïgon et ses boys serviles, l'emploi réservé, les cours du soir, son mariage d'intérêt, le portefeuille d'agent d'assurances, sa belle-sœur devenue sa maîtresse, le testament de la vieille tante qu'il a falsifié. Toute une vie de médiocrités, de saloperies. Toute une vie qu'il revoit brusquement, comme un noyé, comme le noyé de l'autre jour. Et sa grande consolation : ses deux enfants. S'il pouvait seulement se racheter... pour eux. Ne pas se coucher, non!

Une douleur atroce lui laboure la poitrine comme un coup de poignard : son cœur a lâché juste avant que la bombe n'éclate.

# *Noblesse oblige*

Juin 1940

On me l'avait collé parce que personne n'en voulait. Sale, négligent, cabochard et querelleur par-dessus le marché, ce quartier-maître était de ceux dont le livret militaire est à court de pages pour y consigner toutes les punitions encourues : il faut ajouter des intercalaires. Ma collection de fortes têtes était pourtant déjà bien fournie. Embarqué à ma sortie de l'Ecole navale sur un croiseur de l'escadre de la Méditerranée, j'avais droit à toutes les corvées plus celui de me taire, bien entendu. La dernière qui m'était échue consistait à assurer un ravitaillement continu de l'artillerie antiaérienne pendant le combat. La campagne de Norvège et la bataille de Dunkerque nous ayant appris que la consommation de munitions dépassait largement les prévisions des augures, il importait que nos affûts ne se retrouvassent pas à court de projectiles au cours d'un bombardement aérien. De telles attaques, notre bâtiment n'en avait encore jamais subi mais, la bonne sœur latine venant de nous déclarer la guerre, il y avait de fortes chances pour que cela ne tardât pas.

Comme il n'y a pas besoin de sortir de Polytechnique

pour coltiner des obus et les déposer dans les godets des norias, les différents chefs de Service, qui avaient reçu l'ordre de prélever parmi leurs personnels celui de mes équipes de pourvoyeurs, m'ont refilé tous les indésirables. Charmant! Et pour les commander, je n'ai que vingt ans et un unique galon!

— Excellente façon d'apprendre votre métier, midship! m'a lancé le commandant en second pour couper court à mes protestations devant cet afflux de « crasses de meule », pour parler comme le second maître canonnier Pedoya, mon nouvel adjoint. Celui-là au moins c'est du solide : un Catalan qui joue pilier dans l'équipe de rugby du bord et qui sait se faire respecter, sur le terrain comme ailleurs.

Mon dernier laissé-pour-compte s'est pointé un jour après les autres. L'entrée de l'Italie dans le conflit lui avait valu d'être extrait de la totoche[1] où il purgeait une peine de soixante jours de prison pour « manque de respect envers un supérieur »; un doux euphémisme pour qualifier les injures dont il avait accablé un gradé fusilier, mais notre pacha avait absolument voulu lui éviter le conseil de guerre.

Pour quelle raison? Mystère. Après l'assemblée, il est venu se présenter à moi. Le capitaine d'armes, qui l'avait accompagné jusqu'à ma porte, s'est retiré sur ma demande en me lançant un coup d'œil éloquent.

L'homme est de taille moyenne, plutôt grand; on devine une musculature puissante sous sa vareuse en molleton, tachée de graisse et rapiécée tant bien que mal. Ses cheveux, tondus à ras en prison, repoussent déjà, noirs, drus et bouclés. Il se tient devant moi, un sourire ironique au coin des lèvres. Son visage aux méplats

1. Prison maritime.

accusés, au nez aquilin, doit plaire aux femmes. La mâchoire carrée dénote l'énergie. Trois siècles plus tôt, il aurait sans doute été pirate: il ne lui manque que des anneaux d'or aux oreilles. Aujourd'hui il est quartier-maître. Tandis qu'il attend, silencieux, je jette un coup d'œil sur son livret et sursaute. Ce marin porte un nom illustre, un de ceux qui figurent à la poupe de nos vaisseaux, que l'on retrouve dans les traités d'histoire maritime: celui de l'un des plus célèbres chefs d'escadre de Louis XIV.

Je lui demande, assez stupidement:

— Vous vous appelez bien de C...?

Impassible, il me répond:

— Ben oui!

— Et vous descendez de l'amiral de C...?

— Ben oui! En ligne directe, précise-t-il en me fixant droit dans les yeux.

L'intonation est devenue nettement railleuse; il doit sans doute avoir l'habitude de l'effet que produit son patronyme.

Feignant de ne rien remarquer, je poursuis:

— Que faisiez-vous dans le civil?

— Rien!

La réplique a claqué comme un coup de fouet. Eh bien, ça promet!

Je continue mon interrogatoire:

— Quelle est la profession de... hum... monsieur votre père?

— Mes parents sont morts. Je suis célibataire et fils unique.

Cette fois le ton est volontairement neutre, comme pour me signifier que je me mêle de ce qui ne me regarde pas.

— Bien ; allez voir le maître Pedoya ; il vous donnera vos consignes. Merci.

J'ai eu la nette impression qu'il valait mieux mettre un terme à l'entretien.

Deux jours se passent. Nous sommes toujours au mouillage en rade de Toulon. J'entraîne intensivement mes hommes qui y mettent plus ou moins de bonne volonté. Enfin, entre Pedoya, qui les rudoie à grands coups de gueule ou de menaces de consigne à bord alors que les sorties à terre sont rares, et moi-même qui m'évertue à leur expliquer que notre sort à tous dépend de leur application et de leur célérité, les exercices de ravitaillement se passent de façon satisfaisante. Quant à C..., il reste dans la moyenne, œuvrant sans ardeur excessive. Pourtant il m'a l'air de connaître parfaitement son métier. Comme un second maître armurier peinait sans résultat sur un ressort récalcitrant, il s'est approché, lui a enlevé d'autorité son tournevis, a réparé l'avarie en deux temps et trois mouvements et à rendu l'outil avec le plus ironique des mercis !

Ce soir-là, mon bonhomme est permissionnaire ; c'est la première fois depuis sa sortie de prison. Pour la circonstance il a soigné sa tenue qui est à peu près correcte ; le gars est assez malin pour se méfier de l'officier de garde qui ne badine pas avec les fantaisies vestimentaires lorsqu'il passe l'inspection des marins impatients de quitter le bord.

— Attention, leur rappelle-t-il, la dernière barcasse pousse du quai Cronstadt à vingt-deux heures. Vous savez tous que nous devons être parés à appareiller à n'importe quel moment. Alors avis aux retardataires : ils n'y couperont pas du falot[1].

---

1. Conseil de guerre.

Comme par hasard il louche vers C... en prononçant ces derniers mots; celui-ci ne sourcille pas et reste au garde-à-vous, les yeux fixés sur l'horizon. Quant à moi, je suis de service et j'assure le quart « de huit à minuit »; lorsque la dernière embarcation accoste je me retrouve, bien entendu, à la coupée. Les « Jean Gouin »[1] la gravissent un par un, quelques-uns en titubant (il y a du vent dans les voiles) mais comme tous arrivent à saluer tournés vers l'arrière et disparaissent ensuite dans les coursives après s'être fait pointer, la tradition est respectée, qui veut qu'on n'y regarde pas de plus près[2].

Après avoir jeté un dernier coup d'œil sur la chaloupe pour m'assurer qu'il n'y reste plus que son armement je crie au patron:

— A retourner au quai reprendre la patrouille. Vous pousserez à vingt-deux heures quarante-cinq.

J'arpente la plage arrière depuis un bon moment lorsque le capitaine d'armes vient me trouver. Chargé de la discipline générale, vétéran des fusiliers marins de 14, le maître principal Kerdoncuff mène son monde à la baguette avec cependant une indulgence amusée pour ceux qui tirent des bordées à terre. Il la cache parfaitement: cependant il m'a confié l'autre jour en grimaçant un sourire:

— Vous savez, quand on est jeune on fait des conneries. Faut les comprendre.

Comme il pourrait être mon père, sa réflexion m'en inspire d'autres; mais ce soir, son visage est grave:

— Il en manque un à l'appel, lieutenant.

---

1. Marins.
2. Ça, c'était la vieille marine. Aujourd'hui nos petits matelots boivent du jus d'orange, du lait ou du Coca-Cola, ils n'en sont pas plus mauvais marins pour autant.

Avant qu'il ait prononcé le nom du retardataire, j'ai déjà deviné. Il s'agit bien de C... ; la patrouille le ramène, une heure plus tard, saoul comme un Polonais. Sa vareuse est déchirée, il a un œil poché et la lèvre fendue. Tandis que les fusiliers l'entraînent sans ménagement vers les locaux disciplinaires, il hurle une chanson obscène que tous les carabins connaissent et ne s'interrompt que pour vomir sur le pont.

* *
*

Le lendemain, alerte : un raid de l'aviation italienne vient d'être signalé. Dès le rappel aux postes de combat, Kerdoncuff est allé « libérer les prisonniers » comme le prévoit le règlement ; il n'y en a qu'un d'ailleurs, c'est mon gaillard.

Mal rasé, l'œil mauvais. Il vient de rejoindre son équipe dans l'entrepont à tribord ; je l'interpelle :

— Venez par ici.

Le meilleur de mes instructeurs à l'Ecole navale nous a inculqué, entre autres, un excellent principe : « Féliciter en public, réprimander en particulier. » Je n'ai peut-être pas bien retenu les arcanes de l'astronomie ou de la thermodynamique mais ces paroles-là se sont gravées dans mon esprit, aussi j'entraîne C... vers un coin où les autres ne peuvent pas nous entendre. La façon dont il me regarde est parfaitement insolente ; le gars s'attend à un sermon et s'en fiche éperdument. Après avoir hésité un moment, je lui dis simplement :

— Lorsque l'on porte votre nom, on n'a pas le droit de se mettre dans des états pareils et de donner un spectacle dégradant. C'est tout ce que j'avais à vous dire. Rejoignez votre poste.

Il fronce d'abord les sourcils puis ses yeux reflètent

une surprise amusée. Il ouvre la bouche pour me répondre mais se ravise, porte négligemment la main à son bonnet et s'en va rejoindre ses camarades.

Une trentaine de gros bombardiers de la *Regia Aeronautica* survole bientôt la rade. Ce sont des Savoïa, l'orgueil de Mussolini; celui-ci aurait déclaré à la radio:

— Je les lancerai sur l'ennemi au moment que j'aurai choisi, comme des aigles prêts à fondre!

En attendant, les aigles sont en train de perdre quelques plumes car tous les bâtiments de l'escadre ainsi que les batteries à terre déclenchent sur eux un feu d'enfer, tendant au-dessus de nous un véritable tapis de shrapnells.

Sous l'entrepont, mes gars enfournent les munitions dans les norias à une telle vitesse que là-haut, à l'affût, les pourvoyeurs n'arrivent plus à les décharger. Je leur envoie rapidement en renfort les quatre premiers poilus qui me tombent sous la main, dont mon coquin de C..., et escalade jusqu'à mi-hauteur l'échelle qui débouche sur le spardeck pour jouir du spectacle, en laissant Pedoya se débrouiller en bas.

La première vague d'appareils est passée; ses bombes sont tombées assez loin de notre croiseur. D'ailleurs aucun bâtiment ne semble atteint, ce qui tient proprement du miracle.

Mais en voici une seconde qui se présente. Notre D.C.A. recommence à tirer et le vacarme est assourdissant. C'est à peine si j'entends le servant de culasse de la pièce qui se trouve pourtant juste à côté de moi qui hurle tout à coup:

— Raté!

— Incident de tir, annonce mécaniquement le chef d'affût.

C'est une cartouche de 100 millimètres avec son obus

encastré et faisant corps avec la douille qui est restée coincée, le coup n'étant pas parti. Mauvais fonctionnement de l'étoupille ou caprice de la poudre elle-même, comment savoir? Les spécialistes assurent que ça n'arrive qu'une fois sur dix mille; l'embêtant c'est que c'est arrivé *à nous*. En pareil cas, le règlement est formel: faire dégager le personnel mais surtout, c'est essentiel, compter *lentement* jusqu'à soixante avant d'ouvrir la culasse pour extraire le projectile défaillant. Car un « *long feu* » est toujours à craindre: la poudre peut en effet, s'enflammer avec du retard et faire tout sauter. Dans la fièvre de l'action et bien que ce soit lui qui ait signalé l'incident, le matelot, d'un réflexe machinal, a quand même actionné le mécanisme d'ouverture. Horrifié par son erreur, il recule en poussant un cri tandis que les autres servants, paralysés par l'épouvante, regardent, hypnotisés, la culasse béante où l'on aperçoit le culot de la cartouche qui peut exploser d'une seconde à l'autre. Sur le moment je reste moi-même sans réaction, au milieu du fracas des départs de coups des autres pièces qui continuent de cracher. Mais à peine le linguet verrouillant le bloc en position ouverte a-t-il claqué que C... a bondi. S'emparant du refouloir spécial à tête évidée qui permet de peser sur l'ogive de l'obus sans faire détonner, *en principe,* la fusée extra-sensible qui la coiffe, il l'assure dans sa main, le brandit d'un geste de harponneur et l'enfonce dans l'âme du canon en criant:

— Attention! Quelqu'un pour le cueillir!!!

La cartouche, fumante car la pièce est très chaude, jaillit aussitôt sur le pont; un vieux quartier-maître s'élance pour la ramasser mais la lâche immédiatement en poussant un hurlement de douleur. Ce que voyant, C..., qui a déjà contourné l'affût, se rue sur le projectile et l'attrape à pleines mains. La souffrance lui arrache un rugissement mais il tient bon, court jusqu'à la rembarde et le jette par-dessus bord. A peine celui-ci a-t-il disparu que l'eau tressaute sous l'effet de l'explosion. Au même instant, un terrible sifflement déchire l'atmosphère et plusieurs bombes encadrent le croiseur qui est tellement secoué que j'ai l'impression que le pont va s'ouvrir sous mes pieds. D'immenses gerbes d'eau montent vers le ciel que le vent rabat sur nous; des hommes chancellent, glissent, tombent. Trempé comme une soupe, m'agrippant à la rampe de l'échelle, j'aperçois alors mon C..., le visage tordu par la haine qui lève ses deux bras ensanglantés en vociférant des imprécations.

Deux mois plus tard, il s'évadait de l'hôpital après avoir confié à un autre blessé:

— Je fous le camp chez de Gaulle!

Après la Libération, j'ai effectué des recherches mais sans succès: aucune trace de lui dans les Forces françaises libres. S'il a réussi à gagner Londres, peut-être s'est-il engagé sous un nom d'emprunt.

Dommage!

## *La haine au ventre*

10 juin 1940

La situation se dégrade de jour en jour sur le front terrestre. Peut-on d'ailleurs parler encore de front : celui-ci craque de tous côtés, les *panzerdivisionen* s'engouffrent dans les brèches et foncent vers la capitale ou vers la mer; elles ont déjà pris Rouen. Toutes les routes menant vers le sud sont encombrées par des civils fuyant devant l'envahisseur. A Paris les ministères déménagent et brûlent leurs archives. Le ciel de France est désormais allemand. Luttant à un contre dix si ce n'est à un contre vingt aux côtés de leurs camarades de l'armée de l'air, les derniers avions de chasse de l'aéronautique navale le disputent à l'adversaire dans un ultime baroud au-dessus des armées submergées. Pourtant les pilotes gardent le sourire envers et contre tout. Dans la ferme délabrée qui sert de mess de fortune à l'escadrille, chaque plaisanterie lancée résonne comme un défi. L'un d'eux cependant ne participe pas à cette gaieté artificielle mais voulue, c'est le second maître Robert Gasdoué.

Ce fils d'instituteur breton, socialiste à tous crins et farouchement anticlérical, a voué aux nazis et aux fascistes une haine sauvage qui le ronge d'autant plus qu'il n'a pas encore eu l'occasion de se mesurer à eux. Il joue vraiment de malchance : le 9 mai, exactement la veille du jour où la grande bataille s'est engagée, Robert s'est retrouvé à Cherbourg sur un lit d'hôpital. Opéré d'urgence d'une appendicite aiguë, il vient seulement de rallier sa formation. C'est Festy, un simple enseigne de vaisseau, qui la commande à présent; tous les autres officiers ont été portés disparus.

Mais alors que Gasdoué va enfin pouvoir voler de nouveau et se battre, voilà que son appareil a des ennuis de moteur. Pour comble de malheur, la météo est affreuse : les orages se succèdent, à peine cent mètres de plafond; les avions sont cloués au sol.

En ce moment même l'averse fait rage : la tente hâtivement montée pour tenir lieu de P.C. fait eau de toute part.

— Et merde! Elle est tellement dégueulasse, ma carte, que je n'y vois plus rien, s'écrie Robert, dégoûté, en la jetant sur une table pliante, déjà très encombrée. Il m'en faut une autre donc, il n'y a pas à ch...

— Tu veux rigoler ou quoi? s'exclame le maître pilote Leroux, un enfant du XIXe arrondissement, haut comme trois pommes mais gonflé comme une outre. Où veux-tu qu'on la prenne?

Le Breton fronce les sourcils et marmonne entre ses dents :

— Et comment je vais faire tout à l'heure?

— Non mais, tu rêves ou quoi? Tu n'a pas vu ce qui dégringole : on se croirait chez toi à Brest, tiens!

— D'abord je suis de Morlaix et puis je t'emmerde! bougonne Gasdoué qui enfile sa veste de cuir et soulève la toile qui sert de porte en déclarant :

— Ça va se lever, pour sûr, et on pourra y aller!

Il sort sous la pluie qui plaque instantanément sur son front bas ses cheveux drus, coupés très courts, et revient aussitôt en criant :

— Ah! Qu'est ce que je vous disais!... Un arc-en-ciel! Vous allez voir : dans une demi-heure on décolle! Ce n'est pas le boulot qui manque, non?

A peine a-t-il prononcé ces mots que le téléphone de campagne sonne. Leroux tend la main vers l'appareil quand Festy entre en coup de vent et le devance :

— Allô!... Oui, c'est moi... Oh! mes respects, amiral!

Il écoute, opine plusieurs fois de la tête en signe d'assentiment puis :

— Ah... Bien compris!... Tout de suite. A vos ordres, amiral!

L'enseigne raccroche lentement et demeure quelques secondes en gardant la main sur le récepteur, tandis que ses subordonnés attendent, trépignant d'impatience.

— C'est terminé les gars, lance-t-il d'une voix sourde. On dégage en vitesse : un autobus vient nous chercher. Le premier maître Charré, « patron » de l'escadrille, un solide Charentais plus que quadragénaire et qui est entré sur les talons de son chef, blêmit :

— Mais, mais... et les avions, commandant[1]?

— Si nous ne pouvons pas décoller *maintenant*, il faudra y mettre le feu!

— Non!

Le vieil officier marinier a presque crié; à présent il supplie :

— Donnez-moi une heure, commandant. Je vais me débrouiller et vous aurez au moins trois appareils dis-

1. Dans la marine, tout commandant d'unité a droit à cette appellation quel que soit son grade.

ponibles. Je vous le jure. D'ailleurs, le premier va être paré dans cinq minutes.

— Impossible, mon vieux. Les blindés allemands se dirigent droit sur notre terrain. Si nous ne nous taillons pas immédiatement de la route, nous sommes bons pour le camp de prisonniers.

— Et où irons-nous? demanda Leroux

— D'abord à Querqueville, ensuite direction le midi.

— En tout cas, il y en a au moins un qui va décoller et je vous fiche mon billet, *gast*, que les Boches vont comprendre, tonne Robert qui ne peut plus se contenir. Patron, lequel de vos tapins est prêt?

Festy bondit et l'attrape par la manche.

— Gasdoué, restez ici et ne faites pas l'imbécile, sacrée tête de Breton!

— Je suis breton et j'en suis fier, rétorque l'interpellé, et chez nous la devise est : *S'ils te mordent, mords-les*[1]. Alors je ne vais pas m'enfuir comme un péteux pour me planquer au soleil.

D'un geste rageur, il va pour repousser son chef qu'il domine de la tête. Les deux hommes s'affrontent du regard. Festy tressaille mais reste maître de lui; sans bouger d'une ligne il articule sèchement :

— C'est un ordre. Vous savez ce que cela veut dire.

Leroux intervient précipitamment :

— Alors, Robert, ne fais pas le con!

L'autre serre les poings et prend une profonde aspiration, mais avant qu'il ait pu ouvrir la bouche l'enseigne déclare, toujours sans élever la voix :

— D'ailleurs vous ne serez pas précisément embusqués, comme vous dites. Des zincs tous neufs nous atten-

1. Devise de la ville de Morlaix.

dent là-bas et l'Italie vient de déclarer la guerre à la France.

— Quoi!!! Ces salauds de fascites ont osé!... Les yeux gris du Breton lancent des éclairs : Ceux-là vont payer pour tout le monde.

La base aéronavale de Palyvestre étire ses hangars et sa piste entre les salines et les champs d'artichauts à quelques kilomètres au sud de la coquette station touristique d'Hyères. Une animation joyeuse règne parmi les pilotes impatients d'en découdre, et les nouveaux venus sont accueillis avec des cris de joie puis accablés de questions, eux qui se sont déjà battus. Robert, qui n'a rien à dire, et pour cause, ne desserre pas les lèvres sauf pour poser de temps en temps une question précise au moniteur qui les familiarise en hâte avec leurs nouveaux avions : des Bloch 151.

— Faites gaffe, les enfants, leur recommande celui-ci. Ce tapin-là, vous l'avez vu, est rapide et bien armé; il grimpe bien mais il paraît que ces cochons de Fiat[1] virent beaucoup plus serré. Alors, vaut mieux ne pas les manquer à la première passe sinon, adieu Berthe, on les retrouve dans sa queue et on est bons pour la Médaille... à titre posthume.

— T'as pigé, gros pépère! s'esclaffe Leroy en administrant une grande claque dans le dos de Gasdoué.

Celui-ci hausse les épaules sans répondre. Depuis qu'ils ont quitté la Normandie en laissant derrière eux leurs appareils incendiés, il écume de fureur contenue.

— Une tempête sous un crâne breton, ironise le Parisien qui a dû lire Victor Hugo.

— Alerte!

En un clin d'œil la base devient une fourmilière. Une

1. Avion de chasse italien.

première patrouille de trois appareils a déjà pris l'air. Le Service « Opérations » s'attendait à un raid de bombardiers se dirigeant vers Toulon où l'escadre de la Méditerranée est au mouillage; ce sont des chasseurs Fiat qui se présentent pour détruire les avions au sol. Si bien que la deuxième patrouille a juste le temps de décoller au milieu des rafales de mitrailleuses.

Dès qu'il a entendu la sirène, Robert, qui était en train de déjeuner, a bondi. Il court à perdre haleine vers les hangars. Ce n'est pas son tour de voler mais il s'en moque : il veut en être! Sur le terre-plein, deux Bloch qui s'apprêtaient à rouler vers la piste flambent. Des rampants sont en train de ramasser les blessés sous la direction du premier maître Charré.

— Attention, ils reviennent!

Un nouveau groupe de quatre ennemis pique sur le terrain, crachant l'enfer. Les hommes se couchent, certains cherchent un abri derrière les cadavres. Gasdoué aperçoit Leroux qui court vers son avion encore indemne. Une rafale balaye le parking : le pilote boule comme un lapin. Le second maître n'hésite pas. Courbé en deux, il sprinte, ramasse au passage le casque du mort et grimpe en voltige dans l'appareil.

Contact : les voyants s'allument sur le tableau de bord. Pas le temps de tout vérifier. Il se penche hors de la carlingue et hurle :

— Le groupe, bordel!

— C'est paré, mon gars, vas-y, lui répond Charré qui l'a suivi. Eh, vous autres, aux cales!

Robert agite le bras, desserre les freins et met les gaz. Bon, ça marche! Il fonce droit devant lui, la piste est trop loin et le vent est favorable. Moteur plein pot, il tire sur le manche et décolle à raser la tour de contrôle.

Manche au ventre, Gasdoué grimpe en chandelle. Bon sang qu'il fait froid là-haut!

« Les voilà, ces salauds. Dire qu'ils ont mitraillé les civils sur les routes, ces fumiers! »

Ils sont deux et ne semblent pas l'avoir vu venir. Incroyable! Le second maître se présente en dessous du premier. D'un geste rageur, il appuie sur le bouton de tir, déchaînant le tonnerre de ses quatre mitrailleuses. L'Italien se désagrège littéralement; un morceau d'aile passe à le toucher. Mais son coéquipier a dégagé prestement et se présente déjà derrière Robert qui essaye de se dérober en grimpant. Pas moyen : le Fiat est toujours dans sa queue et tire; le Bloch encaisse mais continue à répondre aux commandes. Gasdoué essaye alors l'astuce suprême; il amorce un piqué, puis redresse brutalement en réduisant les gaz à fond; pour éviter la collision, l'Italien est obligé de le sauter. Désespérément il tente à son tour de se dégager. Trop tard : les balles du Français perforent son fuselage, le cockpit vole en éclats, une épaisse fumée noire jaillit de l'avion qui bascule et pique vers le sol.

Impitoyable, le Breton le suit et tire, tire encore jusqu'à ce que l'appareil s'embrase, en poussant des cris sauvages de haine enfin satisfaite. Un pour son zinc qu'il a dû abandonner et un pour Leroux : le compte y est. Non! Ce n'est pas suffisant : il veut les abattre jusqu'au dernier. Une espèce de vertige le saisit; il ferme les yeux mais les rouvre aussitôt et observe autour de lui en grondant tel un fauve prêt à mordre. Le ciel paraît vide quand tout à coup, émergeant des nuages, trois gros trimoteurs Savoïa surgissent sur l'avant du travers, mille mètres plus bas; Robert éclate d'un rire féroce :

— Ah! Ah! Les bombardiers! Attendez, mes salauds : j'arrive!

Le sort le favorise : il a l'avantage de l'altitude et le

soleil dans le dos. Il met la gomme et se laisse tomber sur eux comme un faucon sur sa proie. Gasdoué n'a que l'embarras du choix. Tiens, celui-là d'abord! L'accélération le plaque contre le dossier de son siège et ses bras lui semblent peser une tonne. Arrivé à bonne portée, il respire fortement et appuie sur le bouton de tir. Rien ne se passe. Il essaie encore; toujours rien : ses munitions sont épuisées.

— Ah non, il ne va pas s'en tirer comme ça, ce fumier! grince-t-il entre ses dents en rattrapant son adversaire à toute allure. Le but grossit dans son collimateur mais les autres l'ont enfin repéré; les tirs de leurs mitrailleuses arrière convergent vers le Bloch qui tressaute sous les impacts. Une balle troue le pare-brise; Robert sent une douleur atroce dans l'épaule gauche. Rassemblant ses dernières forces, il étreint le manche et tire à fond sur la manette des gaz. La souffrance lui arrache un gémissement, un nuage rouge obscurcit ses yeux et la dernière image qu'il emporte dans la mort est celle du visage convulsé par la peur d'un aviateur italien au moment où le chasseur percute de plein fouet le Savoïa.

En bas, sur le terre-plein de la base, les rampants qui ont suivi des yeux le combat sont pétrifiés.

— Z'avez pas fini de baguenauder, non! tonne le « patron » Charré, pâle comme un linge.

## *Madame Capitaine*

18 juin 1940

Les Allemands sont entrés à Rennes; une *panzerdivision* roule vers Brest sans rencontrer la moindre résistance et pour cause: l'armée n'a plus un seul soldat à lui opposer; dans ces conditions il n'y a plus qu'à évacuer. Les autorités maritimes ne disposent que de quelques heures pour faire partir quatre-vingts navires de guerre plus une soixantaine de bateaux marchands de différentes nationalités. De mémoire d'homme, la rade n'a connu autant d'appareillages en une seule journée. Au milieu de cette armada, un cargo tout rouillé battant pavillon danois vient de sortir de la darse du commerce. Sur le gaillard d'avant le maître d'équipage, solide gaillard aux cheveux presque blancs à force d'être blonds, contemple le paysage qui défile sous ses yeux : d'énormes volutes de fumée noire s'élèvent des réservoirs d'hydrocarbures qui flambent; la porte de la principale forme de radoub, dynamitée, se dresse en un amas de ferraille au-dessus de l'eau mazouteuse. Du fond de l'arsenal lui parviennent des bruits d'explosions ponctués d'éclairs jaunes : on fait sauter les ateliers, les magasins et les bâtiments incapables de naviguer.

A l'ouvert de la rade, dans le goulet, la houle de l'océan se fait sentir et commence à bercer la vieille coque qui n'a l'air de tenir que par sa peinture, déjà passablement écaillée. Heureusement, il fait un temps splendide : le ciel est d'un bleu profond, le soleil fait scintiller la mer de mille reflets dorés. Sur l'aileron de passerelle, le capitaine, une espèce d'albinos rond comme une barrique, fume sa pipe en surveillant les manœuvres des bateaux qui l'entourent, prêt à évoluer pour les éviter. Deux vedettes de port zigzaguent justement à quelques encablures de l'étrave. A moins d'un mille devant, six gros navires de commerce chargés à couler bas taillent leur route, escortés par deux chalutiers armés. Par tribord un sous-marin, naviguant en surface, longe la côte parsemée de petites maisons blanches aux toits d'ardoise. Très loin devant, la masse imposante d'un cuirassé est en train de disparaître à l'horizon.

Lorsque le cargo arrive par le travers de la pointe Saint-Mathieu, le skipper[1] vide son brûle-gueule d'un coup sec contre le socle de l'alidade et siffle en mettant deux doigts dans sa bouche. Aussitôt le bosco[2] se retourne; le capitaine lui désigne un des panneaux du pont et lève le bras à plusieurs reprises. L'autre agite sa casquette pour indiquer qu'il a compris et se dirige lentement vers l'écoutille.

Dans la cale, une vingtaine de jeunes gens, assis ou allongés parmi les caisses à même le plancher métallique, somnolent ou devisent à voix basse. Quatre d'entre eux, installés sous l'unique ampoule au globe protégé par un grillage, ont entamé une partie de cartes. Une chaleur pesante règne. Depuis vingt-quatre heures qu'ils sont ainsi enfermés, l'air est devenu presque irrespirable; des odeurs de sueur, d'urine, d'excréments se mêlent aux

1. Terme international désignant aussi bien le capitaine d'un navire marchand que le barreur d'un yacht de course.

2. Maître d'équipage.

relents d'huile des machines. Cependant personne ne se plaint. D'ailleurs le capitaine les a prévenus : il les tiendrait bouclés tant qu'il le jugerait bon.

— Moi.. déjà histoire avec police hier! a-t-il expliqué. Alors... personne doit vous voir. Comprendre? *Right?*

— Tu es certain qu'on peut faire confiance à ce Danois? demande pour la dixième fois Gourmelon, un petit brun frisé au visage poupin, en se tournant vers son voisin. Pierre Le Fresne se tait; il n'a guère envie de répondre : en fait il n'est sûr de rien. C'est lui qui a négocié leur passage à bord du *Gotland* hier après-midi. Mais alors tout semblait marcher comme sur des roulettes. Mis brusquement à la porte du collège où ils préparaient les concours d'entrée à Navale ou à Saint-Cyr, ils s'étaient retrouvés à Brest pour y apprendre que le maréchal Pétain venait de demander l'armistice. Dès lors ils n'avaient plus eu qu'une seule idée : gagner l'Angleterre. Profitant du désordre qui régnait dans le port de commerce, Pierre s'était employé à dénicher un bateau qui accepterait de les emmener. Deux capitaines avaient refusé; l'albinos l'a fait poireauter un bon moment sur le quai, puis est revenu en lui disant simplement d'aller chercher ses camarades et s'est empressé de rafler leur argent. Ensuite le maître d'équipage les a conduits dans cette cale où il les a laissés avec un sac de biscuits de mer, des boîtes de conserve et une touque de flotte. Avant de remonter, il a confié à Pierre que la police s'intéressait particulièrement à leur navire depuis la disparition d'un stock de rhum entreposé juste en face du poste d'amarrage du cargo.

Le Fresne est inquiet; il se sent responsable et, à voir les gueules de forban des matelots entr'aperçus lors de leur embarquement, il les juge parfaitement capables de laisser les passagers clandestins crever de faim, de jeter leurs corps aux requins et de garder le fric. S'il a tout de même conclu ce marché hasardeux, c'est qu'il veut se battre à tout prix, tout de suite. Ce Normand, calme et souriant en apparence, est dévoré par un feu intérieur.

Enfin une clé tourne dans la serrure et la lourde porte d'acier s'ouvre.

— Ça va. *Good!* dit le bosco. Vous pouvez aller sur *deck*.

Les claustrés se précipitent vers l'échelle en poussant des cris de joie.

— Qu'est ce que ça pouvait cocoter là-dedans, s'esclaffe Bezons, un grand rouquin aux cheveux en brosse, futur saint-cyrien. Pire que dans les chiottes de la boîte!

En trois enjambées, les voilà sur le pont : l'air du large, enfin! Accoudés au bastingage, ils respirent à pleins poumons, se bousculent et chahutent. Gourmelon, dont le père est pilote de la flotte, essaie de reconnaître les bâtiments de guerre qui naviguent autour d'eux.

— Regarde, Pierre, celui-là, c'est un aviso. J'en ai visité un tout pareil et... Oh, mon Dieu! Qu'est ce que c'est?

Une onde les secoue comme si la mer tremblait. Le cargo frémit dans toutes ses membrures, à croire qu'il va se briser. Quant à l'aviso, il a tout simplement disparu : volatilisé, désintégré. A sa place une immense gerbe verdâtre qui retombe en laissant voir une proue et un mât qui s'enfoncent rapidement. Les jeunes gens sont muets de stupeur. Qu'un bateau puisse ainsi couler en quelques secondes leur semble incroyable; Le Fresne est le premier à reprendre ses esprits :

— Il a dû sauter sur une mine, explique-t-il à ses camarades. Ces salauds de Boches ont inventé un truc infernal : la mine magnétique. Plus besoin de la toucher, il suffit de passer à proximité.

Pâles, la gorge serrée, les garçons regardent la surface de l'eau; seuls quelques débris surnagent; Gourmelon murmure :

— C'est affreux. Et pas un survivant.

Bezons réagit différemment :

— C'est dégueulasse, oui! s'écrie-t-il, mais je te fiche mon billet qu'il régleront tout ça au centuple et je compte bien être de ceux qui leur présenteront la facture!

Cyrards et flottards[1] l'approuvent bruyamment. Seul Le Fresne ne dit rien. Depuis quelques instants il a remarqué que la route du cargo s'est infléchie vers la gauche par paliers successifs. A présent le *Gotland* a carrément mis cap au sud. En fronçant les sourcils, il se dirige vers la passerelle.

Sur l'avant de la cheminée, l'abri de navigation n'est guère plus reluisant que le reste du rafiot. Les parois en bois vermoulu sont couvertes de crottes de mouches; sur la table à cartes, bancale, un énorme sandwich entamé voisine avec un pot de bière en grès; le baromètre est cassé ainsi que le verre de la montre d'habitacle. Cependant, le couvercle hémisphérique du compas et les poignées en cuivre de la roue du gouvernail sont impeccablement astiqués, comme si une ménagère accomplie était passée par là. Et justement c'est une femme qui est à la barre. Seule sur la passerelle, vêtue d'un pantalon bleu à pattes d'éléphant et d'un vieux chandail noir à col roulé, hommasse, éléphantesque, même, elle fume un long cigare.

Lorsque Pierre ouvre la porte, elle tourne vers lui un visage envahi par la graisse, mais qui a dû être joli autrefois, et dévisage le jeune homme d'un air à la fois ironique et amical.

1. Etudiants qui préparent le concours d'entrée à l'Ecole navale.

— Bonsoir, meussieur petit Français! *How do you do?*

Interloqué par cette présence féminine, Le Fresne balbutie :

— Heu... merci, madame. Ça va bien. Je... je cherche le capitaine.

— Moi Martha, mariée capitaine.

— Ah!

— Vous vouloir quelque chose?

— C'est-à-dire...

— Ah! Vous faim, les jeunes sont toujours faim. Moi, je descendre bientôt. Donner manger tout le monde. Bon manger!

Elle pointe un doigt sur son opulente poitrine.

— Moi aussi le *cook*!

— Pardon, madame, euh... Puis-je savoir pourquoi nous allons vers le sud et non pas en Angleterre?

— *Ach*! Manche... *Channel* : trop dangereux! Beaucoup mines : vous avez vu! Et puis avions... tatatata. Bombes! Mon homme capitaine, malin! A demandé ordre aller d'abord Bordeaux. *Nix deutsche*, là-bas. Après nous voir.

Le désappointement de Pierre se lit si clairement sur son visage que la femme s'attendrit et murmure d'une voix grave de contralto :

— Comme vous impatient. Vous si pressé bataille?

Avant que Pierre ait pu répondre, elle ajoute pour le consoler :

— Vous irez *England*. Sûr!

Le jeune homme secoue tristement la tête et s'apprête à quitter la passerelle; elle le rappelle :

— Attendez! Vous prendre tout de suite ça.

Elle désigna le sandwich et le pichet de bière. Le Fresne meurt de faim et de soif mais il hésite. L'étrange créature cligne de l'œil pour l'encourager ; il s'aperçoit alors qu'elle a des yeux superbes, d'un bleu tirant sur le violet.

Brusquement il se décide, vide la chope d'un trait et manque de s'étrangler. Martha éclate de rire ; un rire rauque très sensuel et qui contraste étonnamment avec l'apparence peu attirante de cette montagne de chair. Quel âge peut-elle bien avoir ? se demande Pierre. Difficile à dire avec toute cette graisse. Lui rendant son sourire, il va s'attaquer au sandwich lorsque le capitaine fait irruption dans l'abri de navigation, échange quelques mots rapides avec son épouse puis, se tournant vers Le Fresne, l'empoigne par le bras :

— Vous ! Venir m'aider avec camarades. Vite ! Interloqué, le jeune homme quête une approbation dans le regard de la femme qui renchérit :

— Oui, oui ! Allez ! Très urgent. *Quick !*

Sur le pont les étudiants se prélassent en admirant le coucher du soleil ; l'albinos se dirige vers eux :

— Mes marins cochons tous *drunky*. Eux dormir, laisser baisser la pression. *Down !* Il faut charbon. Vous faire ! leur explique-t-il, volubile, en ponctuant ses propos de grands moulinets des deux bras. Les jeunes gens finissent par comprendre que le Danois leur demande de remplacer les chauffeurs du cargo ivres morts et incapables de travailler.

— Dites donc, ce n'est pas notre boulot, commence un cyrard. Après tout, nous vous avons payé.

Le Fresne ne dit rien. Il écoute le bruit régulier de la machine alternative. Les pulsations sont de plus en plus lentes. Pas de doute : la vapeur va manquer et d'ici peu ils vont se retrouver stoppés sur la mer jolie.

Jolie ? Pas tant que cela. Ici la houle est faible, mais

à tribord il a aperçu des moutons. Là-bas, dans l'ouest, des vagues se brisent sur les rochers. Nom de nom! Le bateau est en plein travers du raz de Sein. Avec le vent d'est et la marée. Voyons : quand donc sera-t-elle descendante? Le Fresne essaye de se souvenir du niveau de l'eau dans le port au moment de leur embarquement. Un rapide calcul... Bon sang : le reflux a sûrement commencé!

— Il faut y aller, mes enfants, s'écrie-t-il, sinon cette vieille baille va faire son trou dans l'eau.

Le capitaine pousse un soupir de soulagement; enfin, il y en a au moins un qui a compris.

La corvée s'organise. Les étudiants forments trois équipes. Pierre descend dans la chaufferie avec la première. Un soutier, apparemment le seul qui soit dans un état normal, leur distribue des outils et leur indique par gestes ce qu'il attend d'eux. Les plus costauds puiseront à grands coup de pelle dans le tas de charbon et l'enverront dans le gouffre béant de la chaudière, dont un camarade manœuvrera la porte. Deux autres, armés de ringards, vont étaler à l'intérieur de la chambre de chauffe le combustible ainsi enfourné.

— Vous, à poil. C'est mieux, leur conseille le marin.

Il a raison. Les garçons abandonnent leurs vêtements. Entièrement nus, ils se mettent au travail avec ardeur.

— J'espère qu'il y a une douche qui fonctionne, lance Le Fresne au capitaine, qui est déjà engagé dans l'échelle verticale.

— Arrêtant sa remontée, l'autre le rassure :

— Oui, douche marche très bien. Vous dépêcher! Pression doit monter sinon... *schluss!*

La première équipe a vraiment mis le paquet; une demi-heure plus tard le soutier consulte le manomètre et annonce :

— *Very good*... très bonne!

Pierre tend l'oreille; le rythme de la machine s'est accéléré mais les jeunes gens sont épuisés. Le Fresne s'approche de l'échappée et met ses deux mains en cornet :

— Hé, là-haut! Envoyez la relève!

La seconde équipe descend; elle est uniquement composée de cyrards.

— Nous allons vous montrer ce qu'on peut faire, marins d'eau douce! clame Bezons en enlevant sa chemise.

La suite étant passée, Le Fresne et ses copains se hissent péniblement sur le pont où ils tombent en plein sur une bataille rangée : le skipper, son bosco et un grand diable de matelot sont aux prises avec le reste de l'équipage.

L'albinos, malgré sa corpulence, se bat comme un lion face à plusieurs adversaires! Quant au mastard aux cheveux platinés, il manie avec efficacité un nerf de bœuf. Cependant le matelot vient d'encaisser un maître coup de poing à la mâchoire qui le laisse groggy, et les trois hommes sont sur le point de succomber sous le nombre. Massés au pied de la cheminée, les autres étudiants, terrifiés, contemplent le combat sans intervenir.

— Bon sang! Que se passe-t-il? s'écrie Pierre.

Gourmelon le renseigne.

— Le capitaine a découvert les barils de rhum que les autres avaient volés. Il a ordonné au cambusier — c'est celui-là qui vient de morfler — de les jeter à la mer. Les marins ont protesté, se sont mis à gueuler. Et voilà!

— Mais, bande de crétins, qu'est-ce que vous attendez pour les aider. Si ces fous furieux ont le dessus, ils vont balancer leur patron à la flotte et nous serons dans de beaux draps! Allons-y, les gars! En avant!

Il était temps que les jeunes gens interviennent : un

des révoltés a saisi une barre de fer et s'apprête à assommer le bosco lorsque Le Fresne saute sur l'agresseur et lui passe une superbe clé au cou, mais un autre, saisissant un morceau de chaîne, s'apprête à le frapper dans le dos lorsqu'il s'écroule comme une masse : brandissant un aviron, l'épouse du capitaine vient de l'étendre pour le compte. Poussant un hurlement sauvage, elle lève de nouveau son arme et s'en sert comme d'une faux. Deux marins s'en vont valdinguer contre le bastingage, un troisième manque de passer par-dessus bord.

Cette intervention met fin à la bagarre : la moitié des assaillants sont K.O., les autres lèvent les bras en signe de reddition. Martha, qui tient toujours son aviron, lance un ordre en danois au maître d'équipage qui commence à dérouler une manche d'incendie, puis s'adressant à Pierre :

— Vous allez tenir la barre. Savoir, oui? Gouverner au *one seven two*.

Tout fier de la responsabilité qui lui est confiée, le jeune homme s'élance sur la passerelle, tandis que la matrone commence à injurier les mutins. Domptés, ceux-ci se débarrassent à leur tour de leurs vêtements et s'offrent un jet glacé que le bosco dirige vers eux pendant que les étudiants se précipitent vers la douche, tiède celle-là.

Quelques minutes après, un timonier reprend le gouvernail à Pierre en grognant un vague remerciement. Réalisant qu'il est toujours dans la tenue d'Adam, Le Fresne dissimule sa nudité à l'aide d'un pavillon et rejoint ses camarades qui se savonnent en poussant des exclamations joyeuses :

— T'as vu la mémère : elle a un sacré punch! s'esclaffe Bezons. Cette bonne femme-là ferait un sacré voltigeur de pointe pour le casse-pipe!

Une heure plus tard, tapant sur une casserole avec une

grosse cuiller, l'épouse du skipper annonce le dîner. Le menu est copieux : lard et poisson fumé suivis d'un extraordinaire mélange de poulet, d'anguille, d'œufs de maquereau, servis sur de grosses tranches de pain blanc beurré.

— *Smoërrebroëd*, annonce triomphalement Martha. *Very good!*

C'est terriblement gras et plutôt déconcertant pour des palais latins ou même bretons, mais nos jeunes gens dévorent. Quant aux marins, ils bâfrent en silence, vident leurs chopes de bière et s'esquivent rapidement; certains lancent des regards haineux aux briseurs de grève. « Madame Capitaine », comme l'ont aussitôt appelée les étudiants, apporte alors un gros bocal de gelée de groseille et une bonbonne d'akvavit qui fait s'étrangler ceux qui ont l'imprudence de boire cul sec puis s'assoit auprès d'eux.

— Quel âge, vous? demande-t-elle à Pierre en pointant vers lui un doigt boudiné?

— Vingt ans. Enfin : en décembre prochain.

— Ah!

Ses yeux se voilent.

— Mon fils Eric... mort... depuis sept ans. Lui aujourd'hui comme vous.

Elle tire une bouffée de son éternel cigare, vide la chope qu'elle avait apportée avec elle et conclut :

— *Grosse* malheur. A présent moi boire trop bière, alors...

D'un geste éloquent elle frappe ses hanches ultra plantureuses.

— Mauvais pour femme, ça! Lui aussi Christian, mon homme, boire trop de bière! Et maintenant nazis partout.

Elle regarde Le Fresne avec une tendresse soudaine :

— Alors, vous : la guerre, hein?

— Ben... oui, je veux être officier de marine.

— *Good! Good* très bon! Je demande Dieu de vous garder, petit Français gentil!

Pendant la traversée, Le Fresne ne perd pas une occasion de s'initier à la navigation. Amusée par son zèle, Martha s'est instituée son professeur : elle lui apprend à tracer une route, prendre des relèvements, porter le point sur la carte et même à manier le sextant. Elle rit de ses bévues et à chaque fois le jeune homme sent un frisson lui parcourir l'échine. Visiblement ces leçons déplaisent à son mari, mais celui-ci se contente de bougonner dans son coin. Le vrai maître à bord c'est Madame Capitaine. Ravi, Pierre ne quitte plus la passerelle et y passe même une bonne partie de la nuit à observer les étoiles dont les noms étranges : Sirius, Véga, Orion, Arcturus, le font rêver.

Demain matin à l'aube, le *Gotland* sera devant la pointe de Grave. Il est minuit passé lorsque Le Fresne se décide enfin à aller se coucher. Comme il fait très beau, il dort maintenant sur un vieux matelas à même le pont, derrière le roof. Lorsqu'il ouvre les yeux, le soleil est déjà haut : Martha lui avait pourtant promis de le faire réveiller à cinq heures. Le jeune garçon bondit vers le bastingage : aucune côte n'est en vue. Le cargo est toujours en pleine mer alors qu'ils devraient déjà être en train de remonter l'estuaire. Que s'est-il passé? Le bosco le renseigne :

— Gironde fini! Allemands partout! Nous aller à Bayonne!

Pierre se précipite sur la passerelle pour demander des explications au commandant. Celui-ci l'arrête net :

— Vous me foutre la paix, hein!

Déconcerté, Le Fresne se met à la recherche de son épouse qui le rassure immédiatement :

— D'abord Bayonne, ensuite *England*, sûr!

Le lendemain après-midi, le *Gotland* entre dans le port et accoste sans rien demander à personne. D'ailleurs le quai est absolument désert, à l'exception d'un vieux pêcheur qui se charge de capeler les amarres sur les bollards.

— Méfiez-vous, crie-t-il. Les Boches sont là!

Les étudiants sont atterrés; tant de chemin parcouru pour rien! Le capitaine qu'ils pressent de repartir au plus vite secoue négativement la tête : le chef graisseur est venu le prévenir d'une grave avarie de machine. C'est justement le marin qui voulait assommer le bosco avec une barre de fer. Une joie mauvaise se lit dans ses yeux. Les jeunes gens se retirent, la mort dans l'âme.

— Je vais aller faire un tour à terre, dit Pierre. Essayer de glaner des tuyaux.

— Je vais avec toi! s'écrie Gourmelon.

Bezons leur emboîte le pas :

— Partageons-nous le boulot. Je prends la haute ville et vous le quartier du port. D'accord?

Dans les rues les passants sont rares et beaucoup de volets clos; les deux flottards entrent dans un café dont le patron, petit bonhomme chafouin au parler rocailleux, bavarde tout en les servant.

— Eh oui! Les Allemands sont arrivés. Que voulez-vous? On est vaincus, hé! Mais vous savez, ces messieurs sont très corrects. Quand ils consomment ils payent sans marchander.

Il cligne de l'œil :

— Même si je leur compte un petit supplément. C'est de bonne guerre, pas vrai? ajoute-t-il en éclatant de rire, enchanté de sa plaisanterie.

Le Fresne l'interroge :

— Avez-vous vu des marins boches? Le port n'a pas l'air surveillé.

— Eh bé, pour quoi faire? Nous attendons d'un moment à l'autre l'annonce officielle de la cessation des hostilités.

Il s'arrête, soudain méfiant :

— Vous me faites marcher ou quoi? D'où sortez-vous pour ne rien savoir?

— D'un bateau dont la radio est en panne. Nous arrivons de Brest.

— De Brest? Vous vous moquez de moi!

Le patron se penche vers eux :

— Dites un peu, vous ne seriez pas des militaires qui essaient de déserter comme ces Polonais, hier, qui cherchaient une barque de pêche pour partir en Angleterre. Des fous, quoi! Avouez que c'est trop bête puisque la guerre est finie.

Pierre sursaute :

— Des Polonais? Savez-vous où ils peuvent être?

— Moi? Non, et *je ne veux pas le savoir*. D'ailleurs les pêcheurs n'ont plus le droit de prendre la mer. *Verboten*, qu'ils ont dit ces messieurs, et puis tous les militaires doivent se présenter à eux pour...

— C'est du propre! s'écrie Gourmelon, indigné. Et vous êtes français!

— Parfaitement. Quant à vous, vous êtes des petits morveux qui commencez à m'emmerder. Payez-moi et fichez-moi le camp. Je ne veux pas d'histoires : j'ai une femme et des enfants, moi!

Bezons a eu plus de chance. Il est tombé sur un buraliste, vétéran de 14-18 et patriote à tous crins. Celui-ci lui a d'abord appris les conditions de l'armistice : la

France coupée en deux, une zone occupée par les troupes allemandes et une zone dite libre avec interdiction de circuler de l'une à l'autre. Malheureusement Bayonne est dans la zone occupée. Apprenant l'intention du cyrard de rallier l'Angleterre, il l'a chaudement félicité :

— Bravo ! Vous faites votre devoir. D'ailleurs il y a là-bas un général qui est en train de constituer une légion de volontaires français. Il a parlé à la radio de Londres.

— Mais comment s'y prendre pour le rejoindre ?

— Hé ! Ce n'est pas facile. Si vous passez par l'Espagne, les franquistes vont vous fiche au bloc. Dame : les nazis sont leurs copains ! Non ! Allez d'abord en zone libre.

— Vous en parlez à votre aise ! Vous venez de me dire qu'il est défendu de...

L'ancien combattant sourit :

— Hé ! Nous autres Basques, nous sommes tous un peu contrebandiers, et ce n'est pas les Boches qui nous empêcheront de circuler comme nous voudrons.

En rentrant à bord, Le Fresne et Gourmelon trouvent leurs camarades en train de discuter ferme dans la cale.

— Une chose est claire, dit Pierre, nous ne devons pas moisir ici. Le *Gotland* va certainement être contrôlé. De plus, j'ai paumé mon portefeuille avec tous mes papiers, alors je suis bon.

— Ne t'en fais pas ! s'écrie Bezons en surgissant en haut de l'échelle. Tout est arrangé.

Le rouquin est essoufflé d'avoir couru.

— Ça y est, les gars, on peut filer cette nuit, annonce-t-il triomphant.

Cette déclaration est saluée par des cris de joie. Pressé de questions, le cyrard explique que le brave buraliste leur a trouvé un guide pour passer en zone libre et même une camionnette pour les premiers kilomètres.

— Après, il faudra crapahuter! Dépêchez-vous : il n'y a pas une seconde à perdre!

Tandis que les étudiants se hâtent de quitter le cargo, Le Fresne se met à la recherche du skipper pour lui faire ses adieux au nom de tous. L'albinos est absent mais son épouse est là; assise près du cabestan, elle est en train d'épisser un cordage avec la dextérité d'un loup de mer. Pierre lui offre une bouteille de liqueur, cadeau collectif que le cyrard a acheté au buraliste, et une gerbe de fleurs qu'il a subrepticement cueillies dans un jardin public, non loin du quai.

Martha rougit de plaisir :

— Ah! Meussieu petit Français... toujours galante! Alors quoi vous devenir maintenant?

Le jeune homme hésite à peine avant de se confier; la femme hoche la tête :

— Aller en Angleterre... très difficile. Allemands vont prendre bateaux, tous! Comme chez nous au Danemark.

— En tout cas nous allons essayer!

— Dommage vous pas aviateur. Si prendre avion, vroutt... facile! s'écrie-t-elle avec un geste du bras mimant un appareil en train de décoller.

Le Fresne, à présent, est impatient de partir.

— Alors, au revoir, madame, et merci pour les bons repas.

Il va pour se retirer mais Martha le rappelle.

— Attendez! Vous venir avec moi.

Elle le précède sous la passerelle jusqu'à la porte de la cabine qu'elle partage avec son mari.

— *Wait a minute, please.*

Quelques instants plus tard elle ressort.

— Tenez! ceci à vous, je crois, dit-elle en lui tendant un portefeuille. J'ai trouvé ça... hum... avec marin.

Pierre la remercie chaleureusement et prend congé. Arrivé sur le quai il vérifie le contenu : non seulement tout y est, mais la brave femme y a remis la somme d'argent correspondant au prix de son passage et... tiens qu'est ce que c'est? Une photo de jeune fille, grande, mince et blonde, dans une longue robe blanche. Ses traits lui rappellent quelqu'un. Nom d'un chien, mais oui : c'est Madame Capitaine, bien avant la guerre sans doute.

# *Le pouvoir*

14 novembre 1940

La matinée était déjà très avancée : une belle journée d'automne, mais les volets blindés, hermétiquement clos et que doublaient de lourds rideaux de velours, maintenaient la chambre à coucher dans l'obscurité, à l'exception de la zone éclairée par une lampe de chevet que le dormeur avait omis d'éteindre.

Adossé à trois oreillers empilés les uns sur les autres, la tête rejetée en arrière, ses lunettes sur le front, l'homme qui tenait entre ses mains les destinées de l'Empire ronflait comme un sonneur. Le cigare, échappé de sa main lorsque la fatigue l'avait soudain terrassé, avait profondément brûlé le tapis après avoir manqué de peu d'incendier l'un des nombreux journaux qui jonchaient le parquet; les couvertures disparaissaient littéralement sous un amoncellement de paperasses. Un numéro de l'*Observer*, chiffonné avec rage, avait atterri sur la grande table encombrée de cartes qui occupait le milieu de la pièce.

Après avoir toqué en vain à plusieurs reprises, le valet de chambre s'était résolu à entrer; il s'approcha du lit d'un pas mesuré :

— Monsieur, on vous demande... c'est très urgent!

Un grognement inintelligible mais parfaitement hostile lui répondit; il insista :

— Monsieur, c'est important...

Le juron obscène claqua comme un fouet; le vieux serviteur se permit un sourire.

— C'est M. Brown, l'ingénieur, annonça-t-il d'un ton compassé.

— Par l'enfer, vous ne pouviez pas le dire plus tôt! éructa le dormeur en passant la main sur son crâne lisse. Donnez-moi ma robe de chambre!... et puis non : qu'il entre. Je suis trop bien au chaud!

Le visiteur qui attendait derrière la porte s'avança en boitillant. De taille moyenne, bedonnant, la quarantaine bien marquée, vêtu d'une antique veste de tweed doublée de cuir aux coudes et d'un pantalon de flanelle tire-bouchonnant sur de grosses chaussures poussiéreuses, il brandissait des feuillets dactylographiés; ses yeux brillaient d'excitation.

— Cette fois nous les tenons, Monsieur! La machine a tout déchiffré... tout!

Sur un signe de son maître, le valet tira les rideaux et ouvrit les volets : brusquement la lumière envahit la pièce. Dans son lit, l'interpellé cligna des paupières et attendit que le serviteur se soit retiré.

— Ça veut dire quoi au juste, votre « tout »? jeta-t-il sèchement.

— Le code de la Luftwaffe, Monsieur. Comme un livre ouvert! Vous avez là les ordres d'attaque pour cette nuit. Nous connaissons exactement quels seront leurs objectifs. Pour nos chasseurs de la Royal Air Force cela va être du gâteau, comme ils disent. Ils vont pouvoir les intercepter à coup sûr et...

— Donnez-moi ça!

Dans son lit, l'homme s'était redressé. Il ajusta ses lunettes et commença à lire. Lorsqu'il eut fini de prendre connaissance des documents, il siffla entre ses dents; son visage était tendu.

— Servez-vous donc! bougonna-t-il en désignant un carafon de whisky qui trônait entre deux verres sur une table basse.

— Merci beaucoup... euh... je n'ai pas encore pris mon petit déjeuner.

— Dans ce cas, contentez-vous de me servir. *Moi* j'ai soupé très tard.

Sans quitter les feuillets des yeux, il tendit la main pour s'emparer du verre que l'autre lui présentait respectueusement et but lentement, à petites gorgées. L'alcool le stimulait sans diminuer en rien ses facultés.

— A qui avez-vous montré ceci? demanda-t-il en relevant la tête.

— A personne encore, Monsieur. C'était si... si formidable... et puis vous m'aviez précisé...

L'homme opina du menton :

— Vous avez bien fait.

Il enleva ses lunettes et s'absorba dans ses pensées; Brown gloussait de satisfaction.

— Qui d'autre que vous est au courant *là-bas*, au centre? interrogea-t-il enfin d'une voix sourde.

— Uniquement moi, Monsieur. Voyez-vous... hum... nous avons dû essayer une vingtaine de combinaisons sans succès. Cela nous a pris des heures; mes gars étaient éreintés. On n'y arrivera jamais, disaient-ils : les *Huns* ont dû changer de clé de surchiffrement. Finalement je les ai envoyés se coucher et je suis resté seul pour une dernière tentative. Et voilà que la machine s'est mise subitement à débiter; elle ne s'arrêtait plus! Je suis venu directement ici, aussi vite que j'ai pu.

— Bien. Asseyez-vous et laissez-moi réfléchir.

— Mais... mais... le maréchal de l'Air, monsieur. Il faudrait l'alerter d'urgence : il va être midi...

— Bouclez-la!

Interloqué, l'ingénieur obtempéra. Les yeux à moitié fermés, tambourinant le drap de ses doigts boudinés, l'homme grognait doucement, tel un chien qui va mordre. Comme une ambulance passait sous les fenêtres en faisant fonctionner son avertisseur, il darda sur Brown un regard farouche :

— Vous allez rentrer chez vous. Je dis bien : chez vous, pas au centre, et prendre une journée de repos sans rencontrer âme qui vive. Quant à ceci, ajouta-t-il en montrant les papiers épars devant lui, ces messages *n'ont jamais été déchiffrés*, entendez-vous. *Nous ne sommes pas encore parvenus à décrypter le nouveau code allemand*. Vous m'avez bien compris?

L'ingénieur blêmit :

— Mais... mais... c'est impossible. Vous avez sans doute mal lu : la frappe n'est pas très bonne. Cette nuit tous les avions ennemis doivent être dirigés *sur un seul objectif* ! Il y en aura... il y en aura des centaines. Cette ville sera entièrement détruite... rasée, rayée de la carte... avec des milliers de morts.

Il s'étranglait d'émotion :

— Vous ne pouvez pas, vous n'avez pas le droit...

— Non seulement je peux, mais je vais le faire! s'écria l'homme d'une voix tonnante, puis subitement radoucie :

— Asseyez-vous et écoutez-moi. Vous avez accompli un boulot remarquable. Grâce à votre extraordinaire invention, nous voilà en mesure de connaître les ordres les plus secrets donnés aux escadres de la Luftwaffe, mais l'essentiel c'est que ces messieurs l'ignorent, sinon ils changeront immédiatement de chiffre, et qui sait si votre satanée machine pourra le décoder, celui-là!

Il leva la main comme pour prévenir une objection.

— Non! L'affaire de cette nuit n'est pas... n'est pas suffisamment importante. C'est affreux, je vous l'accorde, mais nous sommes engagés dans un combat sans merci. Il y aura, hélas, beaucoup d'autres raids, beaucoup d'autres destructions et beaucoup d'hécatombes. Les Allemands savent déjà que nous avons les moyens de repérer leurs appareils en vol...

— Comment, Monsieur, le R.D.F.[1]?...

— Oui, ils sont au courant; ils commencent même à brouiller le système et à bombarder systématiquement nos émetteurs. Dans ces conditions, que nous interceptions *certaines* de leurs formations, ils s'y attendent, mais pas *toutes*!

Il secoua négativement la tête; son visage reflétait une décision inébranlable.

— Si nous concentrons à l'avance nos escadrilles de chasse de nuit autour de cette ville, *ils comprendront* et, cela, je n'en veux à aucun prix! s'écria-t-il en martelant chaque parole.

— Ainsi mon travail n'aura en somme servi à rien! gémit l'ingénieur désespéré.

L'homme eut un geste apaisant :

— Oh, que si! Nous l'utiliserons à plein, votre machine, mais... plus tard, quand nous donnerons l'assaut à ce qu'Hitler ose appeler la forteresse Europe. Alors, alors seulement, nous pourrons dévoiler nos batteries; pour la bataille suprême et pas avant! Tenez : voulez-vous me resservir, s'il vous plaît.

1. Premier radar britannique.

Il vida son verre d'un trait :

— Mon vieux, en ce moment, je suis bougrement plus emmerdé que vous. Que diable : il faut bien que quelqu'un se conduise comme un salaud pour le salut de l'Angleterre !

Brown se leva, bouleversé; brusquement il s'inclina profondément en murmurant :

— Je comprends. Excusez-moi, Monsieur, et... et que Dieu vous garde.

Il sortit à reculons, comme s'il avait été reçu par un roi couronné, revêtu de son manteau d'hermine et non par un vieillard poussif en pyjama bariolé. Quand il eut quitté la pièce, l'homme rejeta ses couvertures et se leva en grimaçant : ses douleurs le reprenaient. En traînant les pieds, il s'approcha de la cheminée, les feuillets à la main; craquant une allumette, il y mit le feu et les lança dans le foyer : de grosses larmes coulaient sur ses joues.

— Et dire qu'il y en a qui donneraient leur main droite pour être à ma place, grommela-t-il en sonnant son valet de chambre. Celui-ci apparut aussitôt.

— Faites-moi couler mon bain. Très chaud, ordonna le maître en se recouchant.

# *Royal Navy*

Peu avant l'aube le vent força, changeant une nouvelle fois de direction, et les vagues devinrent énormes. L'une d'elles, encore plus haute que les autres, s'écrasa contre le flanc du croiseur de bataille, pesant de toute sa puissance déchaînée sur cette masse de quarante mille tonnes et la contraignant à s'incliner. Des trombes d'eau balayèrent la plage avant, jaillirent en gerbes écumantes sur les tourelles, coiffèrent la passerelle, le blockhaus et atteignirent même, tout en haut du mat tripode, le poste de direction de tir.

Au P.C. Opérations, l'amiral et le commandant étaient penchés sur un indicateur lumineux où deux pointes fluorescentes apparaissaient par saccades. Assis devant eux, un jeune officier marinier triturait des boutons pour obtenir une image plus nette et annonçait les distances d'une voix monocorde. Malgré les bancs de brume où le mastodonte, propulsé à trente nœuds par les cent cinquante mille chevaux de ses turbines, s'engouffrait sans hésitation, le R.D.F.[1], cet œil magique qui était en train de révolutionner la guerre navale et aérienne, traquait impi-

1. Nom donné aux premiers radars britanniques.

toyablement les deux grands navires de guerre allemands aventurés à l'ouest de l'Islande.

La veille au soir, les croiseurs envoyés en reconnaissance les avaient repérés et ne les avaient plus lâchés, comme des chiens traquant le cerf, pour les offrir ce matin en pâture aux canons des bâtiments de ligne lancés à leur poursuite.

Un jour maussade vient de se lever, les grains de pluie se succèdent mais la brumasse s'est dissipée. Dans le télépointeur, l'officier canonnier s'accroche à son siège et scrute l'horizon, le front calé contre les grosses jumelles de désignation d'objectif. Soudain il pousse une exclamation et crie dans le porte-voix qui le relie à la passerelle :

— L'ennemi est en vue !

Empoignant son combiné, il ordonne sans pouvoir complètement refréner son excitation :

— Artillerie principale. Paré à manœuvrer !

Aussitôt les volées des huit formidables canons de 381 millimètres s'élèvent puis s'abaissent et reviennent à l'horizontale, tandis que les tourelles elles-mêmes achèvent leur rotation et s'immobilisent lentement dans l'axe du navire. Dans la tourelle numéro quatre, celle de l'extrême arrière, le *chief gunner's mate*[1] Wesson, souverain maître de la chambre de tir, consulte du regard ses subordonnés directs, deux *petty-officers*[2] dont chacun est responsable d'une pièce. Ceux-ci viennent de vérifier le fonctionnement des appareils de pointage et des imposantes culasses à vis conçues pour résister à la poussée des charges de poudre qui propulseront dans l'atmosphère des obus pesant près d'une tonne ; ils ont testé les

1. Officier marinier canonnier d'un grade équivalent à celui de premier maître.

2. Maître, ou plus généralement officier marinier.

bennes, refouloirs et autres mécanismes qui amènent les munitions depuis les soutes et assurent le chargement. Comme les douze matelots présents autour des canons, ils portent des bonnets parasouffle qui enserrent leurs visages tannés par les intempéries. Se mouvant lentement au milieu d'un léger brouillard dû à la condensation, économes de leurs gestes mille fois répétés, ces marins ont l'air de fantômes accomplissant un étrange rituel.

Les deux officiers mariniers lèvent ensemble le bras! Wesson se retourne et annonce d'une voix forte :

— Paré, *Sir*!

Juché sur un tabouret dans une sorte de mezzanine à l'arrière de la tourelle, écouteurs aux oreilles et micro-plastron sur la poitrine, le *sub-lieutenant*[1] Maxwell Rashbrook *(R.N.)* incline la tête et, approchant ses lèvres du téléphone, rend compte à son tour au poste central. Il doit s'y reprendre à deux fois tellement son cœur bat la chamade; plus que jamais il a le sentiment de ne pas être à sa place. Depuis sa tendre enfance il rêvait d'être musicien. Las, son oncle l'amiral, l'aîné de la famille, lequel n'avait pu procréer, a d'autorité mis un terme à cette vocation : depuis deux siècles il y avait toujours eu un Rashbrook dans la *Royal Navy*; la tradition devait être respectée. Tout le clan s'est incliné comme d'habitude, et le jeune Maxwell s'est retrouvé au *Royal Naval College*.

Il s'y serait volontiers fondu dans l'anonymat si sa maladresse dans les activités sportives et son physique ne l'avaient fait remarquer. Car il n'a rien d'un Britannique : de très petite taille, mince et fragile, le nez busqué, le teint mat, le cheveu noir et bouclé, c'est le portrait de sa mère, Arlésienne au regard de velours. Evidemment, ses camarades l'ont surnommé *Froggy*[2].

1. Enseigne de vaisseau.
2. Mangeur de grenouilles, surnom donné aux Français.

Depuis lors, chaque fois qu'il fait preuve d'impulsivité excessive, ses supérieurs hochent la tête en déclarant d'un ton dédaigneux : « Vous savez : sa mère est française ! »

Maxwell a tout juste vingt-deux ans et vient seulement d'être promu. C'est son premier poste de responsabilité. Et encore : il le doit à la brusque défaillance du titulaire, opéré d'urgence en plein Atlantique voici deux jours seulement. Il le sait bien, et la crainte de ne pas être à la hauteur l'obsède bien plus que l'idée de combattre. Tout en s'efforçant de récapituler mentalement les notions récemment acquises au cours de stages accélérés par les nécessités de l'heure, Rashbrook embrasse ses marins du regard. A quoi peuvent-ils bien penser en ce moment ? Il les envie d'être si calmes et brusquement se met à les aimer : ce sont *ses* hommes ! Comme s'il avait deviné ses pensées, Wesson se retourne à ce moment-là, une lueur amicale dans les yeux. Le battement de paupières dont il le gratifie fait chaud au cœur de l'enseigne; pour un peu il embrasserait le vieux loup de mer qui pourrait être son père.

« Décidément, ils ont raison, se dit Maxwell, je suis terriblement français. »

Un ordre bref dans le téléphone :

— Approvisionnez les pièces.

Cette fois, ça y est ! On va se battre. Là-haut le directeur de tir doit observer l'ennemi, estimer sa route et sa vitesse. Beaucoup plus précis que les télémètres optiques, le R.D.F. donnera en permanence la distance du but, et les Allemands n'ont pas de R.D.F. comparable au nôtre. Nos premiers coups le frapperont à coup sûr. Frémissant d'impatience à présent, il ordonne :

— Chargement !

Cet unique commandement déclenche à l'intérieur un vacarme parfaitement orchestré : ronronnement des moteurs électriques qui amènent les volées à un site légèrement négatif, claquement sec des culasses bloquées en position ouverte, klaxons annonçant l'arrivée des bennes, petits ascenseurs à trois étages qui montent depuis les soutes transportant les charges, cliquetis des chaînes sans fin qui les hissent.

En face de chaque pièce, le compartiment inférieur de la benne où se trouve l'obus se verrouille sur la planchette de tir. Aussitôt le servant actionne un levier ; le refouloir mécanique s'appuie sur le culot du projectile et le propulse avec fracas dans l'âme du canon. Brusquement le tintamarre cesse ; un matelot crie :

— A poste !

Le *chief gunner's mate* approuve de la tête et lève le bras. A ce signe les pourvoyeurs appuient sur leurs boutons respectifs : nouveau coup de klaxon et les bennes, redescendant d'un cran puis d'un second, présentent successivement les deux demi-charges de deux gargousses chacune que les refouloirs enfournent immédiatement. A chaque fois, les linguets claquent, les chaînes crissent sur les roues dentées. Le chargement est terminé ; les culasses se referment bruyamment et se vissent tandis que les bennes redescendent. Les hommes s'immobilisent dans le calme momentanément revenu et Wesson annonce :

— Paré !

L'opération a duré quinze secondes. Rashbrook, les dents serrées, attend. Normalement il n'a plus grand-chose à faire. Les éléments de tir inscrits sur des cadrans seront simplement recopiés par les servants de hausse et de dérive, et l'ordre de faire feu directement donné par le central. Tout est automatisé ; il n'interviendra qu'en cas d'incident ou si le *fire director* est détruit. Impensable !

Soudain Maxwell sursaute et n'en croit pas ses oreilles : l'officier canonnier vient d'ordonner :

— Gisement d'attente *zéro* ! Le but est le bâtiment de tête, le plus à gauche.

Ainsi l'escadre allemande se trouve *droit devant nous*, se dit le jeune officier, et coupe notre route. Elle pourra donc utiliser toutes ses bordées alors que seules nos tourelles de l'avant pourront tirer : soit la moitié de notre puissance de feu. Comment avons-nous pu tomber dans un tel piège ? pense-t-il amèrement, quand une réflexion du chef du Service artillerie lui revient tout à coup : les cuirassés allemands sont tout neufs et beaucoup mieux protégés que les nôtres. Aussi notre intérêt est de nous rapprocher au maximum. Mais oui, bien sûr ! Et l'amiral est en train de courir sus à l'ennemi, comme Nelson ! Allons, j'ai encore beaucoup à apprendre.

Se reprochant ses critiques inconsidérées, Maxwell baisse la tête et se tasse sur son siège car le central vient d'ordonner :

— Tourelles une et deux, feu !

Même atténué à l'intérieur de la chambre de tir, le tonnerre du départ de la première salve est tel que le *sub-lieutenant* manque de choir de son tabouret. Pendant une seconde il s'est cru au milieu d'un tremblement de terre. A peine a-t-il repris ses esprits que les quatre 381 crachent encore. Soudain un cri de triomphe retentit dans les écouteurs :

— But !

— On l'a touché ! On l'a eu ! clame-t-il en se penchant vers ses hommes.

L'équipe de changement pousse des hourras, mais Wesson lui impose silence et lance à Rashbrook un coup d'œil réprobateur.

C'est que le bâtiment est en train d'évoluer. Les pointeurs tournent fébrilement leurs manivelles et la tourelle pivote sur ses galets tandis que les volées des canons s'élèvent. Un coup d'œil sur le cadran lui apprend que la distance de l'ennemi est de douze milles marins seulement, c'est la curée.

— A nous maintenant ! ne peut-il s'empêcher de crier.

Brrang !

Cette fois c'est sur eux que la foudre s'est abattue. Une explosion terrifiante. La tourelle tout entière, plus de deux mille tonnes, est comme soulevée de son socle avant de retomber lourdement. Le croiseur de bataille a vibré et s'est brusquement incliné sur tribord. Des marins tombent et se relèvent péniblement ; l'un d'eux a le visage en sang : il s'est entaillé le front contre un refouloir. Les bruits de déflagrations se succèdent et la fumée envahit la chambre de tir.

— Seigneur ! Les munitions...

Impassible, Wesson déclenche l'extinction automatique à l'étage inférieur et fait signe à son chef que tout va bien, mais l'ordre d'ouvrir le feu n'arrive toujours pas.

C'est au contraire un fracas assourdissant venant des entrailles du navire qui se déchaîne comme si mille vagues le frappaient en même temps. Brusquement la chaleur augmente et devient intenable. Le bateau, qui s'était redressé, donne de nouveau de la bande sur tribord. Incapable de maîtriser le tremblement convulsif qui s'est emparé de lui, Maxwell se cramponne à la rambarde. Une voix inconnue hurle dans les écouteurs :

— Evacuez !

— Quoi ? gémit-il au téléphone.

— Foutez le camp, bon Dieu ! On coule !

Rashbrook s'essuie le front du revers de la main. Il se sent tout à coup étrangement calme et enveloppe ses hommes du regard. Immobiles au milieu de la fumée, comme figés, il les sent intimement liés à lui, leur chef; c'est d'une voix ferme qu'il ordonne:

— Aux postes d'évacuation.

Lui-même descend de son siège et glisse sur le parquet métallique car la gîte s'accentue sans cesse : elle dépasse maintenant quinze degrés. Un canonnier a déjà rabattu vers l'extérieur le panneau situé au plafond de la chambre de tir. Un coin de ciel rougeoie de la lueur des incendies qui font rage avec un bruit semblable à celui d'un gigantesque soufflet de forge. Suffoquant, trébuchant et s'aidant mutuellement, les marins escaladent en hâte l'échelle verticale au pied de laquelle Wesson, marmoréen, les compte.

Lorsque le dernier a disparu, le *chief gunner's mate* s'écrie :

— Complet, *Sir*,

et s'efface pour laisser passer l'officier, celui-ci sourit :

— Ah non, mon vieux : vous d'abord!

Le vieux premier maître, portant deux doigts à son front, s'incline légèrement puis fixe Maxwell droit dans les yeux; un regard qui remplit celui-ci d'une immense fierté. Avalant sa salive, l'enseigne s'efforce de plaisanter :

— Dépêchez-vous. Votre thé va refroidir!

Autour d'eux, des bruits d'explosions crépitent comme un feu d'artifice; la bande augmente encore. Wesson se tourne et grimpe lestement; il est déjà presque en haut de l'échelle, et Maxwell s'apprête à le suivre lorsque le plancher éclate sous ses pieds et l'enfer les absorbe tous deux.

Sur un équipage de près de quinze cents hommes, il n'y eut que trois survivants.

## *Caprices des temps*

A quoi tient le hasard, tout de même! Si mon camarade Vigouroux ne s'était pas cassé la jambe, je n'aurais pas été désigné, toutes affaires cessantes, pour le remplacer sur un contre-torpilleur qui appareillait le soir même vers le Levant où nous étions de nouveau en train de nous étriper avec les Anglais.

Nous sommes arrivés à Beyrouth juste à temps pour apprendre qu'il nous fallait faire demi-tour. Le bâtiment repartit dans la soirée... sans moi. Les midships étant taillables et corvéables à merci, l'Etat-Major avait jugé bon de m'envoyer combattre à terre à la tête d'une section de fusiliers marins hâtivement constituée en raclant les fonds de tiroirs de la base navale. Mes hommes n'avaient rien de foudres de guerre : c'étaient pour la plupart des fourriers ou des secrétaires, mais les marins savent tout faire, n'est-ce-pas? Et l'adversaire avait déclenché une offensive avec des moyens, hélas, bien supérieurs aux nôtres.

Deux jours plus tard, nous voici dans nos trous individuels avec deux armes automatiques pour défendre un village déserté par ses habitants, dans les dunes, au sud de Beyrouth. Le soleil vient de se lever; j'aperçois au loin un nuage de poussière.

Je pointe mes jumelles : nom de nom, une automitrailleuse ! D'autres véhicules suivent ; les chars ne doivent pas être loin. Mourir dans cette bagarre me paraît le comble de la stupidité, mais que voulez-vous que j'y fasse ? Je harangue mes poilus :

— Les enfants, c'est le moment de faire une prière, même si vous n'êtes pas croyants. Bon ! Hausse : 200. Nous attendons le dernier moment pour ouvrir le feu. Et visez les meurtrières !

Le téléphone de campagne sonne et me coupe la parole. Je décroche ; une voix inconnue me demande :

— Voyez-vous une colonne sur la route ? (il appelle ça une route ! Mon correspondant est un optimiste).

— Si je la vois ? Ça oui alors ! Mais nous ne pourrons pas la retenir bien longtemps. Je vais...

— Vous êtes fou ! Surtout ne tirez pas. *Ce sont les parlementaires qui rentrent !*

Eh oui ! L'armistice venait d'être signé... un 14 juillet. Il y a décidément dans l'Histoire des dates à double face. Ainsi le 18 juin c'est *aussi* Waterloo. Les Britanniques, décidés à évincer définitivement les Français du Moyen-Orient, multipliaient les prévenances à l'égard des unités restées fidèles au gouvernement de Vichy. Tiens, parbleu ! *Nous allions vider les lieux.* A l'époque, je ne m'en rendais pas compte, bien entendu, et si j'ai eu alors quelques velléités de rallier la France libre, l'attitude des Anglais envers les gaullistes avait de quoi me décourager.

En attendant notre rapatriement, nous nous promenions librement dans Beyrouth. Après avoir fait le lézard au soleil sur la plage, j'entre prendre un verre au *Kit-Kat*. Pourquoi ce bistrot plutôt qu'un autre ? Le hasard ! Pour l'heure il est bourré d'Australiens dont aucun ne me paraît être membre d'une ligue de tempérance. Je suis d'assez méchante humeur. Tout à l'heure j'ai croisé deux matelots qui portaient sur la manche gauche une grande croix de Lorraine. En me voyant l'un d'eux s'est écrié en la désignant :

— Voilà l'honneur !

Je n'ai rien répondu, mais à présent j'éprouve une sorte de malaise. Me frayant un passage au milieu des consommateurs, je passe aux toilettes pour me laver les mains. Devant le lavabo voisin, un jeune sergent gaulliste de l'infanterie coloniale achève de se peigner en sifflotant *La Madelon*.

Soudain deux Australiens font irruption en braillant. D'évidence ils sont ronds comme des queues de pelle. Le premier, un drôle de balèze, me tape sur l'épaule. Je me retourne ; l'ivrogne pointe son index vers ma poitrine et éructe d'un air menaçant :

— *You...* de Gaulle ?

Frères, il faut mourir (encore)... mais je ne peux tout de même pas me dégonfler. La gorge serrée, j'arrive à articuler :

— *No... Me...* Pétain !

Il éclate d'un rire homérique et me flanque une grande claque dans le dos.

— *Ah! Ah! Good!*

Puis, désignant le sergent :

— *And this man?*

— Oh, lui, oui : *Free French!*

Poussant un meuglement, le mastard se rue sur le gaulliste qui s'apprêtait à quitter les lieux, mais au lieu de le congratuler il l'attrape par le fond du pantalon et entreprend avec son camarade de lui plonger la tête dans la lunette des cabinets (à la turque), tout en hurlant des obscénités parfaitement de circonstance au demeurant. Je ne sais pas quel réflexe a joué mais, sans hésiter une seconde, je saisis un flacon (amovible) de savon liquide, l'assure dans ma main et en assène un bon coup sur la nuque de l'agresseur qui s'effondre pour le compte. Déjà son camarade fonce sur moi. Moins costaud, il doit néanmoins me rendre une dizaine de kilos. Je brandis mon arme improvisée quand le sergent qui s'est relevé le cueille au passage d'une droite au menton digne d'un champion.

— Merci, mon lieutenant! s'écrie-t-il. Maintenant tirons-nous en vitesse. L'endroit va devenir malsain!

Il parle d'or. Nous retraversons le bistrot en bousculant tout le monde. Au passage, je récupère ma casquette que j'avais accrochée au portemanteau et nous détalons à toutes jambes; lorsqu'il nous estime en sûreté, le sous-officier s'arrête.

— Ben, dites donc, mon lieutenant, je vous dois une fière chandelle. Ah! je vous offre un verre : il y a un petit troquet peinard que j'ai repéré.

— Avec plaisir.

Nous repartons, d'un pas normal cette fois. Je remets ma casquette que j'avais gardée à la main pour courir; en voyant ma coiffe blanche[1], il s'exclame :

— Merde alors! Vous êtes un gars de Pépé!

— Plaît-il?

— Ben oui! Pépé-le-trembleur : Pétain quoi!

— En effet. (Ça y est : une autre bagarre en perspective.)

— Mais alors pourquoi avez-vous... tout à l'heure?

— Voyons : un Français contre deux Australiens! Naturel, non?

---

1. Au levant, seuls les marins « pétainistes » portaient alors une coiffe blanche, tandis que les fusiliers marins de la France libre conservaient traditionnellement la coiffe bleue, même dans les pays chauds.

Le sergent n'en revient pas.

— Ça alors, si je m'attendais! Eh bien, excusez-moi, mon lieutenant. Et merci encore!

Il me salue et va pour s'éloigner; je le rappelle :

— Et ce verre, on ne le boit plus?

— Quoi... vous voulez bien?

— Pourquoi pas? La Marine et la Coloniale, ça va ensemble! Par exemple, c'est moi qui vous l'offre : chez nous c'est toujours le plus gradé qui paie.

Nous buvons en silence; mon compagnon se gratte le menton.

— Si je peux me permettre, mon lieutenant, vous allez rentrer en France?

J'acquiesce du menton.

— Bon, je ne vous juge pas! Vous avez été trop chic avec moi. Alors...

Il hésite encore puis se décide brusquement :

— Je crois que je peux vous faire confiance. Voilà : pourriez-vous donner de mes nouvelles à mes parents et à une jeune fille. Cela fait plus d'un an...

— Mais très volontiers, mon vieux!

— Ils habitent un petit patelin, près de Nîmes.

— Ça tombe bien. J'ai justement de la famille dans le Gard. Donnez-moi un mot pour eux. Je vous promets de le porter moi-même. Seulement dépêchez-vous. Je dois filer, à présent, et mon bateau part demain.

Il bondit au comptoir pour demander de quoi écrire. Tandis qu'il s'applique en tirant la langue, je songe que notre position est assez inattendue mais qu'elle pourrait être symbolique bien que pour le moment, si n'importe qui de l'un ou l'autre camp nous apercevait ensemble, nous serions certains de nous faire engueuler.

Le sergent a terminé : il me remet deux enveloppes.

— Eh bien voilà, mon lieutenant. A un de ces jours peut-être.

— Très probablement. Car bientôt, n'en doutez pas, tout le monde reprendra le combat contre les Boches.

— Pourquoi pas tout de suite?

— Ah! Ce n'est pas si simple.

Tandis que je me hâte vers la base de transit, je pense à ce brave garçon pour qui, en effet, tout est simple.

Dès mon retour en métropole, j'ai été voir sa famille. Le père, secrétaire de mairie, a carrément refusé de me recevoir.

— Mon fils est un traître! Je ne le connais plus!

La maman en pleurs me faisait des signes désespérés derrière son dos; elle m'a rattrapé dans l'escalier et s'est emparée de la lettre en appelant sur moi les bénédictions du Ciel. Quant à la jeune fille, elle ne logeait plus à l'adresse indiquée. Renseignements pris, elle avait épousé le fils du boucher : un très beau parti. J'ai confié la seconde lettre au curé de la paroisse. Qu'auriez-vous fait à ma place, hein?

Quelques années plus tard (toujours le hasard!), j'assistais à une cérémonie au monument aux morts de cette même localité. Le nom du sergent y figurait désormais en lettres d'or toutes fraîches. Très digne et dominant son chagrin (écrivirent les journaux), le père reçut des mains d'un général la croix de la Légion d'honneur attribuée à titre posthume à son fils. Une jeune femme, visiblement près d'accoucher et en tout cas très émue, se tenait derrière les parents, donnant le bras à un gros gaillard rougeaud; ce dernier arborait fièrement un brassard de maquisard.

En somme chacun avait combattu, à sa manière et au hasard des événements.

# *Un ange passe...*

Debout devant la cheminée, offrant son dos aux flammes, l'amiral leva son verre dans ma direction.

— *Cheerio!*

Il se défendait bien, le bougre. Quel âge pouvait-il avoir? Soixante-dix, soixante et onze? En tout cas, il venait de me flanquer une raclée magistrale au tennis alors que j'aurais largement pu être son fils. Très grand, le masque d'un tribun dont une abondante crinière blanche tempérait la sévérité, il avait conservé une silhouette de midship. Depuis deux ans, il était mon voisin. Une passion commune pour la pêche à la truite nous avait d'abord rapprochés; ensuite nous nous sommes découvert d'autres goûts identiques : la musique, le théâtre. Il était célibataire, moi aussi, et je ne me lassais pas de l'entendre raconter ses campagnes. Comme je m'extasiais sur sa carrière si fertile en aventures, il me lança :

— Bof, je suis surtout un gros veinard : vingt-cinq ans de baroud et pas une égratignure! Savez-vous que j'ai souvent éprouvé l'impression que quelque chose... ou quelqu'un me protégeait.

— Votre ange gardien?

— Hum ! Aux yeux de la religion, ma vie n'a rien eu qui justifiât pareille bienveillance.

Il s'assit près de moi sur le canapé et posa son verre.

— Et cependant, oui, j'y pense souvent : dans le temps, j'ai connu un garçon... C'était en septembre 1941. Depuis l'armistice je m'emmerdais ferme à Toulon, sur un vieux cuirassé.

— Vous n'avez jamais songé à rejoindre le général de Gaulle ?

— Si. Au début... Mais l'agression de Mers el-Kébir a douché mon enthousiasme. Et une nouvelle bagarre fratricide venait de se terminer au Levant. Entre les Allemands qui nous pressuraient et la perfide Albion qui fauchait nos colonies, j'étais positivement écœuré, d'autant plus que mes compatriotes m'apparaissaient amorphes et résignés. Ce jour-là, je revenais de Lyon où résidaient mes parents. Par miracle le train n'était pas bondé. J'avais même réussi à dénicher un coin fenêtre, ce qui était un exploit à l'époque, et m'étais aussitôt plongé dans la lecture d'*Electre* de Giraudoux. Cette prose si poétique me ravissait au point que j'ai dû, sans m'en rendre compte, la déclamer à mi-voix. Comme je marquais une pause, une voix claire me fit sursauter :

— C'est merveilleux, n'est-ce pas ?

Je relevai la tête : un jeune homme blond assis en face de moi me regardait en souriant ; un sourire si chaleureux qu'il rendait son intrusion tout à fait naturelle et amicale. Son visage d'une pureté à faire rêver un peintre ne m'était pas inconnu ; je le questionnai à mon tour :

— N'êtes-vous pas Gérard Tarquin, l'acteur ?

Il éclata de rire et me répondit gentiment :

— Mais oui !

Je me présentai et nous nous mîmes spontanément à bavarder comme de vieilles connaissances. Deux films et une comédie de boulevard avaient suffi à le rendre célèbre. Il m'en parla avec simplicité, sans fausse modestie, heureux de sa réussite et parfaitement conscient d'avoir encore beaucoup à apprendre. Un charme extraordinaire émanait de lui. Mieux : une sorte de charisme. Du théâtre nous passâmes aux événements; au bout d'une heure je m'aperçus que je lui avais pratiquement tout raconté sur moi : la campagne de Norvège, mon torpilleur coulé devant Dunkerque, mon chagrin et ma rage à l'annonce de la défaite, l'espoir que je nourrissais de voir la Marine reprendre le combat et ma rancœur envers les Anglais.

— Tout de même, me dit-il. Ils tiennent superbement le coup. Et seuls! Vous ne trouvez pas que c'est chic?

— Je ne vous dis pas le contraire. Cependant...

Tarquin s'interrompit en s'écriant : « Excusez-moi! » et bondit pour aider une dame à récupérer sa valise dans le filet. Le train entrait en gare de Marseille. S'emparant d'autorité du bagage de la voyageuse, il l'accompagna sur le quai et lui trouva un porteur avant de revenir s'asseoir.

— Nous jouons cette semaine à Nice, mais dimanche prochain nous donnons le même spectacle à Toulon.

— J'irai certainement vous applaudir.

— Votre place sera au contrôle. Si, si, j'y tiens! Attention, vous arrivez à destination. Alors, à très bientôt!

La pièce s'appelait *Un ange passe*... C'était l'histoire d'une épouse délaissée dont l'ange gardien descend sur terre sous les traits d'un bel inconnu pour rabibocher le ménage. Gérard jouait à la perfection. Je me demandais par quel prodige il parvenait à rendre parfaitement crédible un être surnaturel et soudain je compris : *il incarnait son propre personnage*. Je le retrouvais sur scène tel qu'il était dans la vie.

Après la représentation, j'allai le féliciter dans sa loge : il m'invita à souper avec lui. Pendant deux heures sa conversation me fascina : il semblait tout connaître. Inévitablement nous en revînmes à parler de la guerre. Tarquin ne dissimulait guère sa sympathie pour les Anglais et les gaullistes et, si prévenu que je fusse contre eux, je n'arrivais pas à lui en vouloir. Comme je prenais congé, il retint ma main dans la sienne.

— Je viens de louer une bicoque au Lavandou. Vous me feriez un immense plaisir en venant y passer le prochain week-end, si votre service le permet.

J'acceptai sans la moindre hésitation; décidément j'étais sous le charme.

Le samedi suivant, je grimpai dans le pittoresque tortillard qui desservait alors les petites localités de la côte varoise. Cet omnibus s'arrêtait non seulement à toutes les gares, mais chaque fois que quelqu'un, au bord de la voie, faisait signe au conducteur. Dans ces conditions, il valait mieux ne pas parler d'horaire. Gérard m'attendait sur le quai; en m'apercevant à la portière, il agita joyeusement le bras et m'accueillit comme un vieil ami.

— Ma maison est à l'intérieur des terres, à deux kilomètres environ. Vous verrez comme on y est tranquille. C'est épatant!

Nous partîmes d'un pas allègre. La radio suisse venait d'annoncer que des *raiders* allemands avaient causé de lourdes pertes aux convois britanniques dans l'Atlantique.

— Heureusement que la *Royal Navy* a réussi à couler le cuirassé géant *Bismarck*! s'écria Tarquin.

— Ils ont eu tout de même une sacrée veine de le repérer au milieu de l'océan! lui fis-je observer.

Il secoua la tête.

— Ce n'est pas du hasard. Ils *connaissaient* la route

que suivait ce bâtiment. Dès lors, le retrouver n'était qu'un jeu.

Venant d'un profane, sa remarque aurait dû me surprendre; sur le moment je n'y prêtai guère attention. Nous arrivions au sommet d'un petit col; le chemin traversait une pinède que l'ombre envahissait peu à peu. Gérard leva la tête vers le ciel nimbé de rose, annonciateur du mistral, et murmura comme pour lui-même :

— Pour que les Anglais gagnent et nous avec, il est essentiel qu'ils soient renseignés.

Se haussant sur la pointe des pieds, il cueillit des petites boules rouges sur les branches d'un jeune arbre.

— Vous aimez les arbouses? dit-il en me les tendant. C'est un peu aigrelet.

Le domaine était entouré d'un mur couronné de tessons de bouteilles, eux-mêmes surmontés de réseaux de fil de fer barbelé.

— La propriétaire craint les brigands, m'expliqua Tarquin en poussant une grille aux barreaux plus gros que le pouce.

Un énorme berger allemand au poil luisant accourut au-devant de nous et s'arrêta net, interrogateur, les crocs menaçants. J'eus un geste instinctif de recul; l'acteur s'interposa :

— Kapi! Pas toucher! Gentil!

Aussitôt le chien s'approcha de moi, me renifla et se frotta contre ma cuisse, quêtant une caresse.

— A présent, il vous connaît : il ne vous mordra jamais.

Je flattai l'encolure de l'animal qui nous suivit jusqu'à la maison en frétillant de la queue.

Une ravissante brunette apparut sur le perron et se jeta au cou de Gérard avant de me tendre la main.

— Bonjour, Jean. Je suis heureuse de vous connaître. Mais comme vous êtes en retard ! J'étais inquiète.

Monique (c'était son nom) nous précéda au salon. Un homme de taille moyenne, large d'épaules, vêtu d'un strict complet croisé, se leva à notre entrée.

— Mon ami Edward, qui travaille à l'ambassade américaine de Vichy, m'indiqua mon hôte sans autre précision.

Le dîner fut très gai, mais l'invité semblait éprouver des difficultés à prendre part à la conversation. Comme je l'invitai à s'exprimer dans sa langue, il hésita par politesse mais Tarquin l'y encouragea :

— Bien sûr, allez-y. Monique et moi, nous avons joué à Broadway, vous savez.

Avant d'entrer à l'Ecole navale, j'avais passé deux ans à Boston où mon père était consul et effectué plusieurs séjours en Angleterre. En écoutant mon interlocuteur, qui employait certaines expressions typiquement britanniques, je fus vite édifié : j'avais devant moi un sujet de Sa Gracieuse Majesté. Au dessert je me levai sous un prétexte quelconque pour rejoindre Gérard dans la cuisine.

— Dites moi, mon vieux. Ce garçon que vous m'avez présenté... il est américain comme je suis cardinal !

— Vous avez parfaitement raison, répondit-il avec un sourire désarmant. Edward est *lieutenant-commander* dans la *Royal Navy*. Votre collègue, en quelque sorte.

Devant tant de candeur, je restai bouche bée.

— Je tenais absolument à vous le faire connaître, poursuivit mon ami, car, voyez-vous, il est chargé d'une importante mission en France.

Cette fois, j'explosai :

— Vous ne manquez pas de culot ! Depuis l'armistice, ces cochons n'ont fait que nous tirer dessus !

— N'exagérons rien, déclara doucement Tarquin, plus angélique que jamais. Ils ont *aussi* tiré sur les Allemands.

Puis me prenant affectueusement par l'épaule :

— Ecoutez au moins ce qu'il a à vous dire. Allons... pour me faire plaisir.

Il me sortait ça comme s'il insistait pour que je reprenne du rôti. Je le suivis, avec la sensation très nette qu'il était en train de me posséder en beauté.

Gérard nous avait laissés seuls dans la bibliothèque.

Edward dégusta son armagnac à petites lampées avant de m'entreprendre :

— *Well.* Je vois que vous avez deviné le but de mon voyage. Nous avons besoin... hum... d'informations.

Me contenant à grand-peine, je le coupai sèchement :

— Et vous me proposez tout bonnement d'espionner, de trahir ! Vous m'insultez, monsieur. Brisons là !

J'allais pour quitter la pièce. Sans se départir de son calme, il leva la main.

— Attendez. Vous n'y êtes pas du tout. Je me garderais bien de vous demander le moindre tuyau sur la marine française. Ce sont les activités allemandes et italiennes qui nous intéressent.

— Oh, ça... je ne verrais aucun inconvénient à vous en faire part. Seulement, à Toulon, elles sont pour ainsi dire nulles.

— D'après certains recoupements, cela pourrait changer d'ici peu. Du matériel allemand devrait transiter par ce port.

— Cela m'étonnerait beaucoup, car ce serait contraire à la convention d'armistice !

— Peut-être, mais c'est là mon problème.

Je me rassis.

— Bon ! Vous renseigner sur les Boches, *uniquement* sur les Boches, ça je veux bien.

— *Splendid !*

— Mais pour le moment, je n'ai qu'une chose à vous dire : en canonnant nos bateaux à Mers el-Kébir ou ailleurs, vous avez découragé toutes les bonnes volontés.

Edward demeura songeur, le nez dans son verre, puis releva la tête et me regarda droit dans les yeux :

— Croyez-vous que mes camarades qui ont reçu de notre gouvernement l'*ordre* de tirer sur des Français en étaient heureux et fiers.

Nous restâmes un moment silencieux; l'officier se dressa :

— Maintenant je dois partir. Gérard sera notre contact et vous expliquera.

Il me tendit la main — j'hésitai à peine avant de la serrer — et sortit, me laissant en proie à des sentiments complexes. Lorsque je revins au salon, Tarquin me dédia son plus radieux sourire.

— Je suis bien content, vous savez. Tenez, il faut que je vous embrasse !

Des semaines s'écoulèrent, monotones. Je n'avais recueilli aucun indice d'une quelconque activité allemande à Toulon. Dieu sait pourtant si j'avais cherché car je m'étais pris au jeu. Maintenant j'avais conscience d'avoir véritablement repris le combat, et je jetais des regards de commisération sur mes camarades qui mettaient tous leurs espoirs dans une hypothétique entrée en guerre des Etats-Unis. Un beau matin, alors que j'achevais mon tour de permanence de nuit à la préfecture maritime, un message passa entre mes mains : une mission de la *Kriegsmarine* était attendue à Toulon.

Dès que j'eus passé le service, je me précipitai à la

poste. Aucun des trois numéros de téléphone que j'avais dû apprendre par cœur ne répondait. Pourtant Monique devait être au Lavandou. J'étais furieux : pour une fois que j'avais un renseignement à transmettre. Je recommençai mes appels; enfin quelqu'un décrocha. Comme Gérard me l'avait appris, je m'annonçai en déclarant : « Ici les Vins Lambert, c'est au sujet de votre commande. » Au lieu de la réponse conventionnelle que j'attendais, une voix bourrue résonna dans l'écouteur :

— Quoi? Qui demandez-vous? Qui est à l'appareil?

Je raccrochai. Mon cœur battait la chamade. Je m'esquivai sur la pointe des pieds en lançant des regards à droite à gauche. Dans la rue, les gens assiégeaient littéralement les kiosques à journaux : une édition spéciale venait de paraître. Je réussis de haute lutte à me procurer un exemplaire. Lorsque j'eus terminé la lecture du communiqué qui annonçait que des avions japonais avaient bombardé Pearl Harbor, la principale base navale américaine du Pacifique, un entrefilet au bas de la page attira mon attention :

« Hier à Paris la police allemande a procédé à l'arrestation du comédien Gérard Tarquin qui se livrait à l'espionnage au profit de la Grande-Bretagne. L'acteur a été blessé alors qu'il protégeait la fuite de sa compagne, Monique Renand, qui a disparu. »

Un mois plus tard, après de vaines recherches pour retrouver l'amie de Gérard, je réussissais à gagner l'Angleterre à bord d'une barque de pêche... et je crois vous avoir déjà raconté la suite.

L'amiral se mit à fourrager dans un secrétaire et me tendit un vieux programme de théâtre, ouvert à la page où figurait la photo d'un jeune homme blond qui regardait l'objectif en souriant. Je le feuilletai pour trouver le titre de la pièce : c'était bien *Un ange passe...*

## *D'un cheveu...*

Novembre 1941

Dans la chambre mansardée qu'il a louée depuis une semaine à une veuve sans enfants qui n'a plus les moyens de se payer une bonne, Charles Ciépi achève de boucler la valise qui contient toutes ses affaires. Il y procède sans hâte, après s'être assuré qu'il n'a rien laissé traîner dans les tiroirs. C'est un garçon d'une trentaine d'années, plutôt mince et de taille moyenne. Son visage est de ceux qui n'attirent jamais l'attention : des yeux gris-brun, un peu rapprochés, un nez droit aux narines pincées, des lèvres minces, un teint mat. Signes particuliers : néant. Avec son complet de confection, il a tout à fait l'air d'un petit fonctionnaire; c'est d'ailleurs ce qu'indique la carte de visite épinglée sur sa porte : rédacteur de préfecture. Seulement cette profession est fausse, le nom aussi.

Depuis deux ans Charles vit dans la clandestinité : il est communiste. Depuis trois mois, il a redoublé de précautions, changeant constamment d'adresse, parfois d'identité et même d'apparence : c'est désormais un tueur. Attention! pas un criminel : il ne tue que des Allemands et seulement lorsque ses chefs l'ordonnent. S'il a été désigné pour exécuter des attentats individuels contre les militaires des troupes d'occupation, c'est d'abord en raison de ses qualités de tireur (présélectionné pour les jeux Olympiques) mais surtout parce que son calme et sa présence d'esprit dépassent l'entendement. Ciépi, c'est un animal à sang froid, affirme celui qui lui transmet ses consignes. Pourtant, aujourd'hui, Charles va agir de sa propre initiative. Pis : il va désobéir. L'homme qu'il a décidé d'abattre est l'idole de la population : un footballeur en renom et un chic type de surcroît, pas fier, toujours prêt à régaler les copains; tout le monde vous le dira.

En réalité, Casimir Gottaux est un salaud. Vaniteux à l'excès et ne comptant plus ses succès féminins, il n'a pas pu supporter d'être repoussé par une jolie brunette, simple vendeuse dans un magasin de chaussures. Ayant découvert par hasard que Rosette Colin, c'est son nom, s'appelait en réalité Klein, il l'a tout bonnement dénoncée à la Gestapo comme juive. La jeune fille a été arrêtée le lendemain et personne ne sait ce qu'elle est devenue. Depuis lors, Charles est comme fou : Rosette est sa seule faiblesse qu'il cache jalousement. Ce n'est pas qu'il en soit amoureux; non, c'est autre chose : comme une affection de grand frère, le besoin de protéger. Ayant appris par un policier de ses amis le nom du mouchard, il a aussitôt demandé à ses supérieurs la permission de le descendre mais s'est heurté à un refus formel.

— Pas question, camarade. Gottaux est trop populaire. Tu vois d'ici ce que la presse et la radio de Vichy pourraient...

— Mais enfin, c'est une ordure : ce qu'il a fait mérite...

— Il faudrait d'abord le prouver au grand jour, et cela risque de compromettre cet inspecteur qui nous est extrêmement utile au poste qu'il occupe.

— Je...

— N'insiste pas, camarade.

Bien qu'il ait toujours été un militant modèle, Ciépi est déterminé cette fois à passer outre; il ne peut renoncer à ce qu'il considère comme un juste châtiment. Empoignant sa valise, il jette un regard circulaire sur la pièce. Tout est en ordre, nulle trace de son bref séjour ne subsiste. Il ouvre doucement la porte en prenant garde à ne pas faire de bruit. Une fois dans le corridor, il tend la main pour arracher la carte de visite puis se ravise : autant faire croire qu'il peut revenir, ce qui n'est nullement dans ses intentions.

Au stade municipal le match est terminé. L'équipe locale a gagné et c'est une fois de plus Gottaux qui a marqué le but de la victoire. La foule achève de se disperser, mais une bonne centaine de supporters attendent devant la porte par laquelle doivent sortir les joueurs. Les commentaires vont bon train :

— Oh, ce shoot de Casimir!

— Un vrai bolide!

— Leur gardien de but n'y a vu que du feu!

— Ils l'ont dans le dos, les Parisiens!

Quelqu'un s'exclame :

— Les voilà!

Arborant un sourire satisfait, les footballeurs apparaissent; ils sont aussitôt entourés, acclamés, embrassés. Gottaux n'en finit plus de serrer des mains, de recevoir des claques sur les épaules, de sourire à des inconnus qu'il feint de reconnaître. Il doit répondre à dix questions à la fois, signer des autographes. Une blonde plantureuse se jette à son cou et l'embrasse à pleine bouche. Le baiser se prolonge, la fille se colle contre lui, ondule... C'est alors qu'il aperçoit un prêtre qui contemple la scène en silence. Un peu gêné, il se dégage. L'ecclésiastique est coiffé d'un béret basque et porte des lunettes noires. Il a relevé les coins de sa soutane avec des pinces, découvrant des gros godillots de soldat. Il tient dans la main un petit paquet enveloppé dans du papier journal.

Selon son habitude, Charles a minutieusement préparé son coup. D'abord le déguisement — idéal —, ensuite la bicyclette calée contre le trottoir à quelques pas de lui. Il est interdit aux automobiles de stationner devant le stade, aussi a-t-il laissé la sienne dans une rue latérale. C'est une vieille Citroën qui ne paye pas de mine mais dont le moteur a été gonflé; elle lui a déjà servi lorsqu'il a descendu un *major* devant la *Kommandantur* de Rouen. Bien entendu, les plaques d'immatriculation ont été changées. Sur le pare-brise une carte du Secours national et une banderole « Colis aux prisonniers » voisinent avec un *ausweis* en règle.

Lorsque le flot des spectateurs s'est écoulé, il est sorti de sa bagnole après l'avoir remise en route en laissant le moteur tourner au ralenti. Les curés ont souvent des bons de carburant et personne ne s'étonne de les voir circuler en voiture. Surtout dans un tacot pareil. Tenant sa bécane par le guidon, il s'est approché lentement de la porte réservée aux joueurs.

L'agent Bontemps est très satisfait de son sort. Sergent de carrière, il a été démobilisé après l'armistice et s'est porté candidat pour entrer dans la police. Avec sa croix de guerre, on l'a pris tout de suite. Il est bien noté, estimé de ses chefs et ne tardera pas à passer brigadier. Etre de service à l'occasion d'un grand match est un plaisir : il peut assister à la rencontre sans bourse délier pourvu qu'il sorte cinq minutes avant la fin pour faire régner l'ordre aux alentours du stade. Il y a quelquefois des bagarres entre les supporters des deux équipes, mais sa carrure impressionnante a tôt fait de ramener le calme.

— Tiens, un curé sportif qui veut lui aussi féliciter notre champion, se dit-il en voyant Ciépi descendre de la Citroën et se diriger vers le groupe qui entoure Gottaux. Oh, oh, le brave homme est si pressé qu'il a oublié de couper le contact alors que l'essence est si rare!

Discrètement, il va jusqu'à la voiture, ouvre la portière et tourne le bouton : le moteur s'arrête.

« Quand ce bon prêtre reviendra, je lui ferai remarquer sa distraction, respectueusement, comme de juste! »

Casimir s'arrache à l'étreinte de la fille qui décidément l'embête : elle n'est pas mal mais trop potelée pour son goût. Il les préfère brunes et minces comme...

Il fronce les sourcils et, tout à coup, éprouve une sensation de malaise. Ce prêtre qui le regarde fixement — il en est sûr bien qu'il ne puisse voir ses yeux —, que lui veut-il? L'ecclésiastique s'avance et esquisse un geste comme pour lui tendre le paquet. Soudain un éclair jaillit du papier journal... Une douleur atroce déchire la poitrine de Gottaux qui s'écroule, foudroyé.

Charles a sauté sur sa bécane et pédale comme un forcené, tenant le guidon d'une main et serrant son arme de l'autre sans se soucier des cris qui s'élèvent derrière lui. Il tourne le coin de la rue, freine à mort, abandonne la bicyclette et fonce vers sa voiture. Tout à coup il s'arrête, interdit : un grand balèze de flic appuyé contre la portière le regarde en souriant mais, en entendant les clameurs qui accompagnent le fuyard, son visage change immédiatement d'expression et devient menaçant. Sans hésiter, Ciépi lève son pistolet mais perd une fraction de seconde en le faisant passer de sa main gauche à sa main droite, et le poing du sergent de ville s'abat sur sa mâchoire comme un marteau-pilon. Il tombe à la renverse; déjà la foule est sur lui...

## *Les voies du Seigneur*

Pour faire bonne pêche sans trop vous éloigner de Brest, c'est très simple : devant l'église de Guipavas vous prenez à main gauche; trois kilomètres plus loin, peut-être un peu plus, vous verrez un chemin sur votre droite, avec un arbre mort, en forme de tuyau de pipe, juste à l'entrée. Vous ne pouvez pas vous tromper. Ensuite c'est tout droit[1].

Le renseignement était bon et le ruisseau aux capricieux méandres recélait effectivement de belles truites. J'en avais déjà deux dans ma musette et il était à peine quatre heures. Ah, par exemple, je perdais cuiller sur cuiller, accrochées dans les herbes, mais c'est justement là que les grosses pièces se cachaient. Remontant le courant en me tenant un peu en retrait de la rive, attentif à me confondre avec le paysage, je repérai un chêne à moitié déraciné qui surplombait l'eau; le coin idéal : une truite était probablement dessous.

Un mouvement sec du poignet comme pour un fouetté d'escrimeur et mon leurre se posa doucement juste devant

---

1. Cet itinéraire est évidemment fantaisiste : ne comptez jamais sur un pêcheur pour vous révéler ses petits secrets.

la souche. Au troisième tour de moulinet, l'attaque se produisit, si brutale que je crus que la garce allait m'arracher le poignet. Bon sang! Elle devait être énorme : plus du kilo certainement. Un éclair d'argent sinua le long des roseaux tandis que mon fil se déroulait à toute vitesse.

Je récupérai doucement, donnant du mou si la tension se faisait trop forte, jouant avec le frein et utilisant la souplesse du scion. Lorsque la truite ne fut plus qu'à quelques mètres, je me baissai pour saisir mon épuisette : zut, elle n'était plus là! Dans ma lutte avec le poisson je m'étais déplacé. A présent, pour revenir la chercher, ce ne serait pas du gâteau. A croire qu'elle avait senti mon embarras, la truite multipliait les sauts et retombait à chaque fois dans un jaillissement d'écume en me forçant à lâcher du fil pour ne pas casser. Je me demandais comment sortir de cette situation quand une voix m'interpella :

— Amenez-là par ici... mollo, mollo!

Agenouillé sur la berge, un bonhomme vêtu d'un caban de marin allongeait le bras en tenant mon épuisette plongée dans l'eau, paré à récupérer ma prise. Une minute plus tard, c'était chose faite et une superbe fario se débattait dans l'herbe, entortillée dans les mailles du filet.

— Elle fait au moins trois livres! déclara mon sauveur.

J'étais trop ému pour lui répondre. Il vint vers moi et me tapa sur l'épaule :

— Bravo! Venez donc boire un coup chez moi.

Il me précéda d'un pas tranquille sur le petit sentier qui aboutissait au village : un tout petit village, à peine plus grand qu'un hameau, que dominait un vieux clocher. Sa maison jouxtait l'église.

— Je vous fais passer par le jardin, dit-il en poussant la barrière.

Je l'avais suivi machinalement; la lutte m'avait littéralement épuisé. Bah, j'aurais bien le temps de revenir pêcher au crépuscule. Le « coup du soir » dans ce ruisseau-là devait être fructueux, d'autant plus que le temps se mettait à l'orage. Comme s'il avait deviné mes pensées, le bonhomme s'écria en poussant la porte :

— Elles seront comme folles tout à l'heure. Reposez-vous un peu : vous ne l'avez pas volé!

La pièce, très grande avec un plafond voûté, était plongée dans la pénombre. Aux murs et sur la cheminée, une foule d'objets se rapportant tous à la mer : des photos d'un cuirassé, une aquarelle représentant un thonier, une très belle alidade ciselée, deux grosses caliornes[1] transformées en lampes. L'immense crucifix d'argent ne faisait pas exception, appelant sans doute la miséricorde divine sur les pêcheurs au double sens du terme. Sur la table, parmi des pinceaux et des petits pots de peinture, trônait la maquette encore inachevée d'un bâtiment de guerre qu'un rayon de soleil, filtrant à travers les volets mal fermés, nimbait de poussière dorée.

Je me penchai pour l'examiner : au mât de beaupré flottait un minuscule pavillon frappé de la croix de Lorraine.

— Mais c'est une corvette, une corvette des F.N.F.L.[2]!

Mon hôte était en train de farfouiller dans le bahut : mon exclamation le fit se retourner :

— Vous connaissez? me demanda-t-il l'œil soudain intéressé.

— Bien sûr! Je suis trop jeune pour avoir fait la guerre mais nous en avions de ce type à l'Ecole navale.

---

1. Palans.
2. Forces navales françaises libres.

Je regardai d'un peu plus près : on avait peint sur la coque des traînées brunes qui imitaient à la perfection des taches de rouille.

— Eh oui, dit le bonhomme en me servant un verre de cidre, elle avait cette gueule-là. Dame, nous n'avions guère le temps de la briquer à clair, et puis...

Il s'interrompit brusquement. Son visage tanné par les intempéries prit une expression malicieuse.

— Puisque vous êtes officier de marine, voulez-vous que je vous raconte son histoire?

Il s'assit en contemplant la maquette d'un air songeur. Ce fut alors seulement que je remarquai la rosette d'un rouge défraîchi qui ornait sa boutonnière à côté d'un ruban vert et noir : la croix de la Libération.

— C'était une des premières corvettes sorties des arsenaux britanniques, construite à la va-vite et déjà démodée. De 40 à 42, elle en avait vu de toutes les couleurs : les convois, encore et toujours les convois! L'Amirauté avait fini par la retirer du *pool* des escorteurs, tellement les avaries y devenaient fréquentes, mais comme ces damnés *Froggies*[1] réclamaient à cor et à cri d'autres navires, elle leur avait sournoisement refilé celui-là. C'est que le torchon brûlait une fois de plus entre le Général et le vieux bouledogue, rapport à la Syrie, alors ils ne nous rataient pas, ces messieurs!

« Pour l'armer, l'état-major des F.N.F.L. avait puisé dans les derniers ralliés : marins de commerce provenant de cargos vichystes capturés par la *Royal Navy* ou évadés de Bretagne à bord de barques de pêche. Ah! là là! quelle collection de forbans! A Greenock pas un patron de *pub* ne les voyait faire irruption dans son établissement sans placer aussitôt un nerf de bœuf à portée de

1. Littéralement : mangeurs de grenouilles. Les Français.

sa main derrière le comptoir et faire signe à sa femme de téléphoner à la *shore patrol*[1]. Mais celle-ci n'était pas chaude pour se risquer dans le coin.

« Le seul gradé d'active était le second maître fusilier, Hoareau, capitaine d'armes. Un Réunionnais mesurant près de sept pieds, véritable montagne de muscles. Il ne punissait jamais : le délinquant avait une conversation avec lui dans la soute à peinture, en sortait avec un œil au beurre noir et le tour était joué.

« Quant au pacha...

Mon hôte s'interrompit : un sourire railleur éclaira sa figure ridée.

— Mais n'anticipons pas. Donc un matin l'équipage, qui avait pris possession du bateau la veille, fut rassemblé à grands coups de gueule par le bidel[2], sur l'ordre du second, un lieutenant au long cours qui traînait depuis six mois dans un dépôt, à la suite d'une vague histoire. C'est que la *Marie-Lorraine* n'avait pas encore de commandant. Oui, on l'avait appelée ainsi, du nom de la fille du chef de division, parce que son nom anglais était celui d'une fleur que personne n'avait été fichu de traduire : elle ne devait pas pousser chez nous.

« Il pleuvait comme vache qui pisse; l'amiral n'avait pas daigné se déranger. C'est un vieux cap-de-veau[3] dégoulinant de flotte qui arriva pour faire reconnaître le nouveau pacha.

Il se mit à rire silencieusement.

— Lequel était aussi trempé que lui. Ah, la cérémonie fut vite bâclée! Sur le quai les Ecossais du chantier naval se moquaient des pauvres matelots qui restaient stoïquement au garde-à-vous malgré l'averse.

1. Patrouille en ville chargée de faire régner l'ordre.
2. Capitaine d'armes.
3. Capitaine de vaisseau.

« Au début de l'après-midi, premier appareillage et premier pépin : une amarre rentrée trop lentement est allée se coller dans l'hélice; on a dû rentrer à la remorque! Ah, misère!

« Je me demande encore par quel miracle cette corvette obtint son certificat d'aptitude au combat, au terme d'un stage de trois semaines dans un centre d'entraînement. Un miracle en vérité : un miracle de volonté, car rien ne marchait à bord, à part les armes toujours soigneusement révisées. Le radar débloquait, l'asdic[1] ne donnait pas d'échos et la machine était un bloc de rouille. Ah! ils nous avaient bien eu, les Angliches! Mais le pacha était têtu et les hommes, dans un sursaut d'orgueil, se jurèrent d'arriver à faire tourner cette fichue baille. Ils travaillaient comme des forcenés : même les instructeurs britanniques n'en revenaient pas. Pourtant la malchance semblait s'acharner sur le navire. Tenez, un soir, on n'y voyait pas à vingt mètres avec leur satané brouillard! Voici que la barre se coince et la *Marie-Lorraine* se retrouve en plein milieu d'un champ de mines. Il a fallu mouiller et attendre le jour.

Le bonhomme s'arrêta pour remplir nos verres, j'en profitai pour lancer :

— En priant le bon Dieu, je suppose!

Il me regarda en fronçant les sourcils puis son visage se détendit.

— Vous ne croyez pas si bien dire! Lorsqu'une vedette vint nous tirer de là pour nous ramener au port, Hoareau alla trouver Machaud, l'officier en second :

« — Lieutenant, les gars pensent que si le bateau a tous ces emmerdements c'est qu'il n'a pas été béni. Ils

1. Appareil détectant les sous-marins en plongée. Aujourd'hui l'on dirait sonar.

voudraient que l'aumônier vienne célébrer une messe a bord.

« — Bien, je vais voir ça, répondit celui-ci.

« Il faut vous dire que l'équipage était presque entièrement breton. Des forbans peut-être, mais bons chrétiens. L'affaire semblait ne poser aucun problème mais, lorsque Machaud en parla au commandant, celui-ci entra dans une colère folle :

« — Jamais de la vie! Qu'est-ce que c'est que ces conneries? Je ne veux pas de cureton chez moi!

« Il gueulait si fort qu'on l'entendait jusque dans la coursive.

Mon hôte se passa la main sur le menton :

— Hé, j'aurais dû vous expliquer. Voyez-vous, ce pacha n'était pas tout à fait comme les autres. Dame, à la France Libre on ne se bousculait pas au portillon, alors fallait bien prendre ceux qui se présentaient.

Il ricana doucement.

— Dans le civil, notre homme était sous-préfet. Oh, un sous-préfet qui n'avait jamais eu de sous-préfecture : toujours dans les cabinets ministériels. Radical-socialiste! Honneur et gloire à l'école laïque : vous voyez le genre! Il était arrivé en 41 chez de Gaulle en déclarant : Puisque à Vichy des officiers de marine sont devenus préfets, je peux bien être marin!

« A dire vrai il avait pas mal navigué avant la guerre sur de grands yachts de plaisance. Nous avions déjà des députés milliardaires à cette époque. Bref, l'histoire faillit se terminer par une mutinerie. Heureusement il y eut une alerte aérienne juste à ce moment-là et les hommes, oubliant leurs griefs, se précipitèrent aux mitrailleuses.

« Le lendemain dimanche, profitant de l'absence du commandant qui était parti en ribote à Glasgow, Machaud convoqua l'aumônier qui expédia rapidement une messe basse. Personne n'en souffla mot et la corvette continua à collectionner les pépins.

« — Ce n'est pas *Marie-Lorraine* mais *Marie-la-Poisse* qu'on aurait dû l'appeler, murmuraient les matelots en continuant à réparer les avaries.

« Il n'était évidemment pas question d'engager une hourque pareille dans la bataille qui faisait rage dans l'Atlantique Nord en cet été 42. On l'envoya sous l'équateur, zone réputée plus calme. Bathurst-Freetown, Freetown-Douala... et une de ces chaleurs! Rongés par la bourbouille[1], pelant comme des serpents à cause des coups de soleil, les gars n'avaient même pas la consolation de se mettre un sous-marin boche sous la dent : ceux-ci préféraient s'acharner sur les convois de Mourmansk. Le moral était au plus bas. Vous comprendrez que dans ces conditions la peinture de la coque, tout le monde s'en fichait comme de l'an 40!

Le bonhomme se pencha vers la maquette :

— Elle était exactement comme ça : un zèbre! Même que la rouille finissait par faire office de camouflage.

« Un beau jour, la *Marie-Lorraine* fut chargée d'escorter un paquebot rapide. Vous vous rendez compte : il pouvait filer vingt nœuds et nous quinze à tout casser!

« Pour comble de malheur notre asdic était en botte une fois de plus. Nous étions aussi efficaces qu'un bugalet[2]. Je... le pacha prit alors une décision : il donna l'ordre au paquebot de marcher *full speed* et de se débrouiller tout seul! Nous en crevions de honte mais, à toute vitesse et en décrivant des zigzags, il avait beaucoup plus de chances de s'en tirer qu'en compagnie d'un patrouillard. Au crépuscule, il était déjà loin. Vers minuit

1. Dermatose des pays chauds.
2. Chaland portuaire.

Machaud, noir de graisse de la tête aux pieds, remonta sur la passerelle :

« — Ça y est, commandant : Cadiou a trouvé la panne. Dans dix minutes, vous aurez l'asdic en fonction !

« Hélas, une demi-heure plus tard le radio apporta un message : le paquebot venait d'être torpillé.

« Jamais la *Marie-Lorraine* n'avait droppé de la sorte. Au diable les règlements de sécurité ! Les mécaniciens avaient accompli des prodiges ; le loch marquait seize nœuds sept : plus qu'aux essais de recette !

« Il faisait à peine jour lorsque nous aperçûmes les embarcations : canots de sauvetage et *carley floats*[1], tous chargés à couler bas ; fort heureusement la mer était assez belle : juste un peu de houle.

« — Pour une fois le ciel est avec nous ! s'écria le second.

« Le pacha lui lança un mauvais regard :

« — En attendant, avant de stopper, nous allons explorer le secteur à l'asdic. Ce salaud de sous-marin est fichu de s'être planqué pour nous surprendre, dit-il, vous...

« Il n'acheva pas sa phrase, se précipita vers le pavois du côté sous le vent et vomit aussi sec son petit déjeuner.

« — C'est à n'y rien comprendre, bougonna-t-il en s'essuyant la bouche avec son mouchoir. Sur les yachts je n'avais jamais le mal de mer.

« Eh oui, monsieur, notre commandant donnait régulièrement à manger aux poissons, ce qui ne facilitait guère sa tâche. Vraiment il n'avait pas besoin de ces ennuis supplémentaires, et penser que Nelson y était également sujet n'était qu'une piètre consolation.

---

1. Radeaux de sauvetage de la *Royal Navy*.

« Les unes après les autres, les embarcations accostaient. Machaud avait fait affaler des filets le long du bord mais beaucoup de naufragés n'avaient pas la force d'y grimper : nos matelots les aidaient de leur mieux. Et il y en avait : deux cents... trois cents, je ne sais plus! La plupart étaient en pyjama, d'autres en slip ou même complètement nus. En grande majorité c'étaient d'ailleurs des ouvriers américains qui se rendaient à la nouvelle base de Takoradi.

« Un des canots était resté à l'écart et dérivait sous le vent; à l'arrière un homme nous faisait des signes désespérés.

« — Bon Dieu! grommela le pacha. Ils pourraient souquer sur le bois mort[1]. Comme ceux de l'embarcation ne semblaient pas capables de le faire, la *Marie-Lorraine* remit en route et se rapprocha. Le canot était plein, bien entendu. Cependant, sauf deux matelots qui tiraient mollement sur un unique aviron, ses occupants étaient allongés au fond et ne donnaient guère signe de vie.

« — Des blessés, sans doute, fit Machaud. Je vais descendre m'en occuper. Tiens, qu'est-ce que c'est?

« Au milieu du canot, des silhouettes sombres venaient de se dresser; le commandant braqua ses jumelles :

« — Nom d'un chien, il ne manquait plus que ça : des bonnes sœurs!

« Elles étaient trois, strictement revêtues de leurs longues robes noires à la différence des autres rescapés; la brise agitait doucement les ailes de leurs cornettes tandis qu'elles s'empressaient auprès des blessés. Quand le canot eut enfin accosté, Lauray, le midship, et deux solides gabiers dévalèrent l'échelle de pilote et sautèrent

1. Ramer.

dedans. Certains naufragés avaient été gravement brûlés; leurs plaies, faute de mieux, avaient été enduites de graisse. Deux autres devaient avoir un bras cassé : quelqu'un leur avait déjà placé des attelles de fortune, confectionnées avec des lattes arrachées au plancher de l'embarcation : les derniers, excepté les rameurs, semblaient encore hébétés à la suite du torpillage. Ah, ce ne fut pas une mince affaire que de récupérer tout ce monde car les plus valides ne réagissaient guère, se contentant d'attendre que ceux de la *Marie-Lorraine* les élinguent avec les filins avant que les boscos ne les hissent comme du bétail sur pied.

« En outre, le vent avait brusquement forci et la corvette était à présent ballottée comme une coquille de noix. Penché sur le pavois, le commandant s'impatientait, jurant comme un païen selon son habitude :

« — Grouillez-vous, bon Dieu de merde!

« L'une des sœurs (elle paraissait très jeune) qui était en train d'aider au transfert d'un brûlé, auquel la pression des cordages sur la peau arrachait des cris de souffrance, releva la tête et lui lança un regard sévère.

« Il se détourna en haussant les épaules et rentra dans l'abri.

« Lorsque tous furent embarqués, les religieuses gravirent à leur tour la coupée. La première à mettre le pied sur le pont, une femme très grande au teint de vieil ivoire, salua Machaud d'une légère inclinaison de tête avant de se retourner vers ses compagnes.

« — Louons le Seigneur, mes filles. Vous voyez : j'ai eu raison de vous recommander de ne pas vous dévêtir cette nuit, dit-elle en se signant.

« Les deux autres l'imitèrent en murmurant : *Laudate, Domine*.

« — J'avais comme un pressentiment, ajouta-t-elle en

s'adressant de nouveau au second. Dieu, dans Son infinie bonté, m'a inspirée. Je suis mère Marguerite du Sacré-Cœur-de-Jésus, supérieure du couvent des Filles de la charité au Cap. Voulez-vous avoir l'obligeance de me conduire à votre chef.

« C'était plutôt un ordre qu'une prière. Eberlué, Machaud la précéda vers la passerelle. En les voyant déboucher de l'échelle, le pacha fronça les sourcils et jeta un coup d'œil furibond en direction du second. La religieuse le dévisagea, l'ombre d'un sourire au coin des lèvres, car le pauvre homme, à nouveau en proie au mal de mer, était verdâtre et transpirait à grosses gouttes. Portant la main à sa casquette, l'officier bredouilla :

« — Bonjour, madame... euh... ma sœur... très heureux d'avoir pu... excusez-moi... la manœuvre!

« Là-dessus, il fit volte face, autant pour cacher sa gêne que la nausée qui le tenaillait, et affecta de se concentrer sur le compas. La supérieure l'observa en silence pendant un long moment.

« — Tant que Dieu nous prêtera vie, nous dirons chaque soir notre chapelet à l'intention de l'équipage de la *Marie-Lorraine* et de son commandant, déclara-t-elle soudain sans y mettre la moindre emphase.

« Le pacha se retourna, comme mû par un ressort. Il s'apprêtait à répliquer par quelque raillerie quand son regard rencontra celui de la religieuse. Ah, ce regard!... Personne à bord ne devait l'oublier : on y lisait quelque chose de... de neuf, comme...

Le bonhomme s'interrompit, songeur. Je hasardai une comparaison :

— ... comme celui d'une toute jeune fille.

— Ah non, alors! Aujourd'hui les pires gourgandines vous offrent des yeux innocents! Dans ceux de la mère supérieure on trouvait, comment dirais-je? La certitude! Voilà, c'est le mot.

« Toujours est-il que le commandant s'arrêta net et vira du vert au rouge, en proie à un profond débat intérieur : comme son interlocutrice posait le pied sur l'échelle pour repartir, il se précipita en ravalant un hoquet.

« — Attention, ma sœur, ça glisse!

« La religieuse agita le bras :

« — Ne vous en faites pas pour moi : j'ai le pied marin.

« Lauray, retenant à grand-peine une forte envie de rire, plongea résolument vers la table à cartes.

« Bourrée comme un métro aux heures de pointe, la corvette se hâtait vers Bathurst. Plus question de quart ni de relève : les marins étaient débordés : il fallait faire manger les naufragés, habiller tant soit peu la plupart d'entre eux, consoler ceux qui se lamentaient, expliquer aux ouvriers qu'il n'était pas question de rompre le silence radio pour envoyer des nouvelles à leurs familles. Le maigre stock d'uniformes de bord fut rapidement vidé, les matelots puisèrent alors dans leurs sacs mais c'était insuffisant. Heureusement les trois nonnes étaient là; elles dévalisèrent d'autorité les réserves d'étamine du timonier ainsi que la voilerie, et y taillèrent rapidement des vêtements sommaires sans cesser pour autant de prodiguer leurs soins aux blessés. Au soir tous les éclopés, dûment soignés, pansés, réconfortés, dormaient comme des souches dans les postes ou les coursives. Quant aux brûlés, soulagés par des piqûres de morphine et badigeonnés au mercurochrome, ils reposaient paisiblement dans le carré des officiers, veillés par une sœur. Celle-ci avait confié au capitaine d'armes qui s'extasiait devant la compétence de la supérieure :

« — Mère Marguerite est également docteur en médecine !

« La nouvelle s'était répandue comme une traînée de poudre et une dizaine de marins s'enhardirent jusqu'à demander à la religieuse si elle ne pouvait pas les examiner. La chambre de Machaud fut transformée en cabinet de consultations; lorsque vint le tour de Cadiou, celui-ci tenta brusquement de battre en retraite.

« — Revenez ici, immédiatement ! lui ordonna la supérieure d'un ton sans réplique.

« Un quart d'heure plus tard, le quartier-maître ressortait épanoui :

« — Tu me croiras si tu veux, dit-il à Morvan, son « pays ». Elle sait même soigner les hémorroïdes !

« En circulant dans le bord, le commandant ne pouvait pas faire un mètre sans entendre ses hommes aussi bien que les rescapés chanter les éloges de leurs « bonnes fées ». Avec son accent des îles, Hoareau appelait sur elles toutes les bénédictions du ciel; il en oubliait de houspiller son monde.

« Le lendemain matin, la *Marie-Lorraine* était déjà en vue de terre quand tout à coup l'asdic donna un écho d'une netteté inhabituelle. Vous vous rendez compte, c'était la première fois.

« — Sous-marin dans le 080 à 1 700 yards ! annonça l'opérateur, tremblant d'émotion.

« — La barre à droite vingt. Je prends la suite.

« — Midship, paré à grenader ! hurla le pacha, oubliant instantanément son mal de mer.

« Tandis que les mortiers et les rampes débitaient leurs projectiles à la cadence prévue, tous les regards se tournèrent vers le sillage où des gerbes s'élevaient les unes après les autres dans le bruit sourd des explosions qui secouaient le navire. Sur le roof central, les religieuses s'étaient agenouillées. Après plusieurs attaques et n'ayant plus d'écho, la corvette remis le cap sur le port.

« — L'avez-vous coulé? demanda mère Marguerite au second qui revenait de l'arrière.

« — Je n'en sais trop rien, répondit Machaud en se grattant la tête : il en a certainement pris un bon coup sur le râble, voilà un requin qui ne mordra pas de sitôt!

« — Tant mieux, il y a eu assez de morts!

« Le pacha qui redescendait justement de la passerelle l'apostropha d'un air narquois :

« — Dites donc, ma sœur, c'est la guerre, au cas où vous l'auriez oublié!

« — Je ne l'oublie pas, commandant, rassurez-vous. D'ailleurs nous allons la gagner, car notre cause est juste. Mais c'est tout de même horrible.

« Bien des semaines après que les naufragés eurent débarqué, l'équipage ne parlait plus que des trois religieuses.

« — La petite était bien gironde! soupirait Leriche, le benjamin du bord.

« — Tu n'as pas honte! tonnait Hoareau. Encore un mot et je t'emmène dans la soute à peinture!

« — Je suis certain qu'en priant pour nous elles nous portent bonheur, affirma Lauray, un soir où la *Marie-Lorraine* avait vu une bombe planante la manquer inexplicablement.

« A sa grande surprise, le pacha inclina la tête en signe d'assentissement.

« Et voilà l'histoire! conclut mon hôte en remplissant de nouveau les verres. En fait, après cette affaire, tout se mit à marcher comme sur des roulettes à bord. Pour commencer, un message de l'amiral commandant la zone nous apprit que le sous-marin que nous avions grenadé avait dû faire surface un peu plus loin. Repéré au radar par un destroyer, attaqué au canon et incapable de plonger, il avait préféré se saborder, mais la totalité de son personnel fut repêchée. En Atlantique puis en Méditerranée, la *Marie-Lorraine* connut encore bien des aventures mais, lorsque le Reich capitula, pas un seul homme ne manquait à l'appel. Pourtant nous en avons vu des dures, des trucs incroyables, mais le plus extraordinaire...

— Vous avez coulé un autre sous-marin?

Le bonhomme éclata de rire :

— Vous n'y êtes pas du tout. D'ailleurs mère Marguerite ne devait pas le souhaiter. Non, mais à partir de ce fameux jour le pacha n'eut plus jamais le mal de mer, même par gros bran!

Il consulta sa montre et se leva d'un bond :

— Cinq heures vingt! Je suis drôlement en retard pour les vêpres! Oh, il n'y vient personne, mais je suis le curé, n'est-ce pas?

En me serrant la main, il cligna de l'œil :

— Eh oui. C'est ce qu'on peut appeler une vocation tardive.

## *Le marabout*

Novembre 1942

C'était un vieux loufiat[1] canonnier dont le moins que l'on puisse dire est qu'il n'avait pas inventé la poudre; il savait néanmoins s'en servir et la faire parler à l'occasion. En dehors de sa spécialité, il n'était pas bon à grand-chose et le reconnaissait lui-même avec philosophie, n'ayant nulle autre ambition que d'atteindre ses vingt-cinq ans de service pour aller jouir de sa retraite dans sa Vendée natale et y couler des jours paisibles entre ses chiens et ses chevaux.

Il était célibataire, catholique pratiquant, lisait peu et détestait le cinéma.

Quoi d'étonnant après cela qu'il fût désigné pour une des batteries de côte qui dominaient la rade de Mers el-Kébir près d'Oran, un poste dont personne ne voulait: les canons étaient d'un modèle ancien, le casernement sans aucun confort, les communications avec la ville malaisées, et il n'y avait strictement rien à espérer de glorieux, surtout dans une période où la France, après l'armistice, s'était retrouvée seule, humiliée, à moitié

1. Loufiat: lieutenant de vaisseau.

occupée par la Wehrmacht et en butte à l'hostilité de son ancienne alliée, la Grande-Bretagne.

Isolé de tout et livré à lui-même, cet homme se révéla à sa manière. Pour commencer il entreprit de reconstruire entièrement les installations de l'équipage. Sans grande habileté ni diplomatie, simplement à force de revenir inlassablement à la charge auprès des ingénieurs des Travaux maritimes, il en obtint du bois puis des pierres, du ciment, du plâtre et enfin des tuyaux de plomb, des robinets, des lavabos, même une baignoire. A force d'insister, il arracha quelques crédits à l'Administration et mit au travail son personnel essentiellement composé de Méridionaux joyeux, parfois retors, mais dont l'ardeur n'était pas la qualité dominante. Il en fit malgré eux des bâtisseurs. On voyait sa silhouette massive animer le chantier de l'aube au crépuscule. A ce régime, il maigrit : rougeaud, le soleil lui donna un teint de brique. Il menait son monde à grands coups de gueule, les éloges n'étant pas moins bruyants que les reproches. Ses hommes l'aimaient bien, d'ailleurs, car il était juste et veillait à la qualité de l'ordinaire, ce qui était à leurs yeux primordial en ces temps de restrictions alimentaires.

Ayant ainsi édifié une caserne modèle dans ses casemates, il résolut de l'inaugurer en grande pompe la veille de Noël 1941.

« Pour le coup, il me faut une messe de minuit, pense-t-il, et il me la faut ici, chez moi ! »

Les kilomètres à pied qu'il s'imposait chaque dimanche pour se rendre à l'office à la base de Mers el-Kébir le laissaient à chaque fois exténué, mais l'essence était rare et pour rien au monde il n'en aurait usé à des fins personnelles. Cette fois le curé viendrait à lui. Il en trouva un qui accepta de célébrer la messe dans la batterie. C'était un vieux prêtre alsacien, barbu jusqu'aux yeux, lequel, après trente ans de sacerdoce en Algérie, connaissait le Coran aussi bien que son bréviaire.

L'ecclésiastique fit cependant une objection :

— Vos canons sont trop près du marabout !

— Quel marabout ?

— L'espèce de tour en ruine, là-bas sur l'autre versant. Pour les musulmans, c'est un lieu saint, ils pourraient prendre ombrage d'une cérémonie religieuse chrétienne sur un sol qu'ils considèrent comme sacré.

— Que faire alors ? Je veux ma messe, moi !

— Voyez donc la gardienne du marabout et débrouillez-vous avec elle. Ça vaudra mieux !

Le lieutenant de vaisseau y alla le jour même. La gardienne était une femme sans âge, édentée, vêtue de haillons et dégageant une odeur qui n'avait rien de commun avec les fameux parfums de l'Arabie dont parle Shakespeare.

— Pourquoi voudrais-tu que ton culte nous dérange, dit-elle à l'officier, Allah est le seul dieu, c'est le tien comme c'est le nôtre. Ton Jésus est un prophète, même s'il est moins grand que Mahomet. Nous l'aimons bien, ainsi que sa mère Myriam.

— Alors, on est d'accord ?

— *Labès, labès*[1]. Mais tu as bien fait de me demander. C'est... c'est juste ! Prie, mon capitaine. Moi je prierai pour toi et pour tes hommes.

Interloqué et vaguement choqué par cet œcuménisme inattendu, il balbutia quelques mots de remerciement, glissa un billet dans une main déformée par les rhumatismes et s'en revint tout content du résultat de sa négociation.

---

1. *Labès* : ça va.

La messe fut un succès complet. Au dernier moment l'amiral annonça sa venue, assista à l'office, visita les installations et s'en fut après avoir chaudement félicité le commandant de la batterie, accordant la double[1] à l'équipage et le laissant faire honneur au réveillon.

Ayant pourvu au confort de ses gens, notre homme s'occupa de ses canons; là encore son bon sens et son obstination firent des miracles. Une école à feu sur but remorqué en mer se solda par d'excellents résultats. Considérant qu'il avait fait sa force, il se consacra désormais au dressage de deux affreux corniauds qu'il baptisa chiens de garde militaires.

Les mois passèrent. Un beau dimanche de novembre il manqua la messe, car les Américains avaient entrepris de débarquer de vive force en Afrique du Nord. Comme toutes les batteries de côte, la sienne tira pendant deux jours, vidant presque ses soutes et mettant un nombre très honnête de coups au but. Or, chose curieuse, alors que les autres fortins recevaient une dégelée d'obus des batiments de l'U.S. Navy qui croisaient au large, et étaient sans cesse l'objet d'attaques de la part de l'aviation adverse, le sien semblait inexplicablement épargné: nul cuirassé ne le prenait pour cible, nul appareil ne venait y larguer ses bombes. A croire que les Américains ne s'étaient pas avisés de sa présence. Dieu sait pourtant si ses pièces se manifestaient! Et notre lieutenant de vaisseau dirigeait son tir comme à l'exercice, éprouvant par moments une sorte de sentiment de frustration d'être ainsi dédaigné.

Heureusement cette lutte fraticide ne dura pas, un cessez-le-feu fut conclu qui se transforma vite en alliance: l'Afrique française reprenait enfin le combat contre

1. Double ration de vin, récompense traditionnelle dans la vieille marine.

Hitler. L'officier, qui était sur le redan depuis quarante-huit heures, s'accorda le délice d'un bain chaud, revêtit son uniforme numéro un et s'en alla aux nouvelles. A l'état-major, il fut accueilli au cri de:

— Tiens, voilà le cocu!

En effet toutes les batteries de côte, sauf la sienne, avaient durement trinqué et les pertes étaient lourdes.

— Vous avez fait un excellent travail, mais vous avez vraiment eu de la chance. C'est à n'y rien comprendre que personne ne vous ait tiré dessus! lui déclara l'amiral qui le congédia rapidement pour aller accueillir ses nouveaux « collègues » américains.

Voulant en avoir le cœur net, notre homme s'en alla dès le lendemain interroger ses nouveaux alliés.

— Voyez donc le chef du Service artillerie de l'escadre. Il pourra sans doute vous renseigner, lui conseilla un jeune *commander* tiré à quatre épingles, moi je suis un spécialiste de la logistique, n'est-ce pas...

Notre homme eut beaucoup de mal à dénicher celui qui détenait peut-être la clé de l'énigme. Sans se décourager, il poursuivit sa quête et le trouva finalement sur un bâtiment de ligne, amarré à la Grande jetée de Mers el-Kébir.

— En effet, ce que vous me racontez est surprenant, s'écria son interlocuteur. Nous étions très bien renseignés sur toutes vos installations, vous savez, et notre plan de tir prévoyait expressément leur... hum... neutralisation.

— Charmant! marmonna le lieutenant de vaisseau.

L'autre, qui n'avait pas entendu, poursuivit:

— Voici d'ailleurs le document qui donne la liste des objectifs: c'est l'exemplaire que j'ai utilisé pour transmettre les ordres de tir. Vous dites: la batterie de... Ah, voilà: page 47.

Il feuilleta l'album et soudain releva la tête : son visage reflétait une profonde stupéfaction.

— Regardez : la page 46 et la page 47 sont restées collées ! Comment ne m'en suis-je pas aperçu ?

Il jeta le bouquin sur le bureau et éclata de rire :

— O.K., c'est tant mieux ! Vous avez une drôle de cul ! C'est comme ça qu'on dit en français, non ?

— Oui, on le dit, répondit l'officier qui prit aussitôt congé en déclinant l'offre d'une tasse de café.

Sur le chemin de retour, il stoppa son véhicule au carrefour d'où partait le sentier conduisant au marabout ; la silhouette sombre de l'antique tour ébréchée se découpait sur le ciel étoilé. Descendue de son sanctuaire, la gardienne paraissait le guetter :

— Ah, te voilà, mon capitaine ! Tu n'as rien, n'est-ce pas, ni aucun de tes hommes ?

— En effet, mais...

— Je le savais. J'avais prié Allah de vous protéger et il m'a exaucée. Gloire à lui !

Le vieux loufiat ne trouva rien à répondre et redémarra en maugréant :

— Si à présent les musulmans font des miracles comme à Lourdes...

# *L'obus*

Le soir tombait; dehors la pluie, redoublant de violence, tambourinait avec fracas contre la verrière de la gare. Un coup d'œil à ma montre m'apprit que le train allait partir dans une minute.

J'étais seul dans mon compartiment. Une chance! Je pourrais travailler tranquillement et d'abord changer de chaussettes: les miennes étaient trempées. Au moment où retentissait le coup de sifflet annonçant le départ du convoi, un porteur fit irruption en déclarant à la cantonade:

— Tenez. Ici vous serez très bien.

Dans la foulée, il posa sur la banquette une valise en toile verte, s'effaça pour laisser passer le nouvel arrivant et repartit en s'écriant:

— C'est que je ne m'en vais pas, moi!

Pestant intérieurement contre ce contretemps, je lançai au voyageur un regard dépourvu d'aménité. C'était un homme de haute taille, massif et corpulent, au crâne déjà dégarni. Un tic nerveux lui faisait constamment cligner l'œil gauche; toute cette partie de son visage et de son cou était rose et lisse comme celle d'un enfant, offrant un contraste saisissant avec l'autre profil, ridé et comme tanné par les intempéries. Sans paraître remarquer mon attitude, il me salua d'un signe de tête avant de se laisser tomber sur le siège qui me faisait vis-à-vis. Le train s'ébranla et prit de la vitesse. Mon compagnon de route se pencha en soufflant comme un phoque et s'efforça maladroitement de défaire les lacets de ses chaussures. J'observais machinalement son manège; il s'en aperçut et s'excusa:

— Pardonnez-moi, mais j'ai une guibolle en très mauvais état. Si je n'enlève pas mes souliers...

J'éclatai de rire:

— Je vous en prie: je songeais justement à en faire autant!

Quelques instants plus tard, ayant frictionné mes pieds avec de l'eau de Cologne, je me sentais beaucoup mieux. De son côté, mon bonhomme avait longuement massé sa jambe gauche. Celle-ci était décharnée, presque atrophiée, bleuâtre et horriblement déformée en dessous du mollet avec un entrelacs de cicatrices et de boursouflures; à croire que le malheureux avait subi le supplice des brodequins.

— Je suis vraiment confus: ce n'est pas très agréable à contempler, dit-il en enfilant des charentaises pardessus de gros bas de laine bleue. Je l'interrogeai:

— Blessure de guerre?

— Eh oui, répondit-il en grimaçant un sourire. Je dois même être le seul au monde à avoir reçu un coup *direct* d'un obus de 406!

Comme je sursautai, il émit une sorte de ricanement.

— Parfaitement! Ne croyez pas que je galèje, comme ils disent à Toulon...

J'étais curieux maintenant d'en savoir davantage; il ne se fit pas prier.

— C'était le 8 novembre 1942. Les Américains débarquaient en Afrique du Nord. Toute une escadre venait de se pointer sans crier gare devant Casablanca et nous tirait dessus depuis deux heures. Quelle sinistre connerie ! Un peu de diplomatie de leur part et nous les aurions accueillis à bras ouverts. Depuis le temps qu'on les attendait ! Au lieu de ça, ils nous canonnaient sans la moindre sommation. Enfin !

« Bref, leurs pelots tombaient dru dans le port où les bâtiments français, de simples contre-torpilleurs complètement surpris, et pour cause, tentaient désespérément d'appareiller. Les salves arrivaient avec une précision diabolique : dame, ils avaient le radar ! Quand elles n'atteignaient pas un bateau, elles pulvérisaient les parapets de pierre de la grande jetée ; d'énormes parpaings s'abattaient sur les équipages des sous-marins en train de rallier leur bord. Les obus qui manquaient leur but soulevaient des gerbes d'eau hautes comme des cathédrales. Hé, leurs cuirassés étaient armés de pièces de 406, je vous l'ai dit ! Un vrai massacre ! Surtout pour les cargos entassés dans les darses du commerce. Une dizaine d'entre eux flambaient déjà comme des torches. Personnellement, j'étais relativement à l'abri. A cette époque, en effet, je servais sur un bâtiment de ligne dont le blindage encaissait assez bien, mon Dieu, les projectiles des plus gros calibres. Amarrés près des silos, avec nos machines en plein remontage, nous étions malheureusement condamnés à l'immobilité... mais pas au silence tout de même ! Une de nos tourelles de 380 était en état de tirer. Et c'était moi le chef de service.

Il hocha la tête en soupirant.

— Croyez-moi, ce n'est pas sans un serrement de cœur que j'ai donné l'ordre d'ouvrir le feu. Mais comment faire autrement lorsque vous en prenez plein la gueule ?

« Le plus drôle est que, pendant ce temps, leurs avions lançaient des tracts sur la ville, dont certains, emportés par le vent, étaient venus se poser sur le pont, comme des feuilles mortes. « Nous savons que les Allemands se proposent d'envahir l'Afrique du Nord... », disaient-ils. Quelle rigolade: ils affirmaient venir nous protéger!... un peu à la façon du pavé de l'ours, non?

« Dès que nous avons riposté, les Américains ont évidemment concentré leurs tirs sur le cuirassé. J'étais sur la passerelle près du pacha. Quel homme: aussi calme que s'il s'agissait d'un exercice. Et voilà qu'on me signale une avarie de notre unique tourelle; je me précipite, juste comme une nouvelle salve nous encadre; le souffle de l'explosion me projette en l'air... Je me suis réveillé à l'infirmerie. Oh, je n'étais pas gravement atteint mais, comme j'avais ramassé une méchante châtaigne sur l'occiput, les médecins craignaient un traumatisme crânien. Pas le temps de me faire une radio. Vous pensez: nos braves toubibs étaient débordés avec les nombreux blessés que nous comptions parmi le personnel dont le poste de combat n'était pas à l'intérieur du caisson blindé. Bon! Sans écouter mes protestations, on me colla sur un brancard et deux infirmiers m'emportèrent en me secouant comme un prunier chaque fois qu'ils enjambaient un surbau ou une manche à incendie. Dans l'entrepont, il y avait des foyers un peu partout; les équipes de Sécurité ne savaient plus où donner de la tête. Heureusement les pompes fonctionnaient. Notre bateau tenait le coup.

« Finalement les gars me déposèrent sur une banquette du carré des officiers, situé à l'arrière du bâtiment, en me confiant aux soins d'un jeune maître d'hôtel vert de trouille, le pauvre!

Le narrateur s'interrompit pour prendre dans sa poche un paquet de gauloises qu'il me tendit; je déclinai l'offre:

— Merci. J'ai cessé de fumer.

— Vous avez tort ; il faut cultiver les vices mineurs : ils vous préservent des autres.

Il alluma sa cigarette avec une évidente satisfaction, en tira une longue bouffée puis reprit son récit :

— J'avais une migraine épouvantable et les bruits du combat qui résonnaient dans mes oreilles n'arrangeaient rien, au contraire ! A chacune de nos salves (ils avaient réussi à réparer l'avarie de la tourelle) comme à chaque arrivée d'un projectile ennemi, le fracas des explosions me vrillait littéralement le cerveau. A devenir dingo ! Tant qu'à faire, je résolus de revenir à mon poste. Je posais déjà un pied à terre quand tout à coup je crus que ma tête éclatait : l'impression qu'un train rapide se ruait vers le carré. Un ouragan me souleva et me jeta contre la cloison, tandis qu'une langue de feu m'enveloppait, me brûlant le visage. En même temps, je ressentis une douleur atroce à ma cheville, exactement comme si l'on venait de la broyer dans un étau. Un vertige me saisit... Lorsque je repris mes esprits, un étrange silence régnait ; en réalité j'étais devenu complètement sourd. J'avais tellement mal à ma jambe gauche que je n'arrivais même pas à crier ; la gorge serrée et la joue en feu. J'essayai de remuer. En vain. Voyez-vous, monsieur, je crois qu'à cet instant j'ai compris ce que devait être l'enfer.

Il se pencha vers moi.

— Etes-vous croyant ?

— Mais... oui.

— Moi aussi, et cependant, lorsque j'ai regardé autour de moi, j'ai eu si peur que je fus incapable de prier. Dieu sait pourtant si c'était l'occasion !

« Une tornade semblait s'être abattue sur le carré. Tables et chaises avaient volé en éclats. Des monceaux de livres déchirés s'élevaient devant les bibliothèques éventrées. Des flammèches couraient çà et là. A côté de moi, à me toucher, un énorme obus de plus d'un mètre de long et large comme une barrique reposait sur le plancher. Encore tout fumant, il émettait un horrible chuintement : l'engin pouvait exploser à n'importe quel moment. Je suppose qu'il avait percuté le bordé sous un angle très faible et ricoché sur la cuirasse intérieure pour perforer ensuite plusieurs cloisons avant d'achever ici sa course. Oui, mais cela, je l'ai déduit beaucoup plus tard. Pour l'heure le projectile s'était arrêté contre une cornière, usant ce qui lui restait de force vive pour la déchiqueter et écraser ma cheville... Quant au jeune matelot, il n'en restait qu'un tas de bouillie sanglante ; l'obus avait dû le frapper de plein fouet avant de retomber sur son corps. Un 406, cela pèse près d'une tonne, vous savez...

« Combien de temps suis-je resté ainsi avant de pouvoir appeler au secours, je n'en sais rien. Enfin des marins sont accourus ; ils ont commencé par arroser le monstre avec des lances. Dès qu'ils ont essayé de me dégager, j'ai de nouveau perdu connaissance.

L'officier jeta son mégot par terre, l'écrasa du talon et demeura pendant quelques secondes à le contempler.

— C'est drôle, dit-il en relevant la tête, je crois bien que je n'avais encore jamais raconté mon histoire à quelqu'un avec autant de détails.

Curieusement, cette réflexion enleva toute crédibilité à son récit. Persuadé qu'il s'était moqué de moi, je m'allongeai sur la banquette en lançant sèchement :

— Excusez-moi, je voudrais dormir un peu.

Il opina du chef, un sourire ironique au coin des lèvres.

— Vous avez raison. Il est tard et je vous ennuie avec mes bavardages.

Son œil clignotait plus que jamais. Agacé, je lui tournai carrément le dos, pointant mon nez vers le dossier.

Quand je me réveillai, l'aube se levait dans un ciel sans nuages et j'étais de nouveau seul dans le compartiment.

Mon compagnon de voyage s'était éclipsé sans faire de bruit; il avait même poussé la gentillesse jusqu'à étendre mon manteau sur moi car le chauffage ne marchait pas. Je fourrageai dans mes cheveux en bâillant à me décrocher la mâchoire. A présent je me reprochais ma froideur à son égard. Après tout, les vieux marins aiment parfois enjoliver, il n'y a pas grand mal à ça.

C'est alors que j'aperçus la feuille pliée en quatre, posée bien en évidence sur la tablette. Je m'en emparai avec impatience; c'était la photocopie d'un document officiel à l'entête de l'Amirauté française: le texte d'une citation attribuée au capitaine de corvette..., chef du Service artillerie du cuirassé...

Ces deux noms avaient été soigneusement caviardés à coups de crayon feutre; même en regardant par transparence, il était impossible de les déchiffrer. Les cinq ou six lignes élogieuses se terminaient par ces mots:

... *Blessé une première fois au cours du combat, a ensuite été atteint par un coup* direct *de 406.*

# *La sentinelle*

27 novembre 1942

Joseph Poron a vingt ans et son certificat d'études primaires, qu'il a d'ailleurs eu beaucoup de mal à passer; ce n'est pas qu'il soit bête, mais les robinets remplissant des bassins qui se vident et les participes qui s'accordent *avant* et non *après* lui ont toujours posé d'insolubles énigmes. Grâce à sa bonne mémoire (les dates et les départements) et aussi, avouons-le, à quelques coups d'œil sur la copie du voisin, Joseph a fini par le décrocher de justesse. Après cela, au boulot! Dame: ils étaient huit à table chez les Poron en comptant la vieille mémé.

Petit, râblé, costaud et débrouillard, il fut immédiatement embauché aux Docks d'Auvergne en qualité de commissionnaire-livreur. Le triporteur, ça ne lui plaisait pas tellement: il rêvait de voyager au loin ou alors d'être chasseur dans un grand hôtel de Vichy avec un bel uniforme. Vint la guerre: les palaces de la « reine des villes d'eaux » ont fermé avant de se muer en ministères, les Docks ont réduit leur personnel et le ch'tit Poron s'est engagé dans la Marine.

Voici bientôt deux ans qu'il y est: matelot breveté canonnier, paré à passer quartier-maître. Sa nouvelle vie lui convient ; il se plie aisément à la discipline, entretient consciencieusement l'affût dont il est responsable et surtout mange beaucoup mieux que les civils. Certes des restrictions existent dans le régime alimentaire du bord, mais quand il arrive en permission dans sa famille, Joseph constate la différence : la mère ne s'en sort plus ! C'est même pour cette raison qu'il a chapardé quatre boîtes de singe à la cambuse et les a ramenées chez lui. Quelle fête mais quelle trouille : à la sortie de la gare, des gendarmes fouillaient les valises. Il les a salués en tremblant ; les pandores se sont contentés de vérifier sa feuille de route sans accorder la moindre attention à son sac de marin. Ouf !

Basé à Toulon, les événements le laissent passif. Il ne cherche pas à comprendre et s'en tient à ce qu'on lui demande : faire confiance à ses chefs. Par exemple, il est déçu de ne pas voir du pays, mais la marine de Vichy économise le carburant et les bateaux appareillent rarement : trois petits tours et on rentre. Dommage !

Et puis, un dimanche de novembre 42, le coup de tonnerre : les Américains ont débarqué en Afrique du Nord. Trois jours plus tard, sur l'ordre de l'amiral Darlan, l'Empire et une partie de la flotte reprennent la lutte aux côtés des Alliés tandis que l'autre demeure obstinément à l'ancre, à Toulon.

Du coup le petit matelot comprend de moins en moins. Ce qu'il sait, c'est que les Allemands, qui ont envahi la zone libre, sont maintenant chez lui à Saint-Pourçain. Joseph sent d'instinct que les atermoiements et les appels à l'obéissance ne sont plus de mise. Le seul véritable ennemi c'est le Boche, comme l'appelle son père. Une obscure envie d'agir s'éveille en lui, mais comment faire ?

Depuis une semaine, le tiers de l'équipage de son croiseur a été envoyé à terre dans la presqu'île de Saint-Mandrier, au sud de la rade. Poron fait partie d'un détachement chargé de protéger la plus puissante des batteries de côtes de la zone forte : quatre pièces de 340 millimètres ! Protéger... mais contre qui ?

— Contre tout envahisseur ! a déclaré à ses hommes le lieutenant de vaisseau Chalieux qui commande cette compagnie de débarquement. La Wehrmacht, vous le savez, occupe toute la France métropolitaine sauf Toulon et ses alentours ; elle s'est engagée à ne pas y pénétrer. Les hautes autorités allemandes font confiance à la Marine *et à elle seule* pour le défendre.

« Bon, s'est dit l'Auvergnat, les Boches ne viendront pas ici, c'est toujours ça de gagné, mais pour le reste... »

Il aurait bien voulu demander des explications, il n'a pas osé ; c'est Quémeneur, le maître armurier, qui s'en est chargé :

— Alors si les Américains arrivent, on tire ?

Chalieux n'a pas répondu tout de suite. Après un temps très long, il a murmuré d'une voix sourde :

— Nous ferons notre devoir.

— Et les bateaux ? s'est écrié quelqu'un dans l'assistance.

L'officier a relevé la tête.

— Nos bateaux ? Personne ne les aura... personne !

Il est près de cinq heures du matin. Poron est de faction au carrefour où s'amorce le chemin sinueux et escarpé qui mène à la batterie. Ses consignes sont simples : arrêter quiconque n'a pas le mot de passe. Au demeurant, depuis le début de son quart, il n'a rien vu.

Tout en battant la semelle, il soliloque ; une habitude qu'il a prise durant les longues attentes sur les bords de la Sioule lorsque les carpes ne voulaient pas mordre.

« Tout ça n'est pas clair : les Américains d'un côté,

les Boches de l'autre. Et d'abord pourquoi l'escadre n'a-t-elle pas fichu le camp? »

Un grondement lointain lui fait dresser l'oreille: on dirait un rouleau compresseur. Ça se rapproche... Le sol vibre sous ses pieds. Empoignant son mousqueton qu'il gardait à la bretelle, il s'avance au milieu de la route, la baïonnette haute. Le bruit s'amplifie; tout à coup les phares d'une voiture qui débouche du virage le prennent dans leur faisceau et l'aveuglent. Nom d'un chien, qu'est-ce que ça peut bien être? D'une voix mal assurée, il crie comme le prévoit le règlement:

— Halte-là! Qui vive?

Un crissement de freins, le véhicule s'est arrêté. Toujours ébloui, Joseph distingue à peine la silhouette qui s'avance vers lui. De plus en plus mal à l'aise, il répète:

— Halte! Halte ou je fais feu.

— Ne tirez pas, nous sommes des amis, lui répond quelqu'un dans l'obscurité; le ton est calme, amical même.

Soudain les phares s'éteignent et Poron se trouve devant un grand gaillard vêtu d'une veste de cuir noir et coiffé d'un calot bizarre. Trois soldats casqués le suivent; derrière eux une ombre se profile : un tank!

Nom de nom, des Boches! Complètement paniqué, il va pour épauler son mousqueton. Instantanément trois mitraillettes se braquent sur lui: s'il fait feu, son compte est bon. Le temps d'un éclair, il revoit son livre d'histoire: La Tour d'Auvergne, le petit tambour Bara... Ouida, mais il n'a rien d'un héros, lui. Vaincu, il baisse le canon de l'arme. Son interlocuteur s'approche de lui et lui donne une petite tape sur l'épaule:

— Vous veillez; c'est très bon. *Gut!* Nous venons vous aider à repousser l'attaque des juifs anglo-saxons; ne vous l'a-t-on pas dit?

D'une voix étranglée, Joseph balbutie:

— N... non, euh... je ne sais pas.

— Il faut me conduire à votre officier, poursuit l'homme en noir d'un ton engageant qui contraste avec la menace des mitraillettes. C'est bien ici le chemin de la batterie?

Brusquement Poron réalise: les Allemands veulent s'emparer par surprise des casemates. Pointés par eux, les redoutables canons de 340 écraseront la flotte alliée lorsque celle-ci se présentera. Et s'ils veulent la batterie, ils veulent aussi les bateaux! C'est bien cela, il en est certain à présent. Ah, les salauds! Mais comment faire pour les en empêcher! Soudain, une illumination. Prenant son air le plus innocent, il demande:

— Vous allez à Cépet?

— *Jawohl : gross* batterie, vous...

— Mais ce n'est pas par là, monsieur... euh, mon officier. Vous vous êtes trompés!

L'autre fronce les sourcils:

— Comment? Vous êtes certain...

— Sûr et certain. Il fallait tourner à droite au carrefour d'avant.

— *Ach,* mais c'est à deux kilomètres!

— C'est ça, c'est ça! s'écrie Joseph en opinant énergiquement de la tête.

L'Allemand a un mouvement de colère; se retournant vers ses hommes, il aboie:

— *Alle Panzer, um Kehren*[1] *! Schnell!*

Les soldats casqués repartent en courant, hurlent des ordres. Les chenilles crissent sur la chaussée, les bruits

1. Demi-tour.

des moteurs qui s'emballent se répercutent dans la nuit. L'officier remonte dans son véhicule en lançant un regard furibond vers l'Auvergnat qui s'est figé au garde-à-vous : tous les supérieurs aiment ça.

A peine la colonne blindée a-t-elle disparu que Joseph se précipite ; pour gagner du temps il emprunte un raccourci qui coupe droit parmi les genêts et les chênes kermès. La pente est rude et le sentier étroit ; il s'écorche les mains aux branches. Suant et soufflant, tenaillé par un point de côté, le petit matelot court aussi vite qu'il peut et parvient enfin à l'esplanade où se trouve l'entrée des casemates.

Hors d'haleine, il s'arrête un instant puis, rassemblant ses dernières forces, passe en trombe devant le second maître de ronde, dévale quatre à quatre les marches de pierre, tombe, se relève, galope dans la coursive, ouvre la porte de la chambre de Chalieux et s'effondre sur le seuil en exhalant d'une voix mourante :

— Les Boches... sont là ! Des chars...

Le lieutenant de vaisseau, qui dormait tout habillé, bondit ; sans hésiter, il se rue vers le poste central en criant :

— Paré à appliquer les consignes de destruction !

Depuis juin 40, des instructions secrètes prévoient cette éventualité. De tout leur cœur les marins espéraient ne pas en arriver là ; pourtant jamais ordre n'a été exécuté plus rapidement. Quand les Allemands, revenus de leur erreur, se présentent sur l'esplanade, Chalieux est seul pour les accueillir. L'officier qui a interrogé Poron lève son Mauser.

— Je vous ordonne...

Une violente explosion lui coupe la parole, suivie de plusieurs autres. La terre tremble ; une épaisse fumée s'échappe des casemates. Vert de rage, le nazi appuie le canon de son pistolet sur la poitrine du Français. Celui-ci se raidit et murmure:

— Trop tard.

Exaspéré, le Boche crispe son doigt sur la détente, il va tirer lorsque, venant de l'autre côté de la rade, un interminable roulement de tonnerre déferle jusqu'à eux. L'Allemand se retourne; au-dessus de l'arsenal le ciel est rouge, les déflagrations se succèdent dans un fracas de fin du monde: la flotte se saborde.

Le nazi pousse un grognement et rengaine son arme; faisant de nouveau face à Chalieux, il salue en tendant le bras.

— *Heil Hitler!* Vous êtes mon prisonnier, déclare-t-il d'un ton où perce le respect.

Une demi-heure plus tard, une longue file de marins portant leurs sacs descend lentement vers le carrefour, encadrés par des *feldgrau,* mitraillettes pointées. Un seul manque à l'appel: Joseph Poron.

Personne ne devait jamais le revoir.

## *Nul ne saura leur fin...*

1943

Au début, le sentiment qui l'avait emporté sur tous les autres était le soulagement : ne plus être continuellement battu à coups de nerf de bœuf, plongé dans une baignoire remplie d'eau glacée puis encore frappé, matraqué, assommé. Trois jours avant le procès, « ils » l'avaient laissé tranquille; un médecin s'était même efforcé de lui rendre un visage présentable, on lui avait fourni une chemise propre et un complet démodé mais décent. Raoul Maudon avait alors demandé à comparaître en uniforme devant le tribunal. C'est qu'il y tenait à son galon de sous-lieutenant : promu la veille de son départ en mission, il n'avait encore jamais pu l'arborer.

— Je suis officier, avait-il crié, et j'ai le droit...

— Vous n'avez plus aucun droit, avait sèchement rétorqué le magistrat instructeur. En devenant un *terroriste,* en agissant comme vous l'avez fait *en tenue bourgeoise* (il appuyait sur ces mots avec une visible satisfaction de montrer sa connaissance de la langue française), vous vous êtes volontairement exclu de la communauté militaire. D'ailleurs, vous n'êtes qu'un déserteur et votre propre gouvernement vous a chassé de l'armée !

— Ne me parlez pas de Laval et de ces traîtres! Je sers sous les ordres du général de Gaulle et j'exige...

L'autre n'avait même pas daigné répondre et lui avait tourné le dos en faisant signe aux *feldgendarmen,* qui l'avaient reconduit jusqu'à sa cellule. Pour une fois ils s'étaient abstenus de le brutaliser; Raoul avait même cru sentir une certaine déférence dans leur comportement.

Le procès eut lieu dans une salle sans fenêtres au plafond anormalement haut, où les paroles résonnaient comme dans une chambre d'écho au point de devenir souvent incompréhensibles; il dura exactement une heure, d'abord vingt minutes pour la lecture de l'acte d'accusation puis dix pour l'audition des deux seuls témoins : les sbires de la Gestapo qui l'avaient arrêté. Assourdi par la cacophonie qui régnait dans la pièce, Maudon renonça rapidement à suivre le déroulement des débats et concentra son attention sur la grosse horloge murale placée derrière le président, et dont l'aiguille des secondes sautait curieusement par bonds successifs d'un chiffre gothique à l'autre.

Après le réquisitoire (quatorze minutes), son avocat, un jeune Allemand, étudiant en philologie romane que l'on avait désigné Dieu sait pourquoi, se leva, reconnut les faits, demanda l'indulgence du tribunal et se rassit. Les juges se retirèrent pour délibérer et rendirent leur verdict à l'heure ronde: la mort.

On l'avait alors transféré dans une autre cellule, toute blanche, d'une propreté impeccable, où la table, le tabouret et le grabat qui servait de lit étaient fixés au sol. Pour la première fois depuis sa détention, Raoul avait mangé avec appétit l'infecte soupe aux choux où nageaient deux ou trois morceaux de fressure et aussitôt après s'était endormi d'un sommeil sans rêves.

Quand il se réveilla, sa première pensée fut pour constater que depuis cinq jours maintenant personne ne l'avait torturé. Un truc qui compte, même si l'on est dur au mal. Maintenant on le traitait... normalement; le geôlier lui avait même donné un paquet de cigarettes: des gauloises! et lui avait apporté de quoi écrire. A qui? Maudon était célibataire et orphelin. Le reste de la famille? Bof! Une fille? Elles n'avaient jamais compté pour lui

Machinalement il se mit à fabriquer des cocottes en papier. L'esprit engourdi, il ne parvenait pas à mettre de l'ordre dans ses idées. En particulier, il n'arrivait absolument pas à admettre qu'il allait bientôt mourir. L'on n'admet que ce qu'on peut concevoir, et Raoul manquait totalement d'imagination. En revanche, il observait à merveille et retenait les faits dans les moindres détails; des qualités que les tests passés à l'Ecole des missions spéciales avaient confirmées. Déjà quand il était petit ses rédactions étaient excellentes ou lamentables, selon que le sujet consistait à décrire ou à inventer.

Par exemple, il avait noté que la sentence précisait que le condamné devait être exécuté à *l'aube* du lendemain de sa comparution. Or, cela faisait déjà plus de vingt-quatre heures de retard. Ensuite, après la lecture du verdict, le président, à sa grande surprise, avait ajouté quelque chose comme « je regrette... ». Ces remarques confortaient Maudon dans un sentiment nébuleux de vivre une mésaventure dont l'issue était incertaine mais non fatale. D'abord on ne fusille pas les combattants. Lui n'avait fait en somme qu'exécuter des ordres; depuis sa tendre enfance, d'ailleurs, il en avait été ainsi.

Son père, adjudant-chef du train, menait sa marmaille comme une corvée de quartier. Aux Enfants de troupe, les instructeurs étaient loin d'être des brutes mais ils ne toléraient pas la moindre désobéissance; ensuite ce fut l'armée.

Engagé à dix-huit ans, rapidement promu sergent,

appliquant au combat les préceptes appris, brave si l'on veut mais ni imprudent ni téméraire, militaire professionnel bien plus que patriote, l'idée d'une fin prématurée lui était paradoxalement étrangère. La mort, c'est *pour les autres,* les maladroits, ceux qui se font avoir. Il n'y a qu'à suivre le manuel : *voir sans être vu pour tuer sans être tué.* En tout état de cause, Raoul voulait bien envisager d'être trucidé par malchance : par un obus aveugle ou une bombe d'avion. Fusillé ? non ! A moins que ce fût par représailles ? Il écarta cette autre hypothèse : dans ces cas-là ce sont des civils que l'on prend comme otages et que l'on exécute. Lui, on allait sûrement l'envoyer en Allemagne, dans un camp. Pas très marrant, mais un prisonnier de guerre a le devoir de s'évader, n'est-ce pas ? Et de préférence pendant un transfert : c'est bien connu !

Estimant qu'il avait suffisamment cogité, Maudon s'allongea sur sa couche et alluma une gauloise : il n'en restait plus qu'une dans le paquet. Cette constation le remplit soudain d'appréhension ; le souvenir lui revint d'un film où l'on voyait un gardien de prison tendre un verre de rhum et offrir la « dernière cigarette » à un condamné, juste avant que celui-ci ne marche à l'échafaud. A l'évocation de cette image, il fronça les sourcils et brusquement l'évidence éclata.

— Bon sang ! C'est qu'ils en sont bien capables, les salauds ! gronda-t-il en se redressant.

Raoul resta assis pendant un bon moment, tournant et retournant dans sa tête la perspective qu'il venait seulement de découvrir. En définitive, sa méditation aboutit à une impasse : la mort ? Il ne voyait pas du tout en quoi cela consistait. Il avait vu tomber des camarades, des chics types parfois, et s'était alors battu avec plus de rage pour les venger. Bon, d'accord, on dégringole et ça fait mal... MAIS APRÈS ?

Toutes réflexions faites, son trépas lui apparaissait surtout comme une cessation définitive d'activité. La retraite en somme ! Son paternel, qui avait pris la sienne en 1936 après trente années de service (et le maximum d'annuités), affirmait constamment que cette inaction était pire que la mort ; en tout cas elle n'avait pas arrangé le caractère de l'adjudant-chef.

Ce qui préoccupe Maudon, c'est qu'il n'a pas su accomplir sa mission.

Le sentiment de sa culpabilité augmente encore l'angoisse qui l'étreint à présent. Son adjudant de père, libre penseur, niait farouchement l'existence d'un quelconque au-delà et lui avait transmis ses convictions, mais maintenant Raoul s'interroge : *et s'il y avait quelque chose ?...* Si après sa mort les bonnes actions étaient récompensées et les mauvaises punies ? De quelle façon ? Il n'en a pas la moindre idée. Et comment déterminer d'ailleurs si l'on est parmi les bons. Il essaie de récapituler, sans se rendre compte qu'il procède à cet examen de conscience que recommandent les curés dont il s'est moqué toute sa vie. Au bout du compte, il s'estime à la limite : *fifty-fifty,* comme disent les Anglais. Ce doute lui est insupportable : bon Dieu, on devrait savoir ! Ah ! s'il y avait, comme dans l'Armée, une espèce de barème des fautes et des châtiments encourus. Soudain Maudon est saisi d'un vertige qui le glace ; l'effroi le gagne et juste à ce moment un bruit de pas dans le couloir le fait sursauter : ça y est, ils viennent le chercher. Dans quelques instants il sera exécuté, mais après... APRÈS ?

Le bruit augmente, s'amplifie, résonne dans sa tête comme un glas. Ce n'est plus un martèlement de bottes, c'est un roulement de tonnerre qui se rapproche, un vrombissement à faire éclater les tympans. Et s'ils n'allaient pas le fusiller ? Si ces brutes lui réservaient quelque supplice infernal ? Au camp on racontait qu'en

Russie les S.S. jetaient les partisans sous les roues des locomotives ou même directement dans les chaudières. Maintenant le bruit remplit toute la cellule dont les murs se mettent à vibrer, tandis que la lumière décroît et prend une couleur étrange. Raoul s'effondre et se recroqueville sur son grabat, fermant les yeux, se bouchant les oreilles. Il n'en peut plus, il voudrait hurler, mais nul son ne sort de sa bouche... Soudain une sonnerie tinte, quelqu'un le secoue et lui parle *en anglais,*

— *Levez-vous: la lampe verte est allumée! Vous sautez dans trois minutes.*

# *Un homme de Dieu*

1943

Une aube grise se levait quand on frappa à la porte du presbytère. Debout depuis longtemps selon son habitude, l'abbé Déjean alla ouvrir. Ils étaient trois : un petit homme chauve et bedonnant qui portait des lunettes sans monture dont les verres épais dissimulaient le regard, et deux robots herculéens sanglés dans leurs imperméables noirs. Le binoclard exhiba une photographie.

— Police allemande. Vous connaissez cet homme, monsieur le curé ?

C'était une affirmation plutôt qu'une interrogation. L'interpellé haussa légèrement les épaules et opina du chef : dans le pays, qui ne connaissait pas l'ancien préfet révoqué par le gouvernement Laval et aujourd'hui en fuite ! Tous les journaux de la région avait publié son portrait et annoncé le montant de la récompense offerte pour sa capture. Le petit homme reprit :

— Parfait ! Vous l'avez donc reçu chez vous.

L'abbé secoua la tête ; l'autre émit un ricanement.

— Allons, monsieur le curé, soyez raisonnable ! *Nous savons* qu'il a passé la nuit ici.

Son français était très correct, presque sans accent. Comme l'ecclésiastique continuait à se taire, il insista :

— Voyons, un prêtre catholique ne va tout de même pas s'acoquiner avec un terroriste, un franc-maçon, un socialiste athée !

Déjean, qui le dominait de sa haute taille, fronça les sourcils.

— Je suis prêtre, en effet, et je ne m'occupe pas de politique. Je n'ai jamais vu chez moi celui que vous cherchez.

L'Allemand réprima un geste d'agacement ; se tournant vers ses acolytes il ordonna :

— Weber, allez rejoindre Grüss derrière la bicoque et tirez sans sommation sur quiconque tenterait de s'enfuir. Je regrette, ajouta-t-il, mais nous allons perquisitionner.

Sans mot dire, l'abbé s'effaca pour les laisser entrer.

Tandis qu'il s'asseyait devant la cheminée, muré dans une indifférence méprisante, les deux policiers entreprirent de fouiller la vieille bâtisse, ouvrant les armoires, regardant sous le grand lit à baldaquin, sondant même les murs. Ils explorèrent le grenier, la soupente, le cellier et la cave, puis l'écurie transformée en garage où une 5 CV Citroën poussiéreuse reposait, roues démontées, sur des billots de bois. Ils travaillaient méthodiquement, sans hâte mais toujours en éveil, en prenant ostensiblement le soin de ne rien déranger. Comme le petit homme revenait dans la pièce principale, le curé consulta sa montre et se leva.

— Ça va être l'heure de la messe, dit-il. Je ne peux pas faire attendre mes ouailles. Continuez, vous êtes chez vous.

Sans relever l'ironie du propos, le binoclard sortit un feuillet de sa poche.

— Une seconde, s'il vous plaît. Je dois vous faire signer une déposition. Je l'avais préparée à l'avance pour vous déranger le moins longtemps possible.

Il commença à lire:

— Vous vous appelez bien Déjean, Emmanuel, Amédée, Marie, né le 5 août 1888 à Chinon. Chef de bataillon de réserve, officier de la Légion d'honneur...

L'Allemand esquissa une courbette et posa le papier sur la grande table en chêne massif.

— Veuillez écrire de votre main: « Je déclare, sous la foi du serment, n'être jamais venu en aide au dénommé... »

— Ecrivez-le vous-même, coupa sèchement le prêtre. Moi, je n'ai pas le temps. Je signerai mais dépêchez-vous, je suis déjà en retard.

— Nous devons aussi... hum... visiter votre église.

— Alors faites-le maintenant, avant la messe.

Le petit homme s'inclina derechef et tourna les talons.

Laissant un de ses sbires en faction devant le presbytère, le policier, suivi des deux autres robots, se dirigea vers la chapelle distante d'une vingtaine de mètres. Une fois dehors, il laissa éclater sa rage:

— Ce ratichon a de la chance que le général commandant la région soit un Bavarois catholique, sans ça... Mais nous l'avons traité correctement, n'est-ce-pas?

Ses acolytes l'approuvèrent d'un hochement de tête; leurs visages de brutes reflétaient une sorte de déception.

— Et n'oubliez pas de vous découvrir, recommanda le binoclard en ouvrant le lourd vantail de bois vermoulu renforcé de barres de fer.

Il s'écarta vivement pour laisser entrer deux petites vieilles vêtues de noir et qui serraient frileusement leur châle autour des épaules.

— *Bitte*[1] !

Sous les regards apeurés d'une dizaine de paroissiens, des femmes pour la plupart, les robots allaient et venaient, ne laissant aucun recoin inexploré, ouvrant même les confessionnaux. Leur inspection terminée, ils se tournèrent vers leur chef qui sortait de la sacristie, son papier à la main, et écartèrent les bras dans un geste d'impuissance.

— Pourtant notre renseignement était précis, grommela le policier. Venez, nous allons attendre encore un peu. Ils prirent place tous les trois au dernier rang. La sonnerie grêle d'une clochette retentit, les fidèles se levèrent. Précédé de son enfant de chœur et portant le Saint Sacrement, l'abbé Déjean gravissait lentement les marches de l'autel. Le petit homme se raidit et pointa un menton arrogant pour chasser le sentiment d'infériorité qui l'envahissait devant ce moine soldat qui ne le craignait pas.

La petite église, un bijou de l'art roman, datait du XVe siècle. Pendant l'office, vaguement bercé par le choral de Bach qu'une jeune fille prolongée interprétait de son mieux à l'harmonium, le binoclard ne pouvait s'empêcher d'admirer la grâce de la nef, la splendeur des antiques bois sculptés du chœur, les vitraux aux teintes passées qui laissaient filtrer une pâle lumière d'hiver; ses pensées le ramenaient chez lui à Stuttgart où il enseignait la philosophie (celle de Nietzsche, bien entendu). L'évocation de ce maître provoqua une saine réaction.

— Sacré cureton papiste, ronchonna-t-il. On lui donnerait le bon Dieu sans confession, c'est le cas de le dire! Et je suis certain qu'il est en train de me rouler. Ah! s'il n'y avait pas les ordres formels du général...

Alors que le prêtre bénissait le vin, un des robots posa sa grosse main sur le bras de son chef.

---

1. S'il vous plaît.

— Nous n'avons pas pensé à *l'intérieur* de l'autel, chuchota-t-il.

Le petit homme sursauta.

— Crénom! vous avez raison: on ne voit jamais ce qui vous crève les yeux!

Il se leva vivement, imité par ses sbires. Pendant que les deux mastards se glissaient par les côtés, il s'avança dans la travée centrale, salué par des murmures réprobateurs; arrivé devant l'autel, il s'arrêta, pétrifié.

Les bras en croix comme pour lui barrer le passage ou s'offrir en holocauste, l'abbé Déjean, qui venait de se tourner vers l'assistance, lui faisait face et cependant ne paraissait pas s'apercevoir de sa présence: les yeux levés vers le ciel, il exhortait les fidèles:

— *Orate, fratres.* Priez, mes frères...

Pas un muscle de son visage ne bougea lorsque l'Allemand posa le pied sur la première marche. Affolé, l'enfant de chœur s'était écarté.

Le policier jeta un regard interrogatif vers ses sbires qui attendaient, mâchoires serrées. Il les devinait étreignant leur revolver dans la poche de leur imperméable, impatients de bondir sur leur proie.

Soudain il eut honte.

Après tout, que pouvait cacher cet autel qui semblait taillé dans un bloc de granit? Ce délateur qui l'avait renseigné avait sans doute menti dans l'espoir de toucher une prime. Brusquement il fit volte-face et se dirigea d'un pas rapide vers la sortie. Interloqués mais disciplinés, les robots le suivirent.

Le soir même, à la nuit faite, lorsque la dernière de ses paroissiennes eut fini de lui exposer un différend qui séparait les dames de l'ouvroir, l'abbé Déjean quitta le presbytère. Derrière l'église, quatre hommes armés de mitraillettes l'attendaient accoudés à une camionnette dont le gazogène fumait. Leur faisant signe de patienter, il entra dans le sanctuaire et, après une rapide génuflexion, saisit une des rosaces qui décoraient l'autel et lui imprima un mouvement de torsion. Un bruit semblable à celui d'une porte tournant sur ses gonds se fit entendre et tout un panneau pivota.

— Votre voiture est là, monsieur le Préfet, dit le prêtre en se penchant vers l'orifice.

## *Les horreurs de la guerre*

Talec reposa son verre et fit signe à la serveuse :

— Remets-nous ça, ma fille!

Nous étions attablés en compagnie du quartier-maître Rouzic dans un des nombreux bistrots du quartier de la marine à Oran.

Engagé volontaire dès que j'avais eu l'âge, j'étais embarqué depuis huit jours sur la *Pimprenelle,* une corvette des Forces Navales Françaises Libres qui briquait les mers depuis deux ans sans discontinuer. Seul novice parmi des vétérans qui n'avaient jamais cessé de se battre, j'ouvrais les yeux tout grands quand ils évoquaient devant moi leurs campagnes: les convois dans le Grand Nord où même la graisse des canons gelait, la chaleur torride de l'Atlantique équatorial, les attaques des sous-marins nazis, les tempêtes, les torpillages... Ils devaient en rajouter les Anciens, histoire de me flanquer la trouille: c'était normal. Seul le second maître Talec, mon chef direct, tenait un langage différent: pour ce Breton au teint basané d'Espagnol, maigre à faire peur et ridé comme un vieux brugnon, il n'y avait vraiment pas de quoi en faire une montagne.

— Veux-tu que je te dise, mon gars: on a fait notre

travail, c'est tout. D'accord, les sous-mariniers boches étaient malins, et alors? Notre pacha à nous était encore plus fort. Le forban! A croire qu'il les sentait venir avec son gros nez rouge, bien mieux qu'avec l'asdic[1]! Faut dire qu'il est de Lampol, le vieux, tout comme Rouzic et moi qui te cause. Pas vrai, Job?

L'interpellé approuva en silence; d'ailleurs il ne parlait pour ainsi dire jamais. Au début, je me demandais même s'il n'était pas muet.

— Et les tempêtes, continua Talec, dirait-on pas que c'est extraordinaire? On est marins, non?

Soudain, il frappa du poing sur la table:

— Vingt-neuf fois! Vingt-neuf fois qu'on les a grenadés, les fi de garce... et pas foutus de voir la queue d'un sous-marin couler! Alors je te demande un peu: qu'est-ce qu'ils ont à jouer les héros?

Je hasardai timidement:

— Pourtant, chef... ceux qui y sont restés.

Il hocha la tête.

— Sûr, il y en a eu: deux corvettes de chez nous et surtout des tas de cargos. Ah, ils ne l'avaient pas belle dans la marine marchande. Nous, au moins, on pouvait se défendre. Enfin, quoi: c'est le métier.

La serveuse l'interrompit en posant sur la table une nouvelle bouteille de vin d'Oranie d'un rouge profond. Le second maître vida lentement son verre, savourant son plaisir, et poussa un soupir de satisfaction.

— Bon sang, c'est tout de même quelque chose... et dire qu'une fois on en a manqué pendant trois mois! Tu te rappelles, Job?

Pour une fois Rouzic ouvrit la bouche:

---

1. Appareil de détection des submersibles en plongée; aujourd'hui l'on dit sonar.

— Oui, dame. C'était dur!

— Les Anglichs avaient envoyé la *Pimprenelle* dans l'Atlantique Sud, m'expliqua Talec. Pour nous faire souffler un peu, qu'ils disaient. Tu parles! On allait chercher au large des îles du Cap-Vert les convois descendant du nord pour les accompagner jusqu'à Freetown ou même plus loin, vers l'autre tropique où une escorte venue du Cap les prenait en charge. Au Cap, on n'y allait jamais et c'était bien malheureux parce que là au moins on pouvait trouver du pinard tandis que dans leurs foutus ports coloniaux british... rien! A terre, pas moyen de s'envoyer une jecte, et pas question d'en acheter chez les *shipchandlers*. Seulement de la bière! Note bien: la bière ça désaltère mais, dame, ça ne vaut pas le *gwen-ruh*[1]!

— Ah non, alors! affirma le quartier-maître que le mostaganem rendait loquace.

— Bref, une chaleur à faire fondre les cierges sans les allumer. Et pas une goutte de picrate! Au poste des maîtres, on en rêvait... Les officiers, eux, sirotaient du whisky. J'en ai goûté une fois: dégueulasse! du jus de punaise! Alors un jour, je me suis mis en colère tout de bon. C'était à Lagos. Nous revenions de nous taper vingt jours de mer une fois de plus. Donc, j'attrape le commis et je lui dis tout net qu'il est un bon à rien, un incapable, pas fichu de nous dégotter une boisson de chrétien.

— Va donc le chercher toi-même si tu es si malin! qu'il me répond.

— Chiche! que j'y réplique aussi sec. Il me refile ses bons d'achat et me voilà parti dans la barcasse avec deux hommes de corvée. Même que c'était toi le patron d'embarcation, pas vrai, Job?

---

1. Vin rouge.

Un large sourire illumina la trogne de Rouzic qui opina énergiquement du chef avant de nous resservir tous les trois; j'attendais la suite avec impatience.

Talec s'essuya les lèvres du revers de la main et grimaça un sourire.

— En me voyant quitter le bord, le pacha m'avait demandé où j'allais. Et tâche qu'il soit bon! m'avait-il recommandé. Le picrate devait lui manquer aussi au vieux; j'avais intérêt à faire gaffe. Bon! Après avoir prospecté en vain chez les commerçants, nous nous mettons à fureter sur les quais, et soudain qu'est-ce que je vois dans le coin le plus sombre d'un hangar? une douzaine de barriques recouvertes d'une bâche. Je soulève la toile et je lis « WINE » écrit en lettres grosses comme ma main. Oh *gast*! On cherche de tous les côtés et on finit par trouver le consignataire. Ah! là là! Un monde pour le convaincre, cet homme. Pourtant il ne le donnait pas son vin. Je n'ai pu en acheter que deux barriques et encore... avec des tas de formalités. Il n'a même pas voulu nous le laisser goûter, le salaud. C'est qu'on était pressés nous autres: la *Pimprenelle* appareillait le soir même. Enfin... Mes gars coltinent les bailles jusqu'à la barcasse et Job nous ramène à bord, juste à temps pour le souper de l'équipage. Là je dois dire que le commis a été à la hauteur: en deux coups de cuiller à pot, il fonce chez l'officier en second, annonce la bonne nouvelle, lui rappelle que ça fait trois jours que tout le monde est à repeindre la coque et lui arrache un bon de *double générale*! Sans plus attendre, il met l'une des barriques en perce et crie aux hommes de plats de s'amener avec leurs bidons. Pour du vin rouge c'était du vin rouge. Presque noir qu'il était et plutôt sucré mais il vous réchauffait le cœur, dame oui, depuis le temps qu'on crachait. Les gars l'ont éclusé avant même de toucher à leur chaloupiat de mouton. Il avait du degré ce pinard-là: lorsque à six heures on a rappelé aux postes de manœuvre, la moitié de l'équipage tenait une sacrée biture. Moi-même j'avais les jambes lourdes et pourtant j'ai l'habitude!

En montant sur la passerelle le pacha a tout de suite remarqué qu'il y avait du vent dans les voiles. Remarque: il n'en avait pas encore bu car ces messieurs les officiers mangent plus tard, pas vrai!

— Nom de nom, qu'il s'est mis à gueuler, mais ils sont saouls comme des cochons! Talec, viens un peu par ici!

Moi j'arrive, tout content.

— Qu'est-ce que tu leur as fait boire? qu'il me demande.

— Ben... du vin, commandant. Vous savez bien.

— Fais-le-moi goûter ton picrate. Ce n'est pas normal.

Nous descendons sur le pont milieu où se trouvait la barrique. Elle avait pris un drôle de jusant; il y en a qui s'étaient resservis en douce. Je lui en verse un demi-quart; le vieux goûte et s'écrie:

— Mais bougre de crétin! Ce n'est pas du vin, *c'est du porto*! D'ailleurs regarde ce qu'il y a de marqué sur la baille: PORT WINE!

— J'avais bien vu, commandant, que j'y dis, mais *Babord* ou *Tribord,* qu'est-ce que ça change[1]?

Tu me croiras si tu veux, mon gars, mais il m'a collé huit jours d'arrêts. Allez chercher pourquoi, parce que ce vin-là, on l'a tout de même bu jusqu'à la dernière goutte. Même que le pacha a ordonné de n'en délivrer qu'une demi-ration par homme et par jour. Pour l'économiser.

Et puis on est encore restés un mois sans pinard. C'est bien vrai quand j'y pense: la guerre c'est quelquefois terrible!

---

1. Babord se dit « PORT » en anglais.

## *Chaque chose en son temps*

Paris, janvier 44

Il fait très froid dans le boudoir (il y a longtemps que le charbon acheté au marché noir est épuisé) mais c'est la seule pièce qui reçoive quelques rayons d'un timide soleil (l'électricité est coupée jusqu'au soir).

Emmitouflée dans une douillette en mohair, un plaid autour des jambes, Cécile, assise devant sa coiffeuse, est en train d'ombrer ses paupières d'un mauve délicat qui sied à son teint de blonde. Son miroir de Venise, un cadeau de son oncle l'Amiral, lui renvoie un visage de madone, pur et énigmatique à la fois. La jeune femme s'apprête à parfaire le dessin de sa bouche lorsque le téléphone sonne.

— Allô ! Madame Verseau-Ragonnes ?

— Elle-même.

— C'est bien l'épouse du traître qui est à l'appareil ? demande une voix pointue qui savoure son insulte.

— L'épouse du traître vous dit merde, rétorque Cécile de son ton le plus distingué avant que sa correspondante ait eu le temps de raccrocher. Un oh ! scandalisé retentit dans l'écouteur. Elle repose calmement le combiné et hausse les épaules. Depuis ce matin, c'est la quatrième fois que des anonymes l'appellent pour le seul plaisir de l'injurier[1]. Hier soir son mari a parlé à la radio de Londres; crânement, il s'est nommé. Deux heures plus tard tout Paris savait que Bertrand Verseau-Ragonnes, le *sportsman* bien connu, était avec de Gaulle et venait d'être décoré de la croix de la libération.

— Quel idiot, murmure Cécile entre ses dents. Il avait bien besoin de se mettre ainsi en avant sans songer une seconde à moi.

En fait, il y a longtemps que les deux époux ne pensent guère l'un à l'autre. Peu avant la guerre, Bertrand avait enlevé cette fille de maître de forges dans son avion personnel, lui avait donné un mois d'amour et son nom puis, l'ayant installée dans son hôtel particulier de Neuilly, était retourné à ses aventures galantes. Ils allaient divorcer au grand dam de leurs familles quand la Wehrmacht envahit la Belgique. Après une nuit d'ardente réconciliation, Bertrand, officier de réserve, avait rallié son unité; le jour même de la demande d'armistice, il était signalé disparu. Cécile avait alors provoqué un nouveau scandale en refusant de porter son deuil.

— Ce serait trop hypocrite de ma part, avait-elle déclaré à sa belle-mère indignée. Votre fils était un garçon charmant à condition de n'être ni sa femme ni sa maîtresse!

Moulée dans un tailleur noir et coiffée d'un grand chapeau mousquetaire, un manteau de renard jeté sur ses épaules, elle se mire avec complaisance dans sa grande psyché.

« C'est ennuyeux, se dit-elle. Avec cette histoire, je ne serai plus invitée par Mme Abetz. »

---

1. Je n'invente rien... hélas! (*N.d.A.*)

Le salon de l'épouse française de l'ambassadeur du Grand Reich est un des plus courus de la capitale. Cécile tient beaucoup à y conserver ses entrées.

Au moment de sortir, elle se ravise, prend une lampe de poche et descend à la cave. Passant avec précaution entre les casiers de bouteilles, elle écarte un rideau sale et frappe trois coups nettement espacés contre un battant de bois vermoulu. Une clé grince dans la serrure. Un homme de petite taille, nez busqué et cheveux crépus, apparaît, enveloppé dans une couverture écossaise, des mitaines aux mains.

— Bonchour, ma bonne fée! s'écrie-t-il joyeusement avec un fort accent tudesque.

— Je suis venue m'assurer que vous n'avez besoin de rien, maître.

— De rien, de rien... la bonne Martha m'a apporté mon décheuner. Ah, si! serait-il possible d'avoir... des boules de gomme. Cela m'aiderait à me passer de cigarettes.

Le professeur Weinstein de l'université d'Heidelberg, prix Nobel, est un grand fumeur devant Jéhovah.

L'exposition du sculpteur allemand Arno Brecker remporte un immense succès. Tout le gratin de la collaboration se presse autour des statues géantes qui proclament la gloire du nazisme. Des regards railleurs ou courroucés saluent l'entrée de Mme Verseau-Ragonnes qui va d'une salle à l'autre, feignant de ne pas remarquer l'attention dont elle est l'objet. Avisant un général de la Luftwaffe qui admire en silence un buste, elle manœuvre pour entrer dans son champ de vision; aussitôt l'officier se précipite:

— Comme je suis heureux que vous soyez venue, chère divine amie, s'écrie-t-il en retenant sa main dans la sienne. Quel courage! Bravo! *Ach*! les gens sont abjects: comme si c'était votre faute si votre mari...

Il s'arrête, embarrassé; la jeune femme fronce imperceptiblement les sourcils mais enchaîne rapidement:

— N'en parlons plus, général. D'ailleurs nous étions séparés de corps. Seules des amitiés comme la vôtre comptent désormais.

— C'est plus que de l'amitié et vous le savez bien. Si j'osais...

— Oser quoi? demande Cécile en jouant l'étonnement.

— Voulez-vous... consentiriez-vous à souper ce soir avec moi?

— Malheureusement je suis prise. Une vieille tante malade et qui n'a plus que moi.

— Arrangez-vous, je vous en supplie. Je dois partir demain à l'aube.

— Pour longtemps? lance-t-elle négligemment.

— Hélas! Qui peut le dire?

— Mais vous reviendrez... je ne sais pas... d'un coup d'avion.

L'Allemand secoue négativement la tête; la jeune femme effleure son avant-bras du bout des doigts.

— Consolez-vous. Moi aussi je vais quitter Paris pour aller passer un mois à Nice.

Le général s'épanouit:

— A Nice? Mais c'est merveilleux! je pourrais...

Il s'interrompt brusquement; une ombre passe sur son visage. Cécile s'en aperçoit et réagit instantanément: les yeux baissés, elle murmure d'une voix sourde:

— Vous me troublez.

Les joues en feu, l'officier s'empare à nouveau de sa main.

— Ce soir... chez moi... vous viendrez, n'est-ce pas?

Mme Verseau-Ragonnes se libère doucement.

— Taisez-vous. Je dois être folle.

A cette heure tardive, l'église est presque vide. En entrant Cécile a enfilé une paire de gants rouges. Elle s'avance dans la nef latérale jusqu'à hauteur de la chaire et s'agenouille. Quelques minutes s'écoulent puis une silhouette sort d'un confessionnal et se glisse sur le prie-Dieu voisin du sien. L'homme porte un manteau noir; son crâne chauve jette une tache claire dans la pénombre; il marmonne comme s'il ânonnait une litanie:

— Notre-Dame de Bretagne...

— Régnez sur les flots, répond la jeune femme sur le même ton.

Le nouveau venu l'interroge à voix basse:

— Alors... la troisième escadre de chasse?

— Elle va faire mouvement dès demain, chuchote Cécile.

— Avez-vous pu savoir sa destination?

— Certainement vers la Méditerranée. Ce doit être à portée de Nice pour un avion de liaison.

— Ils vont se renforcer en Italie. C'est bien ce que nous pensions. Autre chose?

— Le professeur. Il est urgent de le faire partir en Angleterre. A part Martha qui m'a vue naître, je ne suis pas sûre de mes domestiques et je ne peux pas les mettre à la porte sans raison.

— Je vous comprends. Mais Londres se fait tirer l'oreille. Il y a des gens plus importants qu'un prof. Bon: j'essayerai de trouver une solution. C'est tout?

— Oui.

— C'est déjà énorme. Mercredi prochain même heure

à Saint-Etienne-du-Mont. Ce sera quelqu'un d'autre. Portez des gants verts.

— Mais le vert ne me va pas du tout! proteste la jeune femme, sincèrement désolée. Ah! j'y pense. Ce soir je ne peux pas coucher chez moi. Pouvez-vous faire prévenir Martha de répondre si quelqu'un me demandait que j'ai été appelée au chevet de ma tante dont l'état s'est brusquement aggravé.

Descendant d'un vélo-taxi, Cécile s'engouffre rapidement dans un immeuble de belle apparence, au fond d'une impasse. Dédaignant l'ascenseur, elle monte l'escalier.

Avant même qu'elle ait sonné, la porte s'ouvre; deux bras l'enlacent et l'entraînent.

Seule la lueur du feu qui brûle dans la cheminée éclaire la pièce. Le sol est jonché de peaux d'ours blanc. Une bouteille de champagne dans un seau à glace et deux coupes attendent sur un guéridon.

— Soyez gentil, mon chéri, murmure Mme Verseau-Ragonnes. Laissez-moi enlever mon chapeau. Ensuite, tout ce que vous voudrez... jusqu'à demain matin.

Cécile s'est endormie. Pelotonnée dans les fourrures, elle sourit aux anges, le bras passé autour de la poitrine de son amant. Celui-ci se dégage avec mille précautions et gagne sur la pointe des pieds la pièce voisine. S'emparant du téléphone, il élonge le fil jusqu'au couloir, repousse la porte derrière lui, s'accroupit et compose un numéro.

— Allô, passez-moi le commissaire-criminel Weber. Monsieur le commissaire, c'est Berny. Oui, elle est ici; vous pouvez venir. Non, elle n'a pas d'arme: j'ai regardé dans son sac. Ailleurs?

Il ricane doucement:

— Vous savez, elle n'a pas grand-chose sur elle en ce

moment. Aucun problème: avec ce que j'ai mis dans son verre, c'est à peine si elle se rendra compte. Voilà: pas d'esclandre. C'est ce que vous désiriez n'est-ce pas? Personne ne saura ce qu'elle est devenue. Les gens penseront qu'elle est partie pour Londres. Dans une demi-heure? Bien, je vous attends. Ah! pourriez-vous amener une femme avec vous? Oui: pour l'habiller. Moi, cela me gêne un peu, vous comprenez.

A peine a-t-il raccroché que quelque chose de mou s'appuie sur sa nuque. Un coup de feu claque; l'homme s'abat en avant, soudain grotesque dans sa nudité.

Une balle de 6,35 tirée à travers un coussin ne fait pas grand bruit; néanmoins Mme Verseau-Ragonnes tend l'oreille. Rien ne bouge: les voisins ont le sommeil dur.

Lorsqu'elle se redresse, son visage est dur et la main qui tient l'arme ne tremble pas. Sans accorder le moindre regard au cadavre, elle retourne au salon, enfile rapidement son tailleur et son manteau puis se chausse. Tant pis pour les bas: elle aura un peu froid, voilà tout.

Avant de remettre son chapeau, Cécile replace dans la coiffe le minuscule pistolet à crosse de nacre qu'elle coince entre des pinces prévues à cet effet. Elle a eu les meilleurs instructeurs; son oncle l'Amiral y a veillé: pour le chef des services secrets, c'était la moindre des choses. Elle ramasse le reste de ses vêtements et jette un coup d'œil autour d'elle: des roses sont en train de dépérir dans le vase où elle a subrepticement versé sa coupe de champagne.

Bien que l'heure du couvre-feu soit passée depuis longtemps, la jeune femme s'en va sans hésiter par les rues désertes: son *Ausweis* est parfaitement en règle. Une autre de ses tantes n'habite pas loin qu'elle s'est volontairement abstenue de fréquenter ces derniers mois, la réservant pour une occasion comme celle-ci. La douairière de Vaubourg est d'ailleurs au courant de ses activités et jouit d'une santé de fer malgré ses quatre-vingt-deux ans. Tout en marchant Cécile réfléchit : d'abord alerter le réseau. Il faudra prévenir Martha et faire évacuer le professeur. Hélas les Allemands vont probablement saccager le mobilier. Et la commode signée à laquelle elle tenait tant. Une valise avec d'autres vêtements l'attend chez sa parente ; sa vieille bonne mettra les bijoux en lieu sûr. Elle devra teindre ses cheveux, les couper peut-être... De toute façon, elle ne peut plus rester à Paris. Ni en France. Allons ne mélangeons pas tout. Demain il fera jour : chaque chose en son temps.

## *L'homme qui ne devait pas être pris...*

Juin 44

En entrant dans la pièce je compris tout de suite que nous avions des problèmes: au lieu de se lever pour m'accueillir selon son habitude, le Colonel demeurait assis derrière son bureau, le regard dans le vide, tambourinant une marche sur le sous-main. J'attendis pendant une bonne minute puis toussotai discrètement. Il interrompit son manège le temps de pousser vers moi un feuillet tout froissé. Diable, c'était donc sérieux. Je ne l'avais vu chiffonner ainsi un message qu'en une seule occasion: lorsque Londres nous avait avertis que notre nouveau passeur était un agent de la Gestapo. L'homme fut exécuté le soir même sans la moindre hésitation. Pas question de mettre en péril notre réseau, plus spécialement chargé de récupérer et de rapatrier les aviateurs alliés descendus au-dessus de la France. Heureusement notre cloisonnement était soigné: le mouchard, qui attendait probablement l'occasion de réaliser un vaste coup de filet, ne connaissait que deux d'entre nous, par chance célibataires et sans famille, lesquels furent promptement retirés du circuit et dirigés vers un maquis.

Je pris place dans un fauteuil pour lire plus commodément :

... MAJOR THOMAS PERKINS PASSAGER SUR BOMBARDIER LANCASTER ABATTU DANS LA NUIT DU 20 AU 21 MAI 1944 STOP PRESUME AVOIR SAUTE EN PARACHUTE REGION D'ORLEANS STOP ABSOLUMENT INDISPENSABLE JE REPETE ABSOLUMENT INDISPENSABLE LE RETROUVER ET LE RENVOYER DANS CONDITIONS DE SECURITE MAXIMA

Le cas sortait à peine de la routine et ne justifiait nullement l'air préoccupé de mon chef. Je lui lançai un coup d'œil interrogateur ; cette fois il daigna répondre :

— Il y a un autre message... bougonna-t-il en tirant de sa poche une boulette de papier qu'il déplia avant de m'en donner lui-même lecture :

— ... APPLIQUER PROCEDURE 07 MAJOR PERKINS STOP ET FIN

Le terme m'était totalement inconnu. Pourtant depuis la mort de Pierre, j'étais l'un des adjoints directs du Colonel, du moins je croyais l'être car avec le vieux on ne sait jamais.

— Pour votre gouverne cela signifie que l'intéressé doit être éliminé par nos soins plutôt que de tomber aux mains de l'ennemi, lâcha-t-il comme à regret.

Il se leva pesamment et se mit à arpenter la pièce.

— Je ne vois qu'une explication : ce type-là est au courant des plans les plus secrets.

— Le débarquement ?

— Cela m'a l'air évident, à moins que...

Le Colonel s'arrêta et me fit face :

— Il y a des tas de trucs qui clochent dans cette affaire. Avez-vous remarqué son grade : major. Donc ce n'est pas un aviateur. Et d'une ! Ensuite s'il ne faut à aucun prix qu'il soit fait prisonnier, comment a-t-on pu le laisser survoler un territoire occupé ? Et de deux ! Non décidément ça ne colle pas ! A moins que... répéta-t-il en frappant du poing dans sa paume, nos amis ne se soient aperçus de quelque chose *après son départ*. Et alors c'est peut-être un traître !

— Vous croyez vraiment...

— Je ne crois rien, mon petit, seulement si c'est le cas notre bonhomme sera constamment sur le qui-vive. Il cherchera même peut-être à nous fausser compagnie, surtout s'il se sent soupçonné. S'il ne l'a pas déjà fait. Par conséquent nous devrons...

Laissant sa phrase en suspens, il se pencha vers moi, me dominant de sa carrure éléphantesque :

— C'est vous qui allez le prendre en charge ! D'abord vous parlez couramment l'anglais et puis vous êtes... enfin, il se méfiera moins. Vous partirez dès que nous l'aurons localisé. Attention, ajouta-t-il en pointant l'index dans ma direction, en aucun cas les Boches ne doivent le prendre vivant, compris ?

Je passai une très mauvaise semaine. Notre préposé aux « moyens spéciaux » m'avait apporté le matériel nécessaire. Incroyable : le poison de Borgia, en 1944 ! Enfin dimanche matin mon téléphone sonna : deux heures plus tard je prenais le train pour Montargis.

Notre major avait trouvé refuge au presbytère d'un minuscule village situé à quelques kilomètres de Lorris. Après avoir enterré son parachute, il avait tout bonnement frappé à la porte vers deux heures du matin et déclaré au prêtre qui lui avait ouvert en s'imaginant qu'on venait le quérir pour un agonisant :

— Je suis un officier britannique. Cachez-moi !

L'ayant installé dans sa cave et ne sachant qu'en faire, le brave curé avait fini par mettre sa bonne dans la confidence. Par un heureux hasard, le filleul de la bonne était des nôtres.

Je réfléchissais à tout cela en roulant vers le presbytère à l'arrière d'un gazogène poussif, parmi les choux et les rutabages dont l'odeur imprégnait déjà mes vêtements. Quel genre de type allais-je trouver ? Le Colonel m'avait recommandé de limiter nos rapports au strict nécessaire mais aussi de ne pas le quitter d'une semelle, ce qui me paraissait plutôt difficile à concilier. Enfin, je verrai bien !

J'arrivai à la nuit tombante. Il pleuvait. Tout le village paraissait endormi : à l'heure allemande, il était tard. La bonne exigea que je commence par dîner et me servit une demi-poularde baignant dans sa graisse (j'en avais oublié le goût !) ensuite l'ecclésiastique m'indiqua l'escalier de la cave :

— C'est par ici. Frappez quatre coups bien espacés.

Je cognai à la porte, Perkins m'ouvrit et je restai bouche bée : mon « client » était un véritable colosse, mesurant près de deux mètres de haut. Assez jeune : la trentaine tout au plus. Son visage bronzé semblait avoir été martelé à coups de poing mais des yeux d'un bleu intense en atténuaient la rudesse. Il me dévisagea, mi-surpris, mi-amusé, tandis que je m'efforçais de prendre un air très digne pour lui débiter le petit speech préparé à son intention :

— Je suis ici pour organiser votre évasion, *sir.* Vous devez suivre mes instructions à la lettre. Bien que vous soyez officier supérieur, à partir de maintenant c'est *moi* qui commande. J'espère m'être bien fait comprendre, *sir !*

Il approuva gravement de la tête puis un large sourire illumina son visage :

— *Good!* mais appelez-moi Tommy: ce sera plus simple.

« Oh, non! me dis-je dans mon for intérieur, ce ne sera pas simple du tout! »

Le message précisait « dans des conditions de sécurité maxima », ce qui excluait nos filières habituelles. Pas question de convoyer mon major jusqu'au petit port breton où notre réseau avait déjà embarqué plusieurs pilotes sur des barques de pêche, encore moins de lui faire traverser la France jusqu'à la frontière espagnole. Un tel malabar n'aurait pas pu faire trois mètres sans se faire remarquer; la Gestapo, hélas, ne manquait pas d'informateurs.

Seule solution: l'avion, mais il fallait attendre une lune favorable. Un soir le gazogène revint nous chercher; cette fois c'était Simon qui le conduisait. Simon c'est mon chien de garde, mon ami le plus dévoué, en 39 il était voltigeur de pointe dans le corps franc de Pierre. Sa présence me rassurait car Tommy commençait à me poser des problèmes: il ne tenait plus en place et tournait sans cesse dans la cave comme un lion en cage mais surtout il n'arrêtait pas de bavarder. Fidèle à ma consigne je ne l'avais pour ainsi dire pas quitté; mais même en me refusant à toute conversation, je ne pouvais l'empêcher de monologuer.

— Vous saisissez, Claude, je dois rentrer le plus vite possible! Ce sera d'ailleurs pour passer au falot[1] selon toute probabilité. Voyez-vous j'avais l'ordre formel de ne quitter la Grande-Bretagne sous aucun prétexte.

Les coudes aux genoux, je l'écoutais, mourant de curiosité.

1. Conseil de guerre.

— Forcément: je suis un *bigot*[1]!

Héroïque, je ravalai la question qui me brûlait les lèvres.

On appelle ainsi ceux qui sont au courant de certains projets. Ah! là là! pourquoi donc sont-ils venus me chercher? J'étais bien peinard à la tête de ma *troop* de S.A.S.[2]. Crac, les gros bonnets ont voulu me consulter. Vos conseils seront précieux. Et patati et patata... Résultat: deux jours de palabres pour des trucs qui tombaient sous le sens et puis trois mois à ne rien foutre!

— *Well!* un soir Garry, un copain de la R.A.F., me proposa de m'emmener faire un tour en avion. Ils allaient bombarder une gare de triage près de Paris. Je n'ai pas pu résister! Paris! Je n'y étais jamais allé bien entendu. C'est très beau, n'est-ce pas?

Au prix d'un nouvel effort, je parvins à opiner seulement du chef.

— Et nous nous sommes fait descendre par la Flak avant même d'y arriver. J'ai sauté le dernier; Garry, lui, était mort. J'ignore ce que sont devenus les autres. Le savez-vous? Je secouai négativement la tête; brusquement il éclata:

— Si mes discours vous ennuient, dites-le, bon sang!

Oh, non, ses discours ne m'ennuyaient pas, au contraire! Que d'aventures passionnantes n'avait-il pas connues? Je brûlais de l'interroger sur les rubans de décorations qui ornaient son battle-dress, qu'il avait soigneusement plié avant de le confier à la bonne du curé. Déci-

---

1. *Special Air Service*; les commandos parachutistes.

2. Ce nom de code est en fait l'inverse de TO GIB (RALTAR), appellation conventionnelle utilisée lors de l'opération TORCH (débarquement américain en Afrique du Nord).

dément, je n'arrivais pas à croire que ce baroudeur puisse être un traître. Une chose cependant me faisait tiquer: avec sa faconde méridionale, son langage émaillé de mots d'argot que je ne comprenais pas toujours, Tommy ne ressemblait en rien à un officicr anglais. Par moments, j'avais l'impression qu'il jouait un rôle.

Alors que nous étions tassés l'un contre l'autre à l'arrière de la camionnette, au milieu des sacs de pommes de terre (je préfère nettement!), il continuait son bavardage:

— Vous savez, je ne suis pas *commissionné*[1]. En fait, je suis un civil déguisé. Avant la guerre, je travaillais dans un garage à Swansea. Mon père était gallois et ma mère maltaise (voilà donc l'explication de ses cheveux de jais).

Son visage se rembrunit.

— Ils ont été tués au cours d'un bombardement. Un chic type, papa! Gravement blessé dans l'autre guerre, c'est tout dc même lui qui m'a appris à jouer au rugby. Quant à maman... comment dites-vous en France: une Sainte Vierge?

— Une madone. (Trop tard: je n'avais pu m'empêcher.)

— C'est ça! Alors je me suis porté volontaire pour n'importe quel coup dur.

Et bon fils par-dessus le marché. Il ne m'était déjà que trop sympathique. Serrant les lèvres, je me forçai à ne penser qu'à ma mission.

— On m'a promu officier après la campagne d'Erythrée. Ensuite ce fut la Crète, de nouveau la Libye, Dieppe, des opérations sur la côte Dalmate, en France aussi...

Un cahot le projeta contre une ridelle: il jura et se mit à rire:

---

1. Officier de carrière.

— Je suis très mal élevé, n'est-ce pas? Vous savez: mon grade de major, ce n'est qu'à titre provisoire. Dire qu'en haut lieu, on me considère comme un expert en débarquements *et que je suis l'un de ceux qui savent.*

Cette fois je n'y tins plus.

— Vous connaissez la date du...?

— Non, tout de même pas! J'ignore si elle est fixée mais je connais parfaitement l'endroit où nous devons débarquer. Enfin, aussi bien que l'on puisse le connaître avec leurs foutues maquettes!

Je réalisai tout à coup la catastrophe si Perkins tombait dans les griffes des nazis. Si courageux qu'il fût, ces monstres avaient les moyens de lui arracher son secret. Et c'est à moi qu'il incombait d'empêcher ça à n'importe quel prix. J'avais la gorge serrée, des images affreuses se pressaient dans ma tête... La voix de Simon me ramena à la réalité:

— Terminus, tout le monde descend!

La maison, une métairie désertée par ses occupants, était nichée à l'orée d'un bois, largement à l'écart de la route. La prairie où l'avion devait se poser était toute proche: un kilomètre à peine. Depuis quatre jours nous attendions en vain le *lysander*[1] que Londres avait promis au Colonel. De guerre lasse, j'avais envoyé mon ami au village d'où il devait téléphoner à notre chef. Il revint, la tête basse.

— Le Colon lui-même n'y comprend rien. Hier soir il a encore réclamé. Tout ce qu'il a pu obtenir comme réponse c'est: Appliquez procédure 07. Il a dit que vous comprendriez.

Malheureusement, je ne comprenais que trop!

---

1. Avion léger de liaison.

Les Anglais devraient se grouiller de venir le chercher, reprit Simon. Le coin est infesté de Boches et de miliciens. J'ai été contrôlé trois fois. Heureusement mon *ausweis* bidon a marché: du beau travail! Je me suis permis de souffler au patron que nous devrions changer de terrain: il m'a envoyé sur les roses et en beauté.

— C'est normal. Notre client risque trop de se faire repérer pendant le trajet.

— Ça c'est certain: baraqué comme il est!

Je souris malgré moi: Simon est presque aussi grand que Tommy, seulement il a le don de passer inaperçu; on dirait qu'il se confond avec le paysage. Pendant ce temps, mon major essayait d'attraper la BBC sur le vieux poste que nous avions trouvé sur place.

— Merde, il y a trop de brouillage! s'écria-t-il s'apprêtant à couper le contact.

— Attendez. On va toujours écouter les nouvelles de Radio-Paris.

— Oh, celui-là! s'écria Perkins. Savez-vous ce que chantent les paras français chez nous?

Il entonna d'une voix fausse avec un accent épouvantable:

*Radio-Paris ment*
*Radio-Paris ment*
*Radio-Paris est allemand...*

Puis redevenant sérieux:

Claude, si ces crétins de la R.A.F. ne sont pas fichus de venir me récupérer, il faut me conduire en Bretagne. Je ne peux plus attendre: mes gars on besoin de moi.

Pour ma part, je n'en doutais plus et me creusais la tête pour trouver une solution compatible avec mes ordres lorsque Simon, qui était allé garer le gazogène, revint tout essoufflé:

— Une patrouille sur la route: des miliciens. Ils ont aperçu le bahut et se dirigent par ici!

Je sentis mon sang se glacer dans mes veines.

— Au grenier, vite, criai-je à Tommy! tandis que mon fidèle chien de garde s'installait ostensiblement devant le poste en déclarant:

— Vous en faites pas, je vais les amuser. En attendant je vais mettre Radio-Toulouse. C'est tout de même moins dégueulasse!

Nous venions à peine de retirer l'échelle et de refermer la trappe qu'un grondement de moteur se fit entendre dans la cour.

— Tiens, ils ont des motocyclettes! remarqua Perkins. Ce serait chouette d'en faucher une et de ficher le camp maintenant qu'ils ont dû piquer la camionnette.

Marchant à quatre pattes sous les poutres des combles, il essaya de soulever une tuile pour regarder dehors; j'étais à bout de nerfs:

— Pour l'amour du ciel, couchez-vous, ne faites pas de bruit!

— O.K., O.K.! murmura-t-il en s'allongeant près de moi, mais je n'aimerais pas être cueilli sans avoir couru ma chance.

— Il n'y a aucune raison qu'ils montent jusqu'ici. Je priai Dieu pour que ce soit vrai. Les miliciens étaient maintenant dans la pièce, juste dessous. Les échos d'une discussion violente nous parvenaient; brusquement un coup de feu claqua. La balle traversa le plancher du grenier et vint se ficher dans le bois à quelques centimètres de ma tête. Je faillis crier de saisissement mais mon compagnon avait déjà plaqué sa main sur ma bouche.

— Chut!

En bas, le boucan se poursuivait. Tout à coup j'entendis un bruit sourd comme celui d'un corps qui tombe. Mon Dieu : Simon ! L'oreille collée au sol, je m'efforçai de saisir le sens des paroles qu'une voix rauque hurlait à la cantonade ; soudain j'entendis distinctement :

— Apportez-moi une échelle !

Je crus que mon cœur allait s'arrêter de battre. La nuque de Tommy était tout près de moi. Je levai lentement la main droite, celle où je portais une bague truquée renfermant une pointe d'acier. Il me suffirait d'appuyer un peu... le poison était, paraît-il, foudroyant. En sentant le contact de mes doigts il tourna la tête vers moi et cligna de l'œil en souriant. Je devais, je devais le faire. Tout ce qui pourrait m'arriver après m'était égal. Dès qu'ils soulèveraient la trappe, je...

Amplifiée au maximum (quelqu'un avait dû tourner le bouton) la voix du speaker remplit subitement le grenier :

... *Ont débarqué ce matin en Normandie. La Wehrmacht leur oppose une farouche résistance.*

Des cris s'élevèrent, les exclamations se croisaient, un ordre bref domina le tumulte. Dans la cour les moteurs se mirent à pétarader puis leur bruit décrut peu à peu. Avant que j'aie pu l'empêcher, Perkins avait bondi et soulevé une tuile :

— C'est extraordinaire : ils fichent le camp ! s'écria-t-il joyeusement. Quelques instants plus tard nous redescendions. Affalé sur une chaise, Simon pressait un linge contre son front d'où coulait un filet de sang.

— Un de ces imbéciles a déchargé son arme sans le faire exprès, ce qui a rendu le chef milicien fou furieux. C'est comme ça qu'il m'a sonné d'un coup de crosse.

Je ne l'écoutais pas; tendu vers l'appareil Perkins venait enfin d'attraper la B.B.C. Au milieu des crachotements nous saisissions l'essentiel:

*... Précédés par d'importantes unités aéroportées ou parachutées, des milliers de soldats ont déjà pris pied sur les plages.*

Je me tournai vers Tommy. Il souriait de toutes ses dents, le bandit, en m'ouvrant ses bras. Je m'y précipitai, folle de bonheur. Après tout, je suis une femme!...

# *Le destin*

Le secret qui entoure les grandes opérations ne tient guère lorsqu'il suffit d'additionner deux et deux qui font quatre pour deviner ce qui va se passer. C'était le cas de l'équipage du croiseur dont j'étais le commandant en second au printemps 1944.

Depuis un an ce bâtiment sillonnait la Méditerranée de long en large sans jamais en sortir ; qu'il ait inopinément franchi le détroit de Gibraltar et mis le cap au nord ne pouvait signifier qu'une chose : sa participation au débarquement allié en France. Si le pacha, sans nul doute, *savait*, le dernier des matelots en était persuadé. Une seule personne à bord ne partageait pas l'enthousiasme général : l'enseigne de vaisseau de Rivérac, qui venait d'être désigné comme aide de camp de l'amiral-chef de la Mission navale française... à San Francisco. Le message *urgent* précisait même : *ralliera les Etats-Unis par la première occasion aérienne.* En apprenant la nouvelle, le jeune officier était entré dans une colère folle au point de tenir des propos qu'un règlement fertile en euphémismes qualifie de *contraires à la discipline.* En fait, il s'était répandu en imprécations, hurlant à qui voulait l'entendre :

— C'est dégueulasse ! Je ne me suis pas évadé de

France pour devenir un embusqué. Ce n'est pas une raison si ce vieux schnock est mon cousin pour me demander, *au choix*, de lui porter sa pèlerine ! D'ailleurs je n'irai pas !

Son comportement dépassait les bornes et je me devais d'y mettre le holà. Pas facile : ce galopin (vingt-trois ans tout juste), qui s'était battu comme un lion à Dunkerque avant de prendre part à la libération de la Corse, avait un fichu caractère : les défauts de ses qualités en somme, et c'eût été dommage en vérité de le matraquer pour des paroles en l'air.

Je l'avais convoqué dans mon bureau. A présent il se tenait devant moi, la casquette sous le bras, figé au garde-à-vous, les mâchoires serrées, blême de rage. Songeant dans mon for intérieur qu'à sa place j'aurais été animé des mêmes sentiments, je m'efforçais de n'en rien laisser paraître.

— Allons, mon vieux. Cela ne sert à rien de débiter des grossièretés. Je suis navré pour vous mais un ordre est un ordre.

— Cet ordre-là, commandant, je ne peux pas l'exécuter : il y va de mon honneur. Si l'on ne veut plus de moi à bord au moment où nous allons combattre pour libérer notre patrie, je ficherai le camp, j'irai m'engager dans la Légion, chez les paras ou les commandos britanniques... n'importe où ! Pour les unités sacrifiées d'avance, on n'y regarde pas de trop près !

Le pauvre gosse avait les yeux pleins de larmes ; je frappai sur la table.

— En voilà assez ! Asseyez-vous et écoutez-moi.

Il se raidit puis obtempéra avec une moue d'enfant boudeur. Nous avions beaucoup de souvenirs communs : en 1940 j'avais été son premier chef de service et l'an dernier nous avions connu ensemble les geôles franquistes. Je pris le temps d'allumer une cigarette avant de l'entreprendre.

— Rappelez-vous bien ceci: on ne doit jamais aller contre sa destinée.

— Mais...

Je levai la main pour prévenir ses objections.

— Tch, tch! laissez-moi seulement vous conter une histoire: la mienne. Ensuite... eh bien, vous ferez ce que vous voudrez.

Rivérac se détendit un peu; une lueur d'intérêt s'alluma dans son regard. Le moment était venu pour moi de plaider. Ma foi, oui, je crois qu'on peut appeler cela un plaidoyer.

— Deux mois avant que les Américains débarquent en Afrique du Nord, je rongeais mon frein à Toulon dans un Service à terre parfaitement insipide, avec une seule idée en tête: me retrouver sur un bateau et hors de la métropole, car je pressentais que la partie se jouerait ailleurs. Mon meilleur ami, le lieutenant de vaisseau Macloud, avait eu plus de chance: il venait d'embarquer sur un contre-torpilleur qui se préparait à rallier sa nouvelle base: Casablanca. Grâce à lui j'appris qu'un poste était vacant à bord et me portai aussitôt volontaire. Ma candidature fut agréée par le commandant du *pédo*[1] qui m'avait déjà eu sous ses ordres. Hélas, mon chef de Service, un vieux frégaton tatillon et ronchon, ne voulut rien savoir pour me lâcher. J'étais désespéré: mon futur bâtiment(?) était parti depuis une semaine, son pacha m'avait fait savoir qu'il ne pourrait attendre très longtemps et j'avais dans ma poche une lettre de Macloud qui augmentait encore ma déception:

— Ma femme a déniché dans la banlieue de Casa la

1. Contre-torpilleur.

villa de ses rêves, m'écrivait-il. C'est même un peu trop grand ; aussi je t'offre de t'y installer avec nous en attendant mieux. C'est loin du port mais j'ai acheté une bagnole. Dépêche-toi d'obtenir l'accord de ton patron et amène-toi.

Je tentai une dernière démarche et me heurtai à un mur. Quelques jours plus tard, les Américains arrivaient en force devant Casablanca et bombardaient le port ; Macloud fut tué sur la grande jetée, au volant de sa voiture, alors qu'il était en train de rallier.

Je regardai Rivérac : visiblement il ne faisait aucun rapprochement avec son cas particulier ; j'insistai :

— Ne comprenez-vous pas ? Si j'avais obtenu ce poste contre vents et marées, j'aurais habité chez mon ami, *je me serais certainement trouvé avec lui dans sa voiture pour regagner notre bord* et j'aurais été réduit en bouillie avec lui. Je vous le répète : il ne faut pas aller contre sa destinée.

L'enseigne fronça les sourcils et baissa la tête ; je poursuivis mon avantage :

— Au lieu de cela, après le sabordage de la flotte, j'ai pu passer par l'Espagne et gagner Alger. Comme on y manquait d'officiers j'ai rapidement obtenu le commandement d'un destroyer d'escorte avec lequel j'ai eu la chance de couler un sous-marin allemand, ce qui m'a valu de passer frégaton.

« Tenez, mon vieux, là encore... ma promotion a entraîné mon débarquement prématuré. J'ai rouspété comme un voleur : je préférais être pacha d'un petit bateau que commandant en second d'un croiseur. L'Amirauté m'a gentiment envoyé sur les roses et savez-vous ce qui est arrivé ? La première fois que mon successeur a appareillé pour une opération sur les côtes italiennes, la passerelle du destroyer fut mitraillée par des chasseurs allemands. En somme il fut tué *à ma place*.

Et je pourrais vous citer des tas d'autres cas. Croyez-moi; laissez faire les choses.

A bout d'arguments, je m'arrêtai; Rivérac se leva:

— Puis-je disposer, Commandant?

De guerre lasse, je le libérai, furieux de n'avoir pas su le convaincre.

Quelques jours plus tard, nous remontions l'estuaire de la Clyde. Mon jeune chien passa la journée à se renseigner et revint le soir l'oreille basse. De toute évidence les commandos de la mort ne désiraient pas se coller une histoire sur le dos en recrutant un enseigne échappé d'un croiseur français.

— Allons, mon vieux, assez de jouer les desperados. Une voiture vous attend pour vous conduire à l'aéroport. Votre avion pour les U.S.A. décolle dans deux heures. Dépêchez-vous!

Le pauvre garçon faisait peine à voir.

— Vous savez, lui dis-je pour le consoler, il est fortement question d'envoyer une escadre française dans le Pacifique et l'amiral votre cousin me paraît bougrement bien placé pour en prendre le commandement. La guerre navale contre les Japs, ce n'est pas du gâteau. Je parie que vous ne manquerez pas de besogne.

Un peu réconforté par ces perspectives de baroud, il me remercia et courut préparer ses bagages.

La nouvelle nous parvint le lendemain: l'avion, un gros quadrimoteur, s'était écrasé à l'atterrissage; il n'y avait pas de survivants.

Et moi qui m'étais acharné à le persuader, qui avais même insisté auprès des autorités pour qu'il parte le jour même, craignant qu'il ne se livrât à quelque excentricité...

# *Pom-Pom*

Il s'appelait Jean Dupin, il était ouvrier boulanger; ce sont là des choses qui ne s'inventent pas. Robuste, court sur pattes, le nez camus, les yeux enfoncés dans leurs orbites sous d'épais sourcils, il parlait peu, travaillait dur, ne regardait guère les filles et faisait des économies. La guerre éclata alors qu'il s'apprêtait à racheter le fonds de commerce de son patron, un vieil ivrogne qui n'en fichait pas une secousse depuis longtemps. « Tout juste capable de pisser dans son pétrin! » se gaussaient les gens du village.

Quand la mobilisation générale fut décrétée, Dupin remonta dans la soupente où il logeait au-dessus de la boutique et en redescendit une demi-heure après, vêtu de la vareuse en molleton et coiffé du bonnet des marins de l'Etat, portant sur son épaule le sac réglementaire sur lequel était peint un cuirassé. Le boulanger qui avait déjà éclusé force cognacs à la santé de la victoire n'en revenait pas.

— Alors, Jeannot, t'es matelot! T'as donc fait ton temps dans la Royale?

— Ben oui.

— Raconte-moi un peu ça, mon gars. Tiens, je te paie un coup!

— J'ai mon train, répondit simplement Dupin. A un de ces jours ! ajouta-t-il sur le seuil de la porte.

On ne devait plus le revoir de sitôt.

Au dépôt de Brest, notre homme fut rapidement repéré pour ses talents ; les officiers en second de plusieurs bâtiments se le disputèrent : un type qui vous fabrique du bon pain tous les jours et des gâteaux le dimanche est précieux pour le moral de l'équipage. Finalement Dupin embarqua sur le *Marengo*, un contre-torpilleur d'un modèle ancien, qui appareilla deux jours plus tard et se mit à briquer l'Atlantique, escortant convoi après convoi. Les cuisines du vieux *pédo*[1] étaient exiguës et la minuscule boulangerie conçue uniquement pour cuire les boules traditionnelles. Malgré la rusticité de ces installations, Jeannot se montra à la hauteur de sa renommée, alignant des flûtes croustillantes à souhait, des croissants deux fois par semaine et même des tartelettes si légères qu'un coup de vent les faisait s'envoler. En outre, il donnait un coup de main aux cuistots ; son pâté en croûte à base de singe devint célèbre dans toute l'escadre. Amoureux de son métier, Dupin ne ménageait pas sa peine : de Bordeaux à Halifax, de Dakar à Cherbourg, seuls les mouvements désordonnés du bateau causés par une trop violente tempête pouvaient l'empêcher de fournir quotidiennement une production de qualité. Et encore : il se débrouillait pour que les hommes ne manquent jamais de pain frais.

Comme à tout le monde à bord, on lui avait assigné un poste de combat : pourvoyeur d'un canon de 37 millimètres anti-aérien. Son rôle consistait simplement à retirer d'un caisson des magasins de cinq cartouches et à les présenter au changeur qui les glissait dans la culasse. Dupin avait une ambition : être pointeur, être celui qui

1. Contre-torpilleur.

appuie sur la mise de feu; cette fonction essentielle était évidemment réservée aux matelots brevetés, néanmoins il s'était porté volontaire. Amusé, l'officier canonnier, qui goûtait fort ses pâtisseries, lui avait un jour permis de tirer quelques obus sur une cible d'entraînement. Jeannot, qui observait ses camarades depuis longtemps, assimila immédiatement l'emploi du viseur spécial et réussit à toucher le but à plusieurs reprises.

Hélas, cette expérience resta sans lendemain. Le *Marengo* fut renvoyé d'urgence à Dunkerque pour évacuer les troupes du camp retranché. Il ne pouvait être question de laisser un amateur, si doué fût-il, prendre la place d'un spécialiste quand la Luftwaffe attaquait. Le petit boulanger dut se contenter de passer les munitions; il eut surtout, entre les alertes, à cuire des centaines de boules pour rassasier les nombreux soldats que son bateau ramassait sur les plages et transportait vers l'Angleterre.

L'armistice le trouva à Glasgow; le contre-torpilleur y était immobilisé par une avarie de turbine. Dans les postes d'équipage, les discussions allaient bon train. En France un vieux maréchal couvert de gloire avait déclaré qu'il fallait cesser le combat; à Londres, un général inconnu appelait à la résistance. Les Jean-Gouin[1] hésitaient quant au parti à prendre, les disputes étaient fréquentes. Dupin ne disait rien: la défaite l'avait plongé dans une stupéfaction proche de l'incrédulité, la controverse Pétain-de Gaulle le déconcertait. Dans son village on était patriote et même cocardier mais en même temps profondément respectueux de l'autorité, qu'elle soit civile, militaire ou religieuse. Pour l'heure les événements le dépassaient.

Lorsque Jeannot allait à terre, il fréquentait volontiers

1. Marins.

un foyer pour militaires français tenu par des Ecossais catholiques et animé par un aumônier de la Marine nationale. Un prêtre pas comme les autres: haut en couleur, buvant sec et fort en gueule, valeureux combattant de 14 comme l'attestait la brochette de décorations qui ornait sa soutane. Ce soir-là en pénétrant dans la salle, notre homme trouva les jeux de fléchettes délaissés et les cartes abandonnées sur les tables. Les marins s'étaient rassemblés au fond de la pièce pour écouter un capitaine de corvette. Dupin se faufila au premier rang et le reconnut: c'était l'aumônier; il s'exprimait d'une voix vibrante en ponctuant chaque phrase d'un coup de poing sur la table.

— Non, la guerre n'est pas perdue. La France a plus que jamais besoin de ses fils. Votre devoir le plus sacré est de continuer à vous battre aux côtés des Britanniques jusqu'à la victoire finale!

L'auditoire ne paraissait guère convaincu. Les uns se contentaient de baisser la tête en murmurant: « Il y a nos chefs qui disent... »; d'autres s'écartaient déjà de l'orateur. Un grand balèze de quartier-maître lança à la cantonade:

— Les curés en ont de bonnes. On a une famille, nous!

Le corvettard rougit de colère.

— Il n'y en aura donc pas un seul ici pour tout sacrifier à la patrie?

Le petit boulanger fit un pas en avant.

— Si. Moi, monsieur l'aumônier.

L'autre le jaugea du regard:

— Appelez-moi commandant.

Les Forces navales françaises libres, qui venaient d'être créées, manquaient de tout sauf de bonne volonté. Aujourd'hui ceux qui affirment avoir entendu l'appel du

18 juin et y avoir répondu au moins en esprit sont innombrables à la façon des morceaux de la vraie Croix, mais à l'époque on en faisait vite le compte et les spécialistes surtout étaient rares. Sur sa demande Jeannot fut envoyé dans une école de la *Royal Navy*. Ne parlant pas un mot d'anglais, il ne comprit pas grand-chose aux cours théoriques ; en revanche, il se fit rapidement un ami, non pas un homme ni même un animal : un canon.

C'est trop peu dire que l'emploi du 40 millimètres CA à tir rapide, que tout le monde appelait *Pom-Pom*, lui devint rapidement familier ; il l'appréhenda d'instinct du jour au lendemain. Corrigeant sa visée comme lorsqu'il chassait le canard dans les marais, il obtint d'entrée les meilleures notes au simulateur. Vint la minute de vérité : par un clair après-midi d'été, Dupin se retrouva au large de Portsmouth, attaché à son siège de pointeur sur la plage arrière d'un sloop. Sur l'aileron de la passerelle, un timonier retenait une brassée de ballons rouges ; il en libéra un qui s'envola et prit rapidement de l'altitude.

— Commencez le feu ! ordonna l'instructeur, un C.P.O.[1] qui avait pris le petit boulanger en grippe ; il professait un profond mépris envers les étrangers.

Pour cette première passe, ils étaient trois stagiaires chacun à son *Pom-Pom* ; les deux autres, des *cockneys*[2] rigolards, se moquaient ouvertement du *frenchie*.

Avant même qu'ils aient eu le temps de tourner leurs affûts dans la direction du but, Jeannot expédia une courte rafale... et le ballonnet éclata.

— Hé ! là, pas si vite, protesta l'un des Britanniques. Il triche le *froggy*[3] !

1. *Chief-petty-officer:* premier maître.
2. Habitants des quartiers populaires de Londres, l'équivalent de nos titis parisiens.
3. Mangeur de grenouilles.

— Ramenez votre pièce dans l'axe ! intima sévèrement l'officier marinier. Vous tirerez *après* les autres.

Un second ballon fut lâché: les *tracers* des *cockneys* l'encadraient sans l'atteindre tandis qu'il s'éloignait, emporté par le vent.

— C'est fichu. Au suivant !

Le timonier en largua aussitôt un troisième sur lequel les Anglais pointaient déjà leurs canons, attendant l'autorisation d'ouvrir le feu. Dupin orienta alors son *Pom-Pom* vers le précédent qui n'était plus qu'un point rouge dans le ciel et appuya sur le bouton. Une rafale... une deuxième. Clac ! Crevé. L'instructeur se précipita :

— Je vous avais dit de...

Brusquement, il se ravisa: allez-y, vous autres ! s'écria-t-il.

Les deux pièces crachèrent sans résultat. Jeannot ramena posément son 40 sur le nouveau but et fit mouche.

Le C.P.O. se gratta la nuque.

— Ce cochon est vraiment le meilleur, reconnut-il sportivement.

Ramassé sur son siège, le petit boulanger savourait son succès.

A l'issue du cours, Dupin retourna tout naturellement sur le *Marengo* dont le commandant en second s'était finalement décidé à rallier le général de Gaulle, entraînant avec lui une partie de l'équipage. Les Britanniques avaient profité de l'indisponibilité du bâtiment pour le doter d'un asdic[1] et remplacer les canons de 37 par des *Pom-Pom*. Promu pointeur d'un affût quadruple, Jeannot cumula sa nouvelle fonction avec l'ancienne. Il avait plus de travail que les autres, voilà tout: cela ne lui fai-

1. Appareil d'écoute sous-marine.

sait pas peur. D'ailleurs il panifiait beaucoup plus qu'il ne tirait. Le *Marengo* escortait à nouveau des convois, dépistait les sous-marins, les grenadait parfois mais aucun avion allemand ne se présentait à portée de tir au désespoir de Dupin qui en était réduit à descendre des ballonnets à l'occasion des séances d'entraînement. Cela dura deux ans et demi. Trente mois à courir les mers, trente mois pendant lesquels le contre-torpilleur vit sombrer quantité de cargos, recueillit des naufragés, affronta des ouragans et faillit même sombrer sans jamais apercevoir le bout d'un périscope.

La physionomie de la guerre changea : l'Afrique du Nord puis l'Empire tout entier reprirent le combat. Le matériel américain affluait. Traqués par leur plus mortel ennemi, l'avion, les submersibles du Reich perdaient leur agressivité. Tout le monde à bord ne parlait plus que d'un débarquement en Europe.

— Si ça continue comme ça, nous reviendrons chez nous sans nous être seulement payé la queue d'un Boche ! râlaient les Anciens.

Jeannot rongeait son frein et continuait à s'instruire pour le cas où... Toujours assidu à s'exercer au simulateur quand le bateau était au port et apprenant par cœur les caractéristiques des appareils ennemis que l'officier cacanonnier avait fait afficher dans la coursive. Ce matin-là, il était de quart sur le roof arrière, amarré à son siège, bien au chaud dans sa combinaison fourrée, les écouteurs aux oreilles. Le vent avait molli, de gros nuages bas annonçaient la pluie. En route vers Casablanca, le *Marengo* se traînait à douze nœuds en effectuant des lacets sur la hanche d'un convoi d'une dizaine de cargos. Le petit boulanger s'était renseigné : les côtes de France étaient trop loin pour que les aéronefs puissent venir les attaquer. Il y avait bien ces quadrimoteurs à grand rayon d'action... A Liverpool, avant l'appareillage, le C.P.O. du Training Center leur en avait touché un mot:

— Il lancent de nouvelles saloperies: des bombes planantes.

Dupin s'en était ouvert à son chef; celui-ci s'était montré sceptique:

— Bof! Personne n'en a jamais vu dans le coin. Enfin... ne le manquez pas à l'occasion.

Bientôt onze heures. Rouzic devait venir le relever pour qu'il puisse sortir sa fournée. Encore un jour où il ne se passerait rien. Il poussa un soupir, enleva ses écouteurs et fourragea dans ses cheveux. Soudain, le ronronnement d'un moteur lui fit dresser l'oreille. Il écouta attentivement; pas de doute: c'était un avion, enfin! Empoignant fébrilement son téléphone, il alerta l'officier de veille aérienne.

— Ce n'est rien, lui répondit celui-ci, un enseigne embarqué depuis peu. Nous attendons une Flying Fortress qui doit explorer la zone devant nous.

— Ah, bon.

Cependant le bruit se précisait et se rapprochait. Jeannot leva la tête: invisible au-dessus des nuages, l'appareil était en train de les survoler; il fronça les sourcils.

— Pas possible, se dit-il. On nous l'a bien expliqué: un avion ne doit jamais passer *au-dessus* d'une force navale amie avant de s'être fait reconnaître. Son cœur se mit à battre plus vite. Et si c'était un Boche?

Maintenant le son s'éloignait vers l'arrière comme si l'intrus repartait après avoir fait le tour du convoi. Pour quoi faire? Il devrait au contraire patrouiller sur l'avant. De plus en plus perplexe, Dupin vérifia le fonctionnement de ses mécanismes: tout marchait au poil. Il appela les deux servants qui s'abritaient des embruns derrière les caissons. C'est qu'il était quartier-maître à présent. Responsable, quoi!

— Attention, les gars! Va p't'être y avoir du boulot!

Maussades, les hommes se relevèrent.

— T'as des visions!

Jeannot ne répondit pas: il scrutait le ciel. La brise avait brusquement fraîchi; elle était en train de chasser les nuages. Déjà des coins d'azur apparaissaient. Le ronronnement, lui, s'intensifiait. Et soudain il *le* vit, pendant une seconde entre deux cumulo-nimbus. En un clin d'œil, son esprit superposa l'image aux photos qu'il avait tant de fois consultées: les moteurs aux trois quarts sous les ailes, la dérive moins pointue, le nez plus court... Une forteresse volante, ça? Mes c...lles! C'est un Focke-Walf oui! Ta tête à couper!

— Alerte tribord arrière! cria-t-il dans son micro, tout en ordonnant à ses subordonnés.

— Paré à charger!

L'appareil avait de nouveau disparu. Dupin orienta l'affût au jugé et appuya son front contre le bourrelet de caoutchouc du viseur.

— Bon sang, où est-il passé, ce fumier?

Brutalement le bruit se fit de plus en plus fort. L'avion surgit tout à coup presque par le travers au-dessous des nuages; il piquait droit sur le *Marengo*. Avec une sorte de rage froide, Jeannot appuya sur le bouton: les quatre tubes du *Pom-Pom* commencèrent à cracher.

— Cessez le feu! Vous êtes fou! hurla l'officier dans le téléphone. Agacé le petit boulanger arracha ses écouteurs. Il commençait à l'emmerder, ce blanc-bec! Serrant les dents, il s'appliqua. Les *tracers* passaient légèrement au-dessus de l'appareil. Il se garda bien de corriger. C'était très bien ainsi: juste un poil trop court. L'adversaire viendrait s'empaler sur sa prochaine rafale.

— Tiens ! qu'est-ce que je disais : en plein dedans ! Un moteur en feu ! Hurrah, je l'ai eu !

Quelqu'un le tira violemment en arrière : c'était l'enseigne, tellement hors de lui qu'il s'étranglait en hurlant des mots sans suite. Dupin distingua seulement : « Ami... c'est un ami ! » Dans les écouteurs qui pendaient à son cou, une autre voix furieuse clamait, celle du pacha lui-même. Malgré sa conviction, il blêmit et lâcha le bouton, réalisant qu'il avait été seul à tirer. Une forteresse ? Jamais de la vie ! Il n'avait pas rêvé, bon sang ! Jeannot se dégagea d'un revers du bras et colla son œil au viseur : le quadrimoteur brûlait et perdait rapidement de l'altitude mais une masse sombre venait de se détacher du fuselage.

— Merde, la bombe planante !

Abandonnant l'ennemi agonisant, il prit pour objectif l'engin semblable à une maquette d'avion de chasse qui fonçait vers le bâtiment en traînant derrière lui un sillage incandescent comme la queue d'une comète.

— Approvisionnez, bordel ! cria-t-il aux servants, qui attendaient, les bras ballants.

La bombe n'était plus qu'à une centaine de mètres du contre-torpilleur quand un obus la frappa de plein fouet. Un éblouissement. Le tonnerre de Brest dans ses oreilles. L'onde de choc le projeta contre le dossier ; un souffle ardent lui roussit le poil. Le petit boulanger poussa un cri, inondé d'une joie sauvage : depuis le temps qu'il attendait ça !

Les tympans encore douloureux, il s'accrocha aux poignées, cherchant le *Focke-Walf* pour l'achever. Toute l'artillerie du *Marengo* s'acharnait maintenant sur l'appareil en flammes qui cahotait à quelques mètres au-dessus des flots, tentant désespérément de maintenir sa ligne de vol pour un amerrissage ; même les gros canons de 138 se mettaient de la partie, seul Dupin, prostré sur son siège, ne tirait pas.

A présent, il ne pouvait plus se dissimuler la réalité: il avait ouvert le feu malgré les ordres *sans être absolument certain* d'avoir en face de lui un Bochc parce qu'il *voulait* que ce soit un Boche: *il en avait trop envie.* Qu'il ait finalement eu raison ne changeait rien à l'affaire.

Atteint par plusieurs projectiles, l'Allemand piqua brusquement du nez et percuta contre une vague; des débris volèrent de toutes parts, un immense panache de fumée noire monta vers le ciel. Le contre-torpilleur abattit en grand sur la droite et mit le cap sur l'épave.

— Paré à mettre la baleinière à l'eau! ordonna le pacha. Il y a peut-être des survivants, on ne sait jamais...

C'était inutile: seul un morceau d'aile surnageait, frappé d'une croix noire; un peu plus loin flottait un corps vêtu d'un blouson sombre, un corps sans tête. Jeannot le regardait avec des yeux de fou.

Dupin est revenu au pays; depuis un an il est son propre patron. La boulangerie a été transformée, agrandie, modernisée. On vient de loin lui acheter ses gâteaux. Je ne vous dirai pas le nom du village. Vous seriez capables d'y aller rien que pour lui faire raconter ses campagnes. Et il a horreur de ça!

## *L'indestructible*

Août 1944

Stewart Holden, correspondant de guerre du *Louisiane Herald*, est très content de lui. Alors que ses confrères, en quête de scoops sensationnels, s'accrochent aux basques des états-majors américains, il a eu la bonne idée de s'attacher aux pas de la seule grande unité française débarquée en Normandie : la 2e D.B. Résultat : les gars l'ont adopté, l'ambiance est du tonnerre, on mange beaucoup mieux que chez ses compatriotes et le calva vaut tous les jours le bourbon. Le journaliste, qui vient de noircir plusieurs feuillets, les soumet aussitôt au sens critique de son nouvel ami, le lieutenant Guy de Tailhès, lequel parle couramment l'anglais et s'est institué son mentor. Les deux hommes sont assis dans l'herbe sous un pommier. Autour d'eux le bocage étend ses prés quadrangulaires et ses vergers séparés les uns des autres par d'étroits chemins creux bordés de haies touffues, plus propices aux embuscades des canons antichars qu'à la progression des blindés. Des précautions s'imposent mais allez donc prêcher la prudence à des gens qui foulent enfin de nouveau le sol de leur patrie.

Pendant que Holden, qui a relevé ses lunettes sur son

front déjà dégarni, dévore une énorme tartine beurrée accompagnée d'un morceau de livarot, l'officier achève de prendre connaissance de sa prose :

— Excellent, mon cher ! Vous nous avez parfaitement compris !

Il relit à haute voix :

— *Si pour nos G.I's*[1] *cette guerre est la croisade des démocraties pour les frenchies c'est aujourd'hui avant tout une éclatante revanche. Ils brûlent littéralement d'en découdre, les évadés de France occupée comme ceux qui en Afrique attendaient depuis quatre ans de se mesurer aux nazis. Ces derniers ont sans doute moins d'expérience que le noyau des Anciens, qui ont ramassé le glaive brisé en juin 40 et n'ont pas cessé depuis lors de combattre, mais ils ne leur cèdent en rien sur le plan de l'ardeur. A la tête de cette division blindée le plus jeune général de l'armée française est le plus impatient de tous.*

C'est vraiment très bien, mon vieux Stew', conclut-il en rendant son papier au reporter.

La large figure de celui-ci s'épanouit.

— Je suis content que cela vous plaise. Tenez, je vais lui coller un gros titre en français : « *Bon sang, mais qu'est-ce qu'on attend !* »

— Excellente idée... à condition que vos lecteurs traduisent !

— Ils comprendront ! Et moi j'entends ces mots-là au moins cent fois par jour depuis que je suis avec vous.

— Tiens, parbleu : les alliés ont débarqué voici déjà deux mois et nous venons seulement d'arriver, pour être maintenus en réserve !

— Soyez tranquille : cela ne durera pas !

1. Sigle désignant les soldats américains.

— Dieu vous entende car...

Une pétarade lui coupe la parole : débouchant en trombe d'un virage, un motocycliste freine à mort en dérapant presque à les toucher et tend un pli à Tailhès qui l'ouvre fébrilement.

— Les ordres... enfin ! Allez mes enfants, on y va ! lance-t-il gaiement.

De toutes parts des hommes se relèvent et se mettent à courir tandis que dans les bosquets où ils sont camouflés les moteurs des chars démarrent avec fracas et grondent tels des monstres brusquement réveillés.

— Venez, Stew' ! On attaque en direction du nord. Il s'agit de couper la retraite aux Boches qui refluent vers Paris.

Devançant les Sherman, le lieutenant a bondi dans sa jeep et fonce à toute allure sur la route poudreuse bordée de platanes.

— Les éléments de reconnaissance doivent être déjà en vue de Belle-Hutte, notre objectif numéro un, explique-t-il à Holden qui se campronne d'une main au pare-brise en retenant son appareil photo contre sa poitrine. Il faut nous dépêcher de les rejoindre.

— Vous n'y arriverez jamais si vous continuez à rouler comme un damné fou ! hurle le journaliste, juste comme le véhicule effectue un saut de cabri en franchissant un dos-d'âne.

Deux kilomètres devant eux, à l'orée d'un boqueteau, des automitrailleuses se sont arrêtées sous le couvert des arbres. Sortant à mi-corps de sa tourelle, son calot rouge posé crânement de travers sur des cheveux noirs comme du charbon, le lieutenant Tchetakoff scrute le paysage à l'aide de ses jumelles. C'est un homme grand, taillé en athlète. Son teint mat, un visage triangulaire, des yeux d'un vert intense légèrement fendus en amande et une moustache si fine qu'on la croirait dessinée au crayon lui donnent l'allure d'un prince oriental. C'en est un d'ailleurs, né d'un père géorgien et d'une mère tcherkesse : un mélange détonnant. Devant lui une ligne droite d'environ huit cents mètres s'étire jusqu'aux premières maisons du village où nul signe de vie n'apparaît : Belle-Hutte semble abandonné. L'officier continue à observer attentivement en sifflotant entre ses dents. Soudain, il pousse une exclamation et se penche pour empoigner son combiné.

— Ici, *Tarzan*. Le patelin est tenu par deux Panther. Il regarde encore et annonce :

— Ah ! Il y a aussi des antichars !... J'en ai repéré deux mais il y en a sans doute un troisième.

Il écoute son correspondant puis :

— Si j'en suis certain ? Comme je vous vois ! Ah !... Bien ! A vos ordres !

Quelques minutes plus tard un command-car s'arrête derrière les A.M. ; une silhouette massive en descend péniblement. Presque aussi large que haut, la chemise échancrée sur un torse velu, le capitaine Langeard s'avance en boitillant vers Tchetakoff qui l'attend au garde-à-vous, un demi-sourire au coin des lèvres.

— Ne vous en faites pas, lui lance-t-il, abrupt, les chars vont nous liquider ça en deux coups de cuiller à pot ! Comme son interlocuteur reste silencieux, il l'interroge d'un ton hargneux :

— Quoi, ça ne vous plait pas ?

— Puisque vous me le demandez, mon capitaine, répond calmement Tchetakoff, j'aurais préféré que l'artillerie traite d'abord cet objectif : c'est un gros morceau !

— Et quoi encore !... Ne perdons pas de temps : le

général veut coucher ce soir à Alençon. D'ailleurs les Sherman vont arriver.

Il lui tourne carrément le dos et repart vers son véhicule en bougonnant. Ce Russe venu on ne sait d'où commence à l'embêter avec ses allures de grand seigneur! D'accord il a des états de service, mais de là à lui apprendre son métier. En apercevant la jeep de Tailhès, son visage s'épanouit.

— Allez, mon vieux. En avant!

— On va vous arranger ça aux petits oignons, mon capitaine, s'écrie joyeusement le jeune officier. Stew', je vous laisse ma jeep, dit-il au journaliste. Vous nous rejoindrez quand nous aurons fini.

— A la bonne heure, en voilà un qui ne traîne pas! tonitrue Langeard en louchant du côté du Géorgien. Celui-ci s'approche de Tailhès qui est remonté dans son char et lui recommande à mi-voix :

— Faites tout de même attention. Il y a du monde en face.

L'autre éclate de rire et referme le capot de sa tourelle en s'exclamant :

— Tant mieux, il y aura du sport. Depuis le temps que j'attends mon baptême du feu!

Les cinq monstres d'acier s'ébranlent en soulevant des nuages de poussière, doublent les A.M., accélèrent et abordent la ligne droite. Holden, qui s'était discrètement tenu à l'écart de la discussion, se glisse vers Tchetakoff et murmure à son oreille :

— Ce n'est pas du tout cuit, hein?

En ligne de file, à une quarantaine de mètres les uns des autres, les Sherman ont déjà parcouru un bon tiers de la distance qui les sépare du village. Langeard s'est avancé pour mieux suivre l'action. Légèrement en retrait, Tchetakoff a braqué ses jumelles.

— Qu'est-ce qui leur prend à rester ainsi sur la route à la queue leu leu ! grommelle-t-il entre ses dents. Voyez-vous, ajoute-t-il à l'adresse du reporter, il y a une heure qu'ils auraient dû se déployer et utiliser le terrain, j'ai bien peur que...

Quatre coups de canon presque simultanés l'interrompent. Les trois hommes se précipitent; c'est à proprement parler incroyable : frappés de plein fouet, les quatre premiers chars brûlent. Celui de tête n'était plus qu'à une centaine de mètres de la première maison lorsque le Panther embusqué derrière elle s'est brusquement démasqué et l'a foudroyé presque à bout portant. Au même instant d'autres armes, tanks ou canons, se sont également dévoilées, atteignant les trois blindés suivants d'où quelques hommes ont pu sauter et se roulent par terre en hurlant, les vêtements en flammes; impitoyable, une mitrailleuse leur donne le coup de grâce. Le cinquième et dernier Sherman essaye de manœuvrer en catastrophe, mais au moment où il présente son flanc à l'ennemi, deux obus transpercent son blindage : il explose comme une grenade trop mûre.

Langeard a blêmi; il en a vu d'autres pourtant mais cinq chars d'un coup... Son regard croise celui de Tchetakoff qui n'a pas cillé.

— Bon Dieu, vous aviez raison : ce sera dur !

Un coup de klaxon rageur les fait se retourner : une jeep vient de stopper près des A.M. ; un homme gris de poussière en saute allègrement et se hâte vers eux en s'appuyant sur sa canne. Il porte un blouson kaki sans aucun insigne de grade; de grosses lunettes remontées sur son képi en cachent à moitié les étoiles. Ses yeux lancent des éclairs.

— Qu'est-ce que c'est que ce cirque ? s'écrie-t-il. Vous vous fichez de moi ! En avant, bon sang !

— Mon général... commence le capitaine; celui-ci,

d'un geste impératif, pointe sa canne en direction du village :

— Tu vas me faire passer ton escadron en vitesse, compris?

Le tutoiement que son chef emploie affectueusement avec ses plus vieux compagnons de lutte produit son effet habituel : Langeard rougit jusqu'aux oreilles, claque des talons et salue. Le général esquisse un sourire qui lui donne tout à coup l'air d'un adolescent, frappe sur l'épaule du vieux baroudeur et remonte dans la jeep que le conducteur avait avancée; celle-ci repart aussitôt sur les chapeaux de roues.

— Vous avez entendu, dit le capitaine. Allez-y; le reste de l'escadron suivra. Je vais vous faire appuyer par les obusiers.

— C'est de la folie pure, déclare posément Tchetakoff.

Quant à vos M.8[1], les tanks allemands s'en moquent comme de l'an quarante : une bonne année pour eux d'ailleurs, ajoute-t-il avec un rien d'insolence.

— Exécution! rugit Langeard, ou je...

— Mais enfin, nom de nom! il est évident que le Général ne sait pas qu'il y a des Panther devant nous!

— Le Général? Je le suis depuis plus de quatre ans et il sait toujours très bien ce qu'il fait. D'ailleurs on ne discute pas *un ordre donné sur le terrain*!

— Entendre c'est obéir, déclare le Russe, fataliste. Mais dans ces conditions mon peloton suffira!

Avant que le capitaine ait eu le temps de répliquer, il remonte d'un bond dans son automitrailleuse, ajuste son calot et, pointant vers le ciel une badine de jonc au

1. Char léger armé d'un obusier.

pommeau richement sculpté, éructe en laissant éclater sa colère :

— Direction le trou de mon cul[1] ! En avant, *Allah Akbar!* Hourrah! Quant à toi, Merlin, crie-t-il à son conducteur, ta pédale au plancher : on fonce!

L'A.M. démarre en trombe et s'engage résolument sur la route, les autres la suivent à distance; les obusiers commencent à tirer sur le village.

— Seigneur, ils vont se faire massacrer! gémit Holden incapable de se contenir plus longtemps. Langeard se retourne et le toise sans aménité.

— Vous, le journaleux, foutez-moi la paix, hein!

Pendant ce temps les automitrailleuses poursuivent leur charge héroïque; lorsque la première est à mi-chemin de Belle-Hutte, ses armes se mettent à arroser systématiquement les haies et les buissons puis les ouvertures des maisons tandis qu'elle accélère encore.

C'est alors qu'un éclair jaillit d'un bosquet sur sa droite. Bang! L'engin tressaute et s'immobilise; des volutes noires s'échappent de son arrière. Soudain une forme à moitié cachée par la fumée émerge de la tourelle puis se penche à nouveau vers l'intérieur. L'instant d'après, un corps glisse sur le capot avant de chuter sur le sol. L'homme saute à terre et s'éloigne aussi vite qu'il le peut en traînant derrière lui la masse inerte du conducteur qu'il jette dans le fossé avant de s'y précipiter lui-même juste au moment où l'automitrailleuse s'embrase.

Holden a suivi la scène, muet de saisissement, mais Tchetakoff s'est déjà relevé et court vers le deuxième engin de son peloton en lui faisant signe de stopper.

— Descends et occupe-toi de Merlin. Je prends ta

1. Une manière comme une autre d'ordonner : suivez-moi!

place, ordonne-t-il au chef de voiture, un jeune maréchal des logis qui tente de protester :

— Mais, mon lieutenant, c'est mon...

— Tais-toi. On ne discute pas un ordre donné sur le terrain! lance-t-il à pleine voix pour que Langeard l'entende, mais ce dernier est trop loin.

Ancien légionnaire, le Géorgien s'est suffisamment battu contre les Allemands pour bien les connaître; comme tous les vieux soldats, il a plus d'un tour dans son sac. Afin de dérégler le tir ennemi, son engin alterne les accélérations et les coups de frein inopinés, allant jusqu'à s'immobiliser brusquement, tout en continuant à cracher de toutes ses armes. Le procédé réussit : plusieurs obus encadrent successivement l'A.M. sans l'atteindre; elle pénètre dans le village et disparaît... Soudain un nouveau coup de canon, une explosion et un panache qui s'élève au-dessus des maisons.

— Nom de nom! s'exclame le capitaine. Ils l'ont eu! Atterré, le journaliste baisse la tête mais à côté de lui le sous-officier qui a été forcé de céder sa place pousse un cri :

— Regardez!

Sur la route une silhouette vient de surgir et clopine vers eux, en effectuant des zig zag, en pure perte d'ailleurs car les Allemands s'abstiennent de tirer. Sans réfléchir, Holden saute au volant de la jeep que Tailhès lui avait laissée et fonce sans se soucier de sa caméra qui ballotte et se cogne au volant; excédé il l'arrache et la jette derrière lui. Lorsque le véhicule s'arrête à sa hauteur, Tchetakoff se laisse tomber sur le siège arrière en poussant un soupir de satisfaction et murmure :

— Comme c'est aimable à vous de venir me chercher.

Au retour, quand la jeep croise le reste du peloton déployé dans les prés, il demande au reporter :

— Arrêtez-vous ici, s'il vous plaît.

Machinalement Holden écrase la pédale du frein. Le Russe saute à terre en poussant un grognement de douleur : sa jambe est pleine de sang et sa manche droite, déchirée, est également rouge de l'épaule au coude.

S'agrippant à l'une des trois A.M. qui lui restent, il se hisse péniblement jusqu'à la tourelle.

— Allez, mon vieux, passe-moi la trottinette, halète-t-il en grimaçant un sourire.

Lorsque l'engin démarre, Tchetakoff lève son bras gauche pour saluer le journaliste.

— Troisième service ! et toujours direction le trou de mon cul !

Les automitrailleuses s'ébranlent et se ruent de nouveau sur Belle-Hutte.

— *Tarzan !* Arrêtez ! Revenez, nom de Dieu ! hurle le capitaine à la radio. Il y a contrordre : les tanks-destroyers arrivent.

Deux engins font aussitôt demi-tour mais le troisième, lancé à toute vitesse, échappant par miracle aux projectiles, s'engouffre en trombe entre deux maisons. Retenant leur respiration Langeard et Holden écoutent, angoissés, les coups de canon qui se succèdent : l'aboiement sec et rageur du 37 de l'automitrailleuse se distingue nettement. Tout à coup, venant de la gauche du village, plusieurs lueurs orange trouent les bosquets : les tanks-destroyers sont entrés en action. La canonnade s'intensifie de part et d'autre, mais le 37 s'est tu.

Deux heures plus tard, il n'y a plus un seul Allemand valide dans Belle-Hutte : les obusiers ont fait des ravages parmi les fantassins qui accompagnaient les panzer. A la sortie du village, la carcasse fumante d'un Panther achève de se consumer; quant aux trois antichars ce ne sont plus que des amas de pièces disloquées : leurs caissons de munitions ont sauté. Le colonel commandant le groupement tactique a retrouvé Langeard sur la grand-place près du marché couvert.

— C'était vraiment un gros morceau, dit-il en enlevant son képi pour s'essuyer le front. Vous avez vu ces canons : des 75 P.A.K.[1] de fabrication tchèque : du beau matériel!

Holden, qui rôdait parmi les décombres, prenant photo sur photo en priant le dieu des journalistes pour que son appareil n'ait pas souffert, revient vers les deux officiers.

— *Hi*, mon colonel. Venez donc voir ce panzer près de l'église : il est pour ainsi dire intact mais il ne pouvait plus tirer ayant reçu un coup en plein dans sa lunette de visée.

— Tiens, par exemple! s'exclame le colonel. Montrez moi ça!

Ayant examiné le blindé, il déclare :

— C'est très curieux en effet, on dirait que c'est un obus de petit calibre qui a fait mouche...

Langeard regarde à son tour :

— Nom de nom, rugit-il, ce doit être Tchetakoff avec son canon de 37! Une A.M. neutralisant un Panther, le meilleur char allemand : incroyable!

Ils doivent se rendre à l'évidence : l'automitrailleuse du Géorgien a dû soudain se trouver nez à nez avec le blindé qu'elle a aussitôt ajusté; malheureusement ce dernier a tiré en même temps. A cette distance les effets d'un obus de 88 sont effrayants : l'engin n'est plus qu'un tas de ferrailles tordues et calcinées que contemple avec effroi son chef de voiture, ce dernier a cédé sa place à Tchetakoff; le sous-officier pleure à chaudes larmes :

---

1. Antichars.

— Mes copains, ils y sont tous passés, oh, mon Dieu !

— Et le lieutenant? demande Langeard.

Le gradé relève la tête :

— Il n'y est pas, mon capitaine. Aucune trace.

— Ce n'est pas tout de glander ainsi, reprend le Colonel. Il faut continuer vers Alençon. Le Général m'a déjà engueulé à la radio !

Les Français sont repartis; Stewart Holden est resté seul dans le village où tout est calme maintenant. Il essaye de mettre de l'ordre dans ses notes. Quel scoop ! Ses collègues vont être verts de jalousie. Assis sur les marches du parvis, le reporter fume une cigarette en pensant à l'extraordinaire combattant qu'il n'a fait qu'entrevoir et dont la personnalité l'obsède.

— Ce sont toujours les meilleurs qui se font tuer, se dit-il.

Le tintement d'une cloche fêlée arrive jusqu'à lui; il lève la tête :

— Tiens, tiens, on dirait que leur damné curé papiste est resté à son poste. Intéressant !

Le journaliste pousse la porte de l'église mais celle-ci résiste. S'arc-boutant et pesant de tout son poids, il arrive à peine à l'entrebâiller : on dirait que quelque chose la bloque. Encore un effort... Il arrive tout juste à se glisser à l'intérieur et butte aussitôt contre un corps couvert de sang séché qui gît sur les dalles, baigné par la lumière dorée qui descend d'un vitrail miraculeusement intact.

— *My god! The Russian!*

Les yeux clos, bras et jambes écartés, Tchetakoff repose sur le dos, la tête appuyée contre le socle du bénitier. Ses vêtements sont en lambeaux; il a dû poser lui-même le gros pansement qui entoure sa cuisse; l'ombre d'un sourire flotte sur son visage à présent tout à fait détendu. Holden tombe à genoux et s'empare de la main de l'ancien légionnaire : elle est encore chaude et le pouls nettement perceptible, un peu trop rapide peut-être. Il colle son oreille contre la poitrine du blessé : le cœur bat normalement. Stewart se redresse, où donc trouver de l'aide : tout le monde a fichu le camp. Sacrés *frenchies* ! Il se penche de nouveau vers l'officier dont les lèvres remuent, émettent un léger bruit.

— Ma parole, mais il ronfle !

L'indestructible Tchetakoff dort tout simplement du sommeil du juste.

— Oh merde, merde, merde, se lamente le reporter, et dire que je n'ai plus de pellicule !

## *La raison du plus faible*

Août 44

Mario Vetazzi, le petit coiffeur louchon, a toujours fait partie de ces braves gens à qui il n'arrive rien d'intéressant. A l'école, il se classait parmi les moyens; dans son équipe de football, il n'a jamais réalisé d'exploit ni marqué le moindre but: il était simplement *utile*. Dans la vie, il est tellement effacé que lorsqu'il rend service, ce qui lui arrive constamment, il s'y prend si discrètement que parfois son obligé ne s'en aperçoit même pas et oublie généralement de le remercier. Mario a été réformé à cause de son strabisme. Son père, ouvrier carrier, bâti en hercule, l'a ressenti comme un affront. Originaire de l'Emilie, là où la terre est dure comme les hommes, il méprisait ce fils malingre venu au monde trois ans après cette belle plante: Lucie.

— L'homme, c'est ma fille, avait-il l'habitude de proclamer. Il est mort voici deux ans. Mario continue à vivoter, parlant peu, souvent perdu dans un rêve intérieur tandis que ses doigts d'artiste travaillent tout seuls. La Résistance; a-t-il seulement conscience d'en faire partie? Lorsqu'un copain lui a demandé de coltiner des journaux clandestins, il l'a fait tout naturellement comme d'autres transportent des victuailles pour le marché noir. Plus tard il a charrié dans les fontes de sa bécane des armes dont il n'aurait pas su se servir, puis il est retourné à ses indéfrisables.

Depuis que deux sbires de la Gestapo sont venus au salon de coiffure pour arrêter une cliente qui séchait sous le casque, Mario a peur. Cependant c'est pour une tout autre raison qu'il ne travaille plus chez sa sœur mais à l'autre bout de la ville: s'il a quitté Lucie c'est à cause de Renata, la nouvelle apprentie. Elle lui plaisait beaucoup. Il n'a jamais osé le lui dire mais la maligne s'en était vite rendu compte et en profitait pour lui faire effectuer toutes les corvées qui lui revenaient normalement. Et il marchait, trop heureux! Il espérait, rêvait même de mariage jusqu'à un soir d'été 1943 où il a aperçu la fille avec un soldat italien sur un banc du square Alsace-Lorraine. Ils s'embrassaient à bouche que veux-tu. Le pauvre garçon est d'abord resté interdit puis s'est enfui, comme honteux de ce qu'il venait de voir. Dès le lendemain, il a annoncé à Lucie qu'il s'en allait; rien n'a pu le convaincre de rester: il est parti le soir même, après avoir scrupuleusement coiffé les clientes qui avaient déjà pris rendez-vous. Toutes ces dames l'on beaucoup regretté.

Aujourd'hui c'est lundi: les salons sont fermés. Mario s'est pourtant levé dès l'aube. Il est en train de boire un café ersatz sur le zinc lorsque des coups de feu éclatent. Aussitôt le patron et les consommateurs se précipitent au-dehors; lui ne bouge pas et achève tranquillement sa tasse car il est au courant. Hier, une fois de plus, on l'a chargé de passer le mot d'ordre aux cheminots du dépôt de Saint-Roch: l'insurrection est pour ce matin. Lassés d'attendre les Alliés, les F.T.P. du Front National l'ont déclenchée aux quatre coins de Nice. Vetazzi ne songe nullement à prendre un fusil, à se battre; d'abord il ne saurait pas, mais il pense tout à coup à sa mère et à sa sœur: ces deux femmes seules ont besoin de lui.

Tenant sa bicyclette à la main, il s'avance prudemment sur l'avenue Félix-Faure. Le drapeau français flotte déjà sur le lycée devant lequel la foule commence à se rassembler, mais une rafale d'arme automatique part de la gare des autobus et les gens se dispersent comme une volée de moineaux. Mario se dépêche de gagner une rue transversale, enfourche sa bécane et s'éloigne à toutes pédales: il s'agit d'arriver au plus vite chez sa mère. Attentif aux bruits de fusillade qui lui parviennent maintenant de tous côtés, il évite les lieux d'escarmouche et se faufile par des voies adjacentes. Les rares passants se hâtent vers leurs demeures, peu soucieux de ramasser une balle perdue.

Une voiture le double, bariolée de croix de Lorraine, de V et marquée du signe F.F.I., tracé à la peinture blanche; deux garçons sont couchés sur les ailes, mitraillettes au poing. Comme tous les Niçois, Vetazzi connaît les carrefours où les Allemands ont creusé des emplacements de mitrailleuses et parfois édifié des blockhaus ainsi que des barrages antichars constitués par des rangées de poutrelles métalliques scellées dans le sol: il s'en écarte systématiquement.

Au quartier des musiciens[1], aussi calme que d'habitude, une voiture sanitaire de la Croix-Rouge est arrêtée près du carrefour de la rue Verdi et du boulevard Gambetta; ce dernier mène droit au passage à niveau. Deux boy-scouts sont en train de ramasser un blessé. En l'apercevant l'un d'eux écarte les bras en criant:

— Arrêtez! N'allez pas plus loin; les Allemands ont une mitrailleuse près du pont de chemin de fer et tirent sur n'importe qui!

Mario freine et met pied à terre:

1. Quartier résidentiel de Nice, ainsi nommé parce que les rues y portent des noms de compositeurs célèbres.

— Il faut absolument que je passe.

L'ambulancière, une femme d'âge mur à l'air énergique, hausse les épaules :

— Comme vous voudrez. Nous, on vous aura prévenu. Mais tout le monde est dingue ce matin !

Sans lui répondre il remonte sur sa bicyclette, attend ainsi quelques secondes en fixant l'autre côté du rond-point comme s'il voulait reprendre son souffle puis démarre brusquement et commence à pédaler en danseuse.

Il sprinte éperdument en abordant l'angle du boulevard. Tac-tac tac... La mitrailleuse a ouvert le feu. Vetazzi réalise alors pleinement le danger. Soudain terrifié, il s'affole, vacille sur sa machine et flanque sa roue avant dans le rail du tramway.

Déséquilibré, emporté par son élan, il effectue un vol plané par-dessus le guidon et retombe sur le macadam. Heureusement c'est l'épaule et non la tête qui a porté mais sa chute lui sauve la vie : les balles sifflent au-dessus de lui sans qu'il s'en rende compte ; il se relève vivement et s'enfuit vers l'abri des maisons d'en face en étreignant son coude gauche de sa main droite. Ouf ! Le plus dur est fait. Il n'a plus qu'à contourner le carrefour du pont, ensuite les platanes du boulevard l'abriteront jusqu'au passage à niveau du sud.

Du boulevard Cessole à la rue Vernier, de la Mantega à l'avenue Monclair, tout le quartier est en liesse : c'est la victoire ! Le bar-tabac de M. Bosio est pris d'assaut ; le pastis comme le mousseux coulent à flots.

— Aujourd'hui c'est moi qui régale, s'exclame le brave bistrot. Vive la France !

Il faut avouer qu'il y a de quoi.

— Le plus dur, ça été pour le premier camion ! s'écrie Raibaldi, un grand blond dépoitraillé qui porte un fusil de chasse en bandoulière et un vieux revolver datant de la guerre de 14 passé dans sa ceinture. On n'avait pour ainsi dire pas d'armes, et juste trois Sten. Lorsqu'ils sont descendus comme ils le font tous les matins, nous les attendions. J'ai plombé le conducteur avec des chevrotines à sanglier : sa bagnole s'est encadrée dans un platane. Pas vrai, Pierrot ?

— Pour sûr, renchérit l'intéressé. Les Frisés ont voulu tirer mais nous les avons assaisonnés à la mitraillette avec Risso. Il n'y en a qu'un qui s'est sauvé, un milicien. Mais il n'ira pas loin ce salaud, les camarades le cherchent. Nous, on a commencé par fouiller leur tacot.

— Et dedans qu'est-ce qu'on a trouvé ? Une mitrailleuse et des grenades. Alors quand les trois autres camions se sont ramenés. Oh, *mamma mia* !

— Le carnage ! Un vrai carnage, affirme Risso. Même qu'on marchait dans le sang après. Té ! Regardez mes souliers !

C'est dans cette ambiance de kermesse que Vetazzi arrive devant le marché du boulevard Gambetta. Pourtant à moins de deux cents mètres plus haut, une nouvelle échauffourée vient d'éclater et les rafales d'armes automatiques se succèdent. Mais les habitants, ivres de joie, sont devenus complètement inconscients du danger. Un groupe compact s'est formé devant la boulangerie. L'apercevant, une femme l'interpelle :

— Oh Mario ! Té, tu tombes bien ! On a justement besoin d'un coiffeur, ajoute-t-elle en s'esclaffant. Autour d'elle les gens font chorus. Il ne comprend absolument pas ce qu'ils lui veulent et s'apprête à poursuivre son chemin quand une matrone l'attrape par le bras et l'entraîne au milieu du groupe. Au passage quelqu'un lui tend une tondeuse et une paire de ciseaux qu'il saisit machinalement.

— Vé ! Tu as une cliente !

— C'est pour une coupe de cheveux.

— Mais alors là, soignée : tu ne laisses rien ! rugit celle qui l'a apostrophé la première.

Une fille à peu près nue est attachée à califourchon sur une chaise, sa tête retombe sur sa poitrine, sa longue chevelure noire lui cache entièrement le visage. Le corps aux formes déjà plantureuses est couvert d'ecchymoses et de crachats. Accroupi derrière elle, un avorton rigolard est en train de dessiner une croix gammée sur ses reins à l'aide d'un bâton de rouge, sous les vociférations de l'assistance :

— Salope ! *Putana!*

— Elle a couché avec un fasciste !

— Tondez-la, cette ordure !

Sans lâcher Vetazzi, la matrone empoigne les cheveux de la malheureuse et tire de toutes ses forces. La fille pousse un cri de douleur. Sa figure apparaît, ravinée par les larmes. L'œil gauche est poché, la lèvre inférieure tuméfiée, un filet de sang coule d'une narine. Le jeune homme reste bouche bée, comme pétrifié :

— Renata !

Elle l'a aussitôt reconnu et pousse un long gémissement :

— Mario, empêche-les !

Son œil intact le regarde intensément : il peut y lire autant de promesses que de supplications. En cet instant la fille est prête à tout pour échapper au sort qui l'attend.

— Mario, murmure-t-elle, mais dis-leur donc, pour nous deux...

— Non ! ! !

Il a hurlé ! Cette fois la mesure est comble : Renata, l'Italien, la Gestapo, tout cela se mélange dans sa pauvre cervelle. Jetant violemment à terre les instruments qu'il tenait, il écarte les gens qui l'entourent et se précipite, les yeux pleins de larmes, vers le salon de coiffure. Celui-ci est pour l'heure transformé en poste de secours. Lorsqu'il ouvre la porte, sa sœur, à genoux, est en train de panser un F.F.I. qui a reçu une balle dans le mollet; leur mère, à côté d'elle, tient une cuvette d'eau rougie. En le voyant, Lucie sourit:

— Ah c'est toi, je suis bien contente. Maman se faisait du souci. Viens nous aider!

Il secoue négativement la tête, un cri inarticulé monte à ses lèvres: il fait volte-face, et commence à courir droit devant lui. Les fuir, les fuir tous. Cette guerre...

On l'a retrouvé le lendemain matin à l'entrée du tunnel qu'emprunte l'ancienne ligne du chemin de fer du sud. Couché sur les rails, ses yeux grands ouverts paraissaient refléter une indicible terreur, peut-être à cause de son strabisme. Il ne portait aucune trace de blessure. Plus tard, dans l'ignorance de la cause du décès, les nouvelles autorités locales l'ont tout simplement inclus dans la liste des « Morts pour la France ».

Après tout, il l'avait mérité.

# *Coquin*

Novembre 1944

Nous l'avons trouvé dans une des fermes abandonnées. Forcément : depuis trois jours qu'ils en prenaient plein la gueule aussi bien de la part des Chleuhs que de la nôtre, les habitants de la vallée s'étaicnt tous tirés. Pas fous les mecs. Mais ils avaient laissé le chien ; je me demande bien pourquoi. Le pauvre clébard était attaché avec une chaîne et trempé comme une soupe. Faut dire qu'il pleuvait comme vache qui pisse. De sa gorge sortait une espèce de râle : il n'avait même plus la force d'aboyer.

— Il faut lui donner à boire, a dit Mougeot. Les bêtes, ça le connaît : il a une ferme en Lorraine. Ou plutôt, il *avait* : les S.S. ont fusillé ses parents ; lui a pu s'enfuir et passer par l'Espagne.

Présentant sa *canteen cup*[1] sous une gouttière, il a tôt fait de la remplir mais quand il s'est avancé vers le chien, celui-ci a bondi et montré les dents en tirant de toutes ses forces sur sa chaîne ; mon copain s'est reculé.

1. Récipient américain, un peu plus grand que le « quart » de nos soldats.

— Oh, oh! Il n’est pas commode.

L’animal, un robuste berger allemand au pelage fauve et noir, large de poitrail, l’oreille cassée, se démenait comme un beau diable.

— Une salope, oui! a tranché Gruber en épaulant sa mitraillette. Tiens, il a beau gigoter, je te parie que je lui colle une bastos dans l’œil!

Gruber, c’est un drôle de balèze mais vicieux: il aime faire souffrir. Un dingue, quoi! Personne ne peut le piffer mais comme voltigeur de pointe il se pose un peu là. Pour le coup, je me suis fâché :

— La bastos, tu vas la ramasser dans le cul si tu as le malheur de flinguer ce clebs!

Le grand s’est retourné vers moi :

— T’es louf? Qu’est-ce qui te prend?

— Je ne peux pas supporter qu’on fasse du mal aux bêtes. Il y a des hommes qui ne les valent pas!

Pas besoin de faire un dessin; il a compris l’allusion et m’a jeté un mauvais regard en abaissant son arme. Pas content du tout, le gars. Seulement moi je suis caporal-chef, alors...

M’approchant avec précaution du chien, j’ai poussé la *canteen cup* vers lui avec le canon de ma carabine, exactement à la limite de son rayon d’action. Il a lapé le contenu en trois coups de langue puis, relevant la tête, m’a regardé en agitant la queue. J’ai voulu reprendre le récipient... aïe donc! un poil de plus et il me plantait ses crocs dans le poignet.

— Bien fait! a ricané Gruber. J’aurais bien voulu qu’il te chope.

— Il n’est pas méchant mais il a peur et il doit avoir faim, a observé Mougeot en me tendant une boîte de ration.

J'ai ouvert les *beans*, la viande aux œufs et balancé le tout dans la *cup* avec le chocolat et le reste. Il s'est précipité dessus : à part la capote anglaise, le sel et le papier-cul, il a tout avalé. Une autre boîte y est passée, on s'en foutait : avec les pertes, il y avait toujours du rab.

A présent le chien était plus calme et s'ébrouait en me fixant sans hostilité. Avec son oreille à la godille, il avait l'air de se payer ma tronche. La pluie avait cessé ; un timide rayon de soleil filtrait à travers les nuages. Je me suis enhardi à l'approcher de nouveau en m'efforçant de chasser la trouille de mon esprit. Quand on a peur, les clébards le sentent et ça les rend mauvais. Doucement, tout doucement, j'ai avancé ma main, prêt à sauter en arrière. Il a tendu son museau autant que la chaîne le permettait pour me renifler le bout des doigts. En pensant que j'étais idiot de risquer un coup de dent, j'ai commencé à caresser sa nuque : il s'est laissé faire puis s'est couché, bien tranquille. M'agenouillant, je lui ai gratté le ventre. Le chien s'est retourné sur le dos en repliant ses pattes, au comble de la félicité ; j'ai continué de plus belle : il godait, ma parole ! Soudain il a relevé la tête et m'a léché la main.

— Merde alors ! s'esclaffa Gruber, je n'en reviens pas !

Il a bien fallu repartir. Cette ferme était la dernière que nous devions reconnaître : pas plus de Frisés que de beurre où je pense.

— Ces messieurs ont opéré un repli élastique ou, si vous préférez, un recul stratégique, a rigolé Loriot. Celui-là, c'est un savant. Avant de s'engager au Bataillon (rien que des volontaires !) il étudiait pour être prof de géographie. Le chien nous regardait ramasser nos bardas en poussant des gémissements.

— On ne peut pas le laisser comme ça ! a déclaré Mougeot.

— Tu as raison : on va l'emmener.

J'avais parlé sans réfléchir ; Gruber s'est fait un malin plaisir de me ramener à la raison.

— Le capitaine ne va pas aimer. Tu le connais : pas d'animaux !

Malheureusement il n'a pas tort : Borelles est intraitable question bestioles ; du coup, je ne savais plus trop quel parti prendre.

— Détache-le au moins, m'a conseillé Mougeot.

J'ai défait le mousqueton de la chaîne : le clébard m'a sauté dessus, balayant ma figure de coups de langue puis, brusquement, est parti comme une flèche vers la forêt ; j'étais un peu déçu.

Nous nous sommes mis en route. Nos positions n'étaient pas loin : deux kilomètres. Le retour s'est effectué sans problèmes. Comme nous approchions des avant-postes une ombre a surgi des buissons et s'est mise à trottiner à ma gauche, réglant son allure sur la mienne, s'arrêtant, nez au vent, lorsque je m'arrêtais et repartant à mon imitation. De temps en temps, le berger allemand levait sa tête vers moi : son regard était doux avec quelque chose d'humain. J'ai flatté son encolure : il s'est frotté contre ma cuisse en geignant de plaisir. Allez donc résister !

— Ça va, je te garde, coquin !

Le nom lui est resté.

Il est avec nous depuis une semaine et le capitaine n'y a vu que du feu. Les planques ne manquent pas et mon chien a tout de suite pigé qu'il ne devait pas se faire remarquer : il me suit partout, couche avec moi ou alors dans la camionnette à munitions, s'envoie ses trois boîtes de rations quotidiennes, n'embête personne, ne fréquente d'ailleurs que mes copains et ignore les autres, n'aboie jamais et disparaît dans la nature dès que le capitaine se pointe dans les parages.

Il est marrant, le capitaine Borelles. Un type au poil, gonflé comme une outre, toujours le premier au feu mais naïf ! On le possède comme on veut : la preuve. C'est tout de même curieux qu'il ne se rende pas compte combien c'est sympa pour le pauvre griveton que d'avoir un compagnon fidèle. Et dire que ce mec, comme tous ses collègues d'ailleurs, proclame à qui veut l'entendre : « Je connais bien mes hommes. » Tu parles ! On ne connaît vraiment quelqu'un que lorsqu'on a posé culotte côte à côte aux feuillées et couru les filles ensemble, ce qui n'est évidemment pas le cas ! N'empêche : je l'ai à la bonne mon capitaine. S'il voyait Coquin, peut-être qu'il ferait une exception pour lui. C'est qu'il est formidable mon clebs, et intelligent avec ça ; je lui apprends des tas de trucs.

En attendant mon chien est toujours passager clandestin ; il n'est pas le seul d'ailleurs : à l'escadron de chars qui opère avec nous, on a trouvé l'autre jour une nana dans un Sherman : paraît qu'elle était là depuis le débarquement[1] !

J'ai fini par mettre mon lieutenant dans le coup. Avec lui on est assuré d'une discrétion absolue. Forcément : dans le civil, il est curé. Notez bien, les curetons, je ne suis pas tellement pour, mais celui-là est de première : il n'a pas son pareil pour monter une embuscade et veille toujours à ce que les hommes de sa section ne manquent de rien. Par exemple, on ne l'a jamais vu se servir de son arme. Vu son état, je le comprends. L'autre jour, il est resté un bon quart d'heure près d'un blessé allemand en attendant que l'ambulance rapplique. Il lui par-

1. Historique !

lait tout bas; faut dire qu'il cause le chleuh comme le français; Gruber se marrait:

— Tu paries qu'il est en train de le confesser!

Ah, l'enfoiré! Il y a des jours où j'ai envie de lui casser la gueule!

Ce matin le lieutenant m'a appelé.

— Leroy, vous savez que nous avons reçu en renfort une compagnie composée de jeunes maquisards. Vous en amènerez quelques-uns en patrouille avec vous tout à l'heure. Pour les aguerrir.

Oh! là là! quelle corvée! Mélanger ces gamins avec nous autres commandos, on n'a pas idée! C'est comme si l'on collait quatre ou cinq joueurs de Trifouilly-les-Oies avec des footballeurs professionnels du Racing Club de France (nous autres du XIVe arrondissement, on est pour le Racing!). Enfin, ce sont les ordres; il paraît que le général de Lattre, notre grand patron, veut ainsi incorporer les F.F.I. dans les unités régulières. Loriot m'a expliqué qu'on appelle cela *l'amalgame*. Il emploie toujours des mots que personne ne connaît, celui-là!

Me voilà donc avec Mougeot et une dizaine de branques en route vers la gloire. Je les lorgne du coin de l'œil : vingt ans à peine et ça roule des mécaniques, madame! Pas croyable! Notre mission consiste à reconnaître les abords d'un petit col d'où nous devons demain à l'aube nous lancer dans une profonde reconnaissance. Il était temps que ça bouge: depuis une dizaine de jours le front stagne, il commence à faire froid et on s'enquiquine! Paraît que les gros galonnés déclarent que nous opérons les regroupements nécessaires avant de repasser à l'offensive, ce qui signifie en bon français que les poirots[1] se

---

1. Général (parce que ce légume a la tête blanche et la... le reste encore vert).

sont rendu compte que les gars avaient besoin de souffler.

Moi, je ne suis pas fatigué; je préférerais même terminer le boulot en vitesse, reconduire les Frisés à grands coups de pompe dans le derche de l'autre côté du Rhin, vite fait bien fait, et rentrer chez moi à Paname car dans sa dernière lettre ma sœur m'avertit que Marinette (mon béguin mais c'est pour le bon motif) s'en laisse un peu conter par un naphtalinard qui joue les volontaires de la mort à la caserne Caulaincourt. Coquin non plus n'est pas fatigué mais il n'est pas content car je n'ai pas voulu l'emmener avec moi. Avec ces jeunots, on ne sait jamais: s'il leur enlevait un morceau de fesse, le capitaine Borelles est fichu de me faire sauter mes galons alors que je m'attends à passer sergent — ce qui mettra du beurre dans mes épinards.

Nous sommes partis, colonne par un, moi en tête et Mougeot en serre-file. Ne voilà-t-y pas que mon Lorrain butte sur une souche, s'étale de tout son long et ne se relève pas. Je reviens en vitesse vers lui; il a déjà retiré sa godasse.

— Ça ne va pas?

— Je crois que j'ai une belle entorse, répond-il en grimaçant de douleur.

Pourtant la chansonnette, ce n'est pas son genre. J'examine sa guibolle: la cheville a doublé de volume; elle est devenue toute bleue.

— Merde alors: tu t'es pété quelque chose, oui. Un des jeunes va te ramener.

— Tu es fou. Cinq minutes et je récupère. Attends!

Je me mets en pétard: Mougeot est un des meilleurs baroudeurs du bataillon. Pas question de lui faire jouer les Berthes-aux-grandes-douleurs pour une patrouille à la flanc. J'ordonne au plus costaud de mes F.F.I. de se charger de lui et repars avec les autres à travers la forêt, l'air d'un pion conduisant des potaches en promenade.

Au col, nous tombons sur une coquette petite auberge absolument intacte. Le genre chic, vous voyez ça d'ici: rendez-vous de chasse et chambres discrètes à la journée. Elle a dû servir de mess: dans la grande salle, des assiettes même pas saucées et des verres à moitié vides traînent sur les tables. Les Allemands sont partis précipitamment. Ces salauds s'en fichaient plein la lampe!

Pendant que je rends compte par radio, mes jeunes commencent à farfouiller à droite et à gauche en quête de bonnes bouteilles ou de souvenirs à exhiber aux bourgeois de l'arrière. Imprudent! J'ai tout juste le temps de sauter sur un petit blondinet haut comme trois pommes qui tendait la main vers un superbe poignard d'officier abandonné sur le buffet.

— Bouge pas, petit con!!!

Interdit, le gosse laisse retomber son bras. Il était moins une: en regardant de plus près, nous découvrons le fil qui relie la garde de l'arme à la goupille d'une grenade quadrillée dissimulée dans une soupière. Pour le coup, ça me fout en rogne:

— Bon Dieu! Ne touchez à rien; c'est piégé de partout.

— Pas celle-là toujours! rétorque un autre F.F.I. en brandissant une bouteille remplie d'un liquide ambré. Ce grand brun à l'air sournois, je l'ai dans le collimateur dès le début: chargé de porter le mortier, il l'a refilé d'autorité au blondinet.

— *Wasserglass!* annonce-t-il en regardant l'étiquette, *Wasser*, cela veut dire de l'eau, non? C'est sûrement de l'eau-de-vie.

Joignant le geste à la parole, il boit avidement au goulot, s'étrangle, recrache, devient rouge comme une tomate et reste la bouche ouverte comme un poisson qu'on a sorti de son bocal.

— Quelle... quelle saloperie! finit-il par articuler péniblement.

J'éclate de rire: *Wasserglass*, je connais mais je n'ai rien dit: ça lui fera les pieds à ce mec de s'envoyer derrière la cravate un truc pour nettoyer les vitres.

— Bon! Fini de faire l'andouille! On va souffler un petit moment, ensuite on rentre.

Pour plus de sûreté, je pousse tout le monde à l'extérieur et place mes mirotons en position de tir, histoire de les instruire un peu. Tout en leur désignant leurs postes, je gamberge: il doit y avoir une cave dans cette auberge et qui dit cave... Un petit tour s'impose et moi, j'ai assez d'expérience pour déceler les *bobby-traps*[1]. Intimant à mes gamins l'ordre de ne pas remuer d'un poil, je reviens dans la salle à manger. Derrière le bar, une trappe. Avec d'infinies précautions, j'attache une ficelle à la poignée, la dévide sur une dizaine de mètres et tire. Le panneau se soulève: tout est clair.

Devant moi l'amorce d'un escalier. En éclairant les marches avec ma lampe-torche, je commence à descendre. Ah mes enfants: le paradis! Des casiers pleins de vin du Rhin! Je m'apprête à les passer en revue lorsqu'une violente explosion se produit dans la salle au-dessus de moi, immédiatement suivie de trois autres. Crénom, des mortiers! En un clin d'œil je suis planqué dans un angle. Les gars d'en face nous ont vu venir et sont en train de souhaiter la bienvenue à mes petits mignons. Je vais pour remonter quand la deuxième salve arrive: la trappe retombe avec un grand fracas manquant de m'assommer. Je glisse et dégringole en bas des marches. Quatre autres explosions. Pas de doute: ce sont des S.S.

(1) Pièges.

qui nous tirent dessus. En effet leurs unités sont dotées de groupes de quatre lance-patates contre trois seulement pour celles de la Werhrmacht.

Le tir s'est arrêté; je me relève, abasourdi. J'ai paumé ma lampe qui s'est éteinte. Je remonte à tâtons: pas moyen de soulever le panneau. J'ai beau m'arc-bouter, pousser de toutes mes forces: rien à chiquer; quelque chose a dû tomber dessus et, si c'est le bar, je suis bon comme la romaine car le meuble est en chêne massif. Mettant mes mains en cornet, je gueule aussi fort que je peux: personne ne me répond. Ou bien mes F.F.I. sont tous morts ou bien ils ont fichu le camp. Oh, je ne leur en veux pas: ils n'ont pas l'habitude, ces gosses. Aujourd'hui c'est leur véritable baptême du feu car, si j'ai bien compris, leurs exploits guerriers se sont bornés jusqu'à présent à s'attaquer à des territoriaux poussifs qui battaient en retraite en ne demandant qu'à se rendre. Seulement dans cette affaire je suis marron car lorsque les S.S. reviendront, ils ne manqueront pas de balancer une grenade dans la cave avant d'y aller voir: ces fumiers connaissent le métier!

Cela doit faire deux heures au moins que je suis là dans le noir et le moral est en chute libre. Tout à coup je distingue confusément un bruit de pas; il me semble qu'on traîne quelque chose de lourd. Nom de nom: les S.S. sont en train de dégager la trappe! J'ai même cru entendre des aboiements: ces ordures ont des chiens avec eux et qui ont dû sentir ma présence. En me cognant contre les casiers, je gagne l'autre extrémité de la cave et me couche à plat ventre, les mains sur la tête car j'ai aussi perdu mon casque, en priant Dieu pour que la grenade ne roule pas jusqu'à moi. Oui, parfaitement, pas de fausse honte: c'est le lieutenant qui a raison!

Un grincement: le panneau s'entrouvre, une raie de lumière envahit le réduit... Je ferme les yeux. Un nouvel aboiement, joyeux, triomphant, fait vibrer la voûte et je le reconnais, celui-là. A peine ai-je réalisé, que Coquin se rue sur moi et me barbouille le visage de sa bonne salive de clébard heureux de retrouver son maître.

De retour au camp, Loriot m'explique:

— Figure-toi que ces petits connards sont revenus en racontant que les Boches les avaient attaqués, que tu avais été tué et qu'eux-mêmes s'étaient repliés en combattant. En tout cas ce sont de sacrés veinards: juste quelques égratignures. Ils ont tout de même ramené le mortier: le mec qui le portait, un blondinet, n'en pouvait plus; il chialait en disant que tu lui avais sauvé la vie. Pas même fichu de dire comment! Bref, le capitaine les aurait crus si ton chien n'avait soudain surgi devant lui. Ah, vieux frère, si tu avais vu sa tête! Coquin est parti à fond de train sur le chemin que vous aviez emprunté pour revenir ensuite vers nous et recommencer plusieurs fois le même manège en hurlant à la mort. J'en avais la chair de poule. A un moment, il a même attrapé ma capote en essayant de m'entraîner. Eh bien, tu me croiras si tu veux, c'est Borelles qui a réagi le premier.

— Vous allez retourner là-bas immédiatement! a-t-il gueulé.

Ton clebs nous a guidés jusqu'à la trappe sans hésiter une seconde. Tu ne nous a pas entendus arriver?

— Très vaguement; je croyais que c'étaient les Chleuhs; quand vous avez ouvert la lourde, j'ai eu drôlement les jetons.

— Et tu ne sais pas le plus beau: tout à l'heure Gruber est allé trouver le capitaine pour lui demander l'autorisation de garder Coquin avec nous *officiellement*. Borelles a tiqué mais le grand l'a tellement baratiné qu'il a fini par dire banco.

Je me tourne vers le balèze qui rougit et bafouille en s'efforçant de prendre un air détaché:

— Dame, après tout il peut être utile, ton corniaud.

La cheville plâtrée, clopinant sur deux cannes, Mougeot vient de nous rejoindre, escorté des jeunes F.F.I. de la patrouille qui n'osent pas s'approcher; je les appelle:

— Allez, venez ici, branleurs! Ne faites pas ces gueules: c'est le métier qui rentre!

Loriot a débouché deux bouteilles de risling, un cadeau des populations reconnaissantes. Nous trinquons; les gosses se détendent et le blondinet me regarde comme si j'étais le bon Dieu. Mon chien qui tournait en rond depuis un moment se faufile entre les jambes de Gruber et vient se frotter contre moi. Je le grattouille entre les oreilles; il se dresse, pose ses pattes sur mes épaules et recommence à me lécher.

## *Censure postale*

Le capitaine de corvette Verdal, maître après Dieu sur le torpilleur *Mousquetaire*, un vétéran des convois de l'Atlantique, acheva posément de vider son brûle-gueule dans le culot de douille qui lui servait de cendrier, puis releva la tête vers le jeune enseigne au visage poupin qui attendait, raidi dans un garde-à-vous impeccable.

— Vous comprenez, Landret, c'est la première fois depuis plus de quatre ans que notre bateau touche un territoire français. Nos gars vont enfin pouvoir donner des nouvelles fraîches à leurs familles. Je me suis arrangé pour que notre courrier parte dès demain et par avion.

Il marqua une pause et attira à lui la blague à tabac qui traînait dans un coin du bureau encombré de paperasses.

— J'ai obtenu que ces lettres soient expédiées sans passer par la censure de la poste navale où elles auraient perdu plusieurs jours. En revanche, je me suis engagé à en faire vérifier le contenu à bord. Elles ont donc été remises ouvertes au vaguemestre. Il y en a beaucoup, vous vous en doutez. Quelqu'un doit les lire pour s'assurer qu'elles ne contiennent pas d'indiscrétions et les caviarder au besoin.

Le pacha alluma sa pipe et conclut :

— Ce sera vous !

Embarqué depuis la veille, Gérard Landret, vingt ans et un unique galon dont il venait de faire sauter les sabords[1], tenta de protester :

— Mais, commandant, je ne suis pas de service ce soir...

— Justement : l'officier de garde a trop à faire pour s'occuper de ça !

— J'en aurai pour au moins jusqu'à minuit ! se lamenta le midship.

— Vous n'en dormirez que mieux après. Désolé, mais vous êtes le dernier arrivé à bord et cette corvée vous revient. Merci. Vous pouvez disposer.

Gérard remit sa casquette, salua en claquant des talons et se retira. Verdal le suivit des yeux en hochant la tête. Pauvre gosse : il lui gâchait son unique nuit d'escale puisque le *Mousquetaire* devait repartir dès le lendemain. Mais comment faire autrement, les autres officiers du torpilleur étaient tous sur la brèche depuis 1940, alors... Poussant un soupir, le pacha reprit la rédaction de son rapport d'opérations. S'il y avait une chose qu'il détestait, c'était bien les comptes-rendus !

Dans la coursive, l'enseigne était partagé entre la colère et le désespoir. Quelle poisse ! Il se faisait une telle fête de cette soirée, Oran ne manquant ni de bistrots ni de filles. Au lieu de quoi...

— Merde, merde et remerde ! jura-t-il en pénétrant dans le carré où le maître d'hôtel achevait de desservir.

---

1. Le galon d'aspirant est hachuré, celui d'un enseigne de vaisseau de deuxième classe (midship) est d'un seul tenant. Il n'y a qu'à découdre les hachures (sabords) lorsqu'on est promu.

Ce dernier, un petit noiraud à l'air futé, s'écria en le voyant :

— Dépêchez-vous, lieutenant. Ces messieurs vous attendent sur le quai !

Landret haussa les épaules et se laissa tomber sur la banquette.

— Va leur dire qu'ils peuvent filer sans moi, et préviens le vaguemestre.

— Il vous attend à l'office, lieutenant. Avec un sac gros comme ça, ajouta le matelot en écartant les bras.

— Bien, qu'il vienne, et fais-moi du café, comme pour quatre !

Le contrôle devint rapidement fastidieux, tant les lettres se ressemblaient. En outre, sachant qu'elles seraient lues par un autre que le destinataire, les marins s'étaient cantonnés dans les banalités ; ils parlaient de la joie de revenir au pays, dc la victoire mais surtout de la permission qui leur avait été promise dès le retour du *Mousquetaire* en France. A part cela, les hommes se montraient extrêmement pudiques pour exprimer leurs sentiments, à l'exception d'un Parisien qui promettait mille voluptés à sa petite amie en des termes à faire rougir une mère maquerelle. Gérard, les joues en feu, passa rapidement à la suivante. Bien entendu, quelques zigotos usaient de stratagèmes pour révéler à leurs correspondants l'endroit où ils se trouvaient et même, plus grave, leur prochaine destination :

*Ce soir nous allons manger un bon couscous mais bientôt, je pense, nous pourrons déguster une bouillabaisse...*

La ficelle était un peu grosse ; impitoyable, le midship caviarda les lignes litigieuses. Finalement son travail avançait plus vite qu'il ne l'aurait cru ; il consulta sa montre :

« Chouette! seulement dix heures et j'ai bientôt fini, se dit-il. Je vais peut-être pouvoir rejoindre les copains. »

Plus que trois... plus que deux... formidable : voilà la dernière! Il se dépêcha d'en prendre connaissance; l'écriture était enfantine, les fautes d'orthographe abondaient : décidément, le second maître mécanicien Dupont était plus habile à manier la clé à molette que le stylo. Tout à coup Landret fronça les sourcils...

*Il faut que je te dise quelque chose, c'est très dificile mais il le faut. Voilà: je ne pourrai pas venir en perme de sitôt. Pas avant trois mois,* écrivait l'officier marinier. *J'aime mieux te prévenir pour que tu ne t'étonnes pas quand tu verras arriver Bernier et Lemoine qui sont à bord avec moi. Tâche de comprendre. Cinq ans sans toi, c'est long. Alors un soir que j'avais un peu été en java j'ai...*

Le reste de la phrase avait été énergiquement raturé, ensuite la lettre reprenait :

*... avec une de ces femmes. Une seule fois. Je te le jure sur la tête de notre petite Martine...*

Les mots *une seule fois* étaient soulignés.

*Maleureusement ça a suffi. Le bon Dieu m'a puni. Notre toubib me soigne avec des nouveaux trucs américains. Je vais guérir, sûr, mais en attendant...*

— Seigneur ! gémit l'enseigne en se prenant la tête à deux mains. Il est complètement cinglé de le lui avouer !

La fin était un mélange de supplications et de mots tendres, plus émouvants encore du fait même de leur maladresse. Gérard était atterré par ce drame familial où le sordide confinait au pathétique. Mais que faire ! Caviarder tout le passage : le reste n'aurait plus de sens, et d'autre part quelle serait la réaction de l'épouse en ne voyant pas revenir son mari. Une chose était certaine : il ne pouvait pas laisser passer ça ! Comme hypnotisé par ces feuillets de papier d'écolier, Landret cogitait vainement lorsqu'une voix grave le fit sursauter:

— Vous avez des problèmes?

La haute silhouette du pacha s'encadrait dans l'ouverture de la porte métallique; sans mot dire le midship se leva et lui tendit la lettre. Verdal la parcourut en tirant de courtes bouffées de son brûle-gueule. Quand il eut fini, il siffla légèrement entre ses dents et resta un long moment silencieux puis:

— Allez voir si Dupont est à bord et envoyez-le-moi.

Gérard se précipita.

— Attendez un peu. Et les autres, ça va?

— Oui, commandant. D'ailleurs j'ai terminé.

— Bien. Donnez le courrier au vaguemestre et allez rejoindre vos camarades: vous en mourez d'envie!

— Mais...

— Cette affaire-là, je m'en charge. Allez!

Soulagé d'un grand poids, le jeune enseigne fila sans demander son reste.

Dans l'étroite coursive, pompeusement baptisée salle d'armes, qui donne sur les *appartements* du pacha, le second maître Dupont se livrait pour la dixième fois à un examen de conscience. Quelle faute grave avait-il pu commettre pour que le commandant le convoque chez lui en pleine nuit? Landret l'avait trouvé dans le compartiment des moteurs auxiliaires, occupé à mettre à la raison un diesel récalcitrant. L'ordre l'avait plongé dans la perplexité.

— Vaudrait mieux que je me change, non?

— Inutile. Allez-y comme ça.

Le gradé avait jeté un coup d'œil désolé sur son bleu de chauffe constellé de taches de graisse puis, posant ses outils, était remonté, plein d'appréhension. Lorsqu'il avait toqué à la porte, Verdal avait entrouvert le battant.

— Ah, c'est vous. Attendez!

Il y avait un bon quart d'heure de ça. L'officier marinier souleva sa casquette crasseuse et se gratta la tête. Non, vraiment, il ne voyait pas. Soudain une idée traversa son esprit: et s'il était arrivé quelque chose à sa femme? Impossible: les siens, sans nouvelles de lui depuis l'armistice, ignoraient totalement ce qu'il était devenu. De plus en plus angoissé, Dupont tendit l'oreille; un bruit de voix lui parvenait à travers la cloison: le commandant devait être en train de téléphoner. Mauvais, ça! Enfin la porte s'ouvrit. A peine dans le bureau le second maître tressaillit: le pacha tenait entre ses mains une lettre: *sa lettre*.

— Asseyez-vous, mon vieux.

Il obtempéra, blanc comme un linge. Verdal le rassura d'entrée.

— Ne vous tracassez pas. Tout est arrangé! D'abord, vous allez nous quitter dès demain matin. Vous êtes *volontaire* pour embarquer sur le *Larrey*, un navire-hôpital qui appareille à midi pour les Etats-Unis. Il doit y séjourner au moins deux mois pour subir des transformations: à bord il y a tout ce qu'il faut pour s'occuper... hum... de votre cas. Son retour en France est prévu en mars. C'est largement suffisant pour effacer toute trace.

Le cœur de Dupont battait à grands coups. Timidement, il hasarda:

— Commandant, ma femme ne voudra jamais croire que j'ai été volontaire, ou alors elle se dira que j'avais une bonne raison.

— J'y ai pensé. Aussi voici ce que vous allez lui raconter. Mettez-vous là.

Se demandant s'il ne rêvait pas, le brave second maître se retrouva assis à la place de son chef.

— Vous y êtes? Je dicte! annonça Verdal. Ah, laissez la moitié de la première page en blanc. Vous n'aurez qu'à recopier le début de votre lettre que je reprends.

« *Il faut que je te dise quelque chose: je ne pourrai pas venir en perme de sitôt; pas avant trois mois...*

Interloqué, Dupont leva les yeux vers le commandant. Celui-ci opina du menton:

— C'est exactement ce que vous aviez écrit, je le sais, mais c'est maintenant que ça change!

« *... parce que le pacha...* Non! Attendez: mettez plutôt « le vieux ». Je continue: *parce que le vieux est un salaud. Il m'a fait désigner pour un autre bateau qui repart au loin. Après cinq ans de campagnes de guerre, tu te rends compte!*

L'officier marinier bondit sur ses pieds.

— Je ne peux pas marquer ça, commandant!

— Non seulement vous le pouvez, mais vous le devez! Que diable! Vous venez d'en convenir: il faut une bonne raison pour expliquer votre absence. En connaissez-vous une meilleure que d'obéir aux ordres? Allons, ne faites pas l'idiot!

Dupont s'appliquait en tirant la langue. Verdal relisait par-dessus son épaule, se gardant bien de corriger les fautes.

— Et pour finir, dites-lui que vous espérez bien passer Pâques en famille à défaut de Noël.

C'était trop beau, le second maître n'en revenait pas; le corvettard cligna de l'œil:

— Mais oui, mais oui. Je viens d'arranger cela avec le *Larrey*. Ainsi votre femme ne saura rien de votre... mésaventure. Personne n'en saura rien, d'ailleurs.

Dupont se redressa, la gorge serrée par l'émotion, incapable de prononcer une parole.

— Cachetez vite votre lettre et allez la porter, le vaguemestre l'attend pour fermer son sac et je vous garantis qu'elle ne passera pas par la censure, celle-là. D'ailleurs c'est déjà fait ! ajouta Verdal en lui tapant sur l'épaule.

L'officier marinier dut s'y reprendre à deux fois pour glisser la feuille dans l'enveloppe. Le pacha le poussa gentiment vers la porte. Sur le seuil, Dupont se retourna :

— Bien sûr, après ce coup-là, je ne pourrai jamais plus embarquer avec vous mais...

Il cherchait ses mots ; soudain son visage s'épanouit :

— Mais j'irai à votre enterrement, commandant ! Ça oui, j'irai, je vous le jure !

## *Le Prisonnier*

Avril 1945

Les Boches avaient décroché en vitesse; ils étaient au feu de Dieu quand nous sommes arrivés dans cette auberge, presque au sommet de la colline que nos premiers éléments coiffaient déjà. Le soir tombait. Nous autres, des tanks-destroyers, nous ne sommes pas faits pour le combat de nuit. Comme le lieutenant qui avait chopé un éclat d'obus était parti se faire soigner, le chef a décidé de s'établir autour de la bicoque. Du gâteau! Nos blindés planqués sous les arbres (pas besoin de s'esquinter à les camoufler) et la perspective de dormir dans un bon lit.

— Faudrait voir à penser à la bouffe! a déclaré Magloire, mon brigadier. Pas de danger qu'il oublie de croûter, celui-là!

La bouffe d'accord! Mais le liquide? J'ai foncé aussi sec vers la cave: c'est là que je l'ai trouvé, essayant de se dissimuler derrière un tas de charbon. Comme un idiot, je n'avais pas d'arme. Inutile, le gars ne cherchait pas à se battre. Il a tout de suite levé les bras en balbutiant en français:

— Pitié, ne me tuez pas!

Je l'attrapai par le colback et le balançai contre le mur, juste sous l'unique ampoule: un gosse! Seize ans à peine, long comme un jour sans pain et maigre à faire peur. Il tremblait comme une feuille, de grosse larmes coulaient sur son visage constellé de taches de rousseur. Je lui montrai l'escalier:

— Prends ces bouteilles et monte!

Il obéit avec tant de précipitation qu'il en cassa une. Du vin du Rhin! Je lui flanquai une taloche pour lui apprendre à respecter les produits de son terroir. Il s'empressa d'en saisir une autre dans le casier. Pas bête, le mec: c'était du gewürztraminer.

En nous voyant remonter, Biju, qui était instituteur dans le civil, se mit à rigoler:

— Ben merde alors! Ils font la guerre avec des enfants, à présent!

Magloire s'empara des bouteilles; il avait déjà déniché un jambon. Rassuré pour le ravitaillement immédiat, il recommença à fayotter (il voudrait bien passer brigadier-chef):

— Un prisonnier? Faut que tu le conduises au P.C. de l'escadron aux fins d'interrogatoire.

Tu parles! C'était à plus d'un kilomètre et le chef venait d'y partir avec la jeep. Alors, à pinces?...

— On a bien le temps, non? D'abord je vais béqueter!

— O.K.! fit Magloire que le vin qu'il était en train de goûter rendait de belle humeur. Colle-le dans un coin. Et pas un geste, sinon *kaput!* ajouta-t-il en menaçant le gosse avec le Mauser qu'il avait piqué la veille sur le cadavre d'un *hauptmann*[1].

1. Capitaine.

L'Allemand, terrorisé, se remit à chialer.

— Ah, tu vas la boucler, non! gueula Ménard qui s'attaquait au jambon.

— Oui, meuzieu, oui. Moi, très... sage! bafouilla l'autre entre deux sanglots.

— Tiens, par exemple, on cause le français! s'écria Charney, le mécano.

— Dommage qu'il soit chleuh, on le garderait comme boy! dit Ménard, qui avait servi aux colonies.

Biju, toujours pratique, intervint:

— C'est pas idiot ce que tu dis là, en attendant on va le faire bosser. Amène-toi par ici, frisé, j'ai du boulot pour toi!

Deux heures plus tard Gustav, c'était son nom, avait nettoyé les gamelles, lavé le char à grand eau, enlevé la boue sur les chenilles et même aidé Charney à graisser le zinzin en actionnant du pied la grosse pompe. Tout à fait rassuré, à présent, il nous avait expliqué comment sa section de *Hitlersjügend*[1], haranguée par un officier S.S. qui leur avait fait jurer de se battre jusqu'au dernier, s'était retrouvée en bouchon à l'arrière-garde d'un groupement blindé, comment notre artillerie les avait matraqués et surtout comment les S.S. s'étaient tirés dès les premiers coups de canon en laissant les gamins se débrouiller tout seuls avec deux mortiers. Le reste se devinait: abandonnés à eux-mêmes, les jeunes s'étaient dispersés comme une volée de moineaux. Et nous voyant arriver, Gustav, paniqué, s'était précipité dans la cave sans réfléchir.

— Décidément, comme valet d'armes, il serait parfait, déclara Biju en me clignant de l'œil.

---

1. Jeunesses hitlériennes.

Je pigeai au quart de tour et entrepris aussitôt Magloire, l'air de ne pas y toucher :

— Dis donc, brigadier de mon cœur, on pourrait le garder ici jusqu'à demain. Il y a encore à faire !

Le brigadier avait éclusé dur : il nous regarda tous les quatre, la fine équipe du T.D. « *Rhinocéros* », se gratta laborieusement le pubis à travers sa braguette, preuve qu'il gambergeait dur, et fit un signe d'assentiment :

— Bon, mais il va cirer mes godasses.

Le gosse était déjà agenouillé devant lui, un torchon à la main et une boîte de cirage dans l'autre : forcément ! il avait astiqué celles de Biju. Lorsque le maréchal des logis-chef Lenoir, notre adjudant de peloton, revint tard dans la nuit, le matériel était briqué comme pour une inspection, et Gustav, qui s'était tapé le reste du jambon, était retourné dans la cave avec l'ordre de ne pas donner signe de vie.

Le lendemain nous étions bien décidés à ne pas le lâcher. La guerre tirait visiblement à sa fin, l'armée de de Lattre était en Allemagne et on pouvait bien se permettre une fantaisie. Lorsque les arbres sont en fleurs et que les *gretchen* assurent le repos du guerrier, un mec qui vous débarrasse des corvées, c'est tout de même commode, non ?

— Et puis il est alsacien, déclara Charney. Il me l'a dit. Mobilisé de force, quoi !

— Mollo, mollo ! s'écria Biju. J'ai retrouvé son livret dans la cave où il l'avait balancé. Il est de Kiel, le mignon !

— Bof, c'est à côté, fit Ménard. Juste le Rhin à passer !

Je me marrai doucement :

— Une paille, n'est-ce pas ? Tu ne disais pas ça quand

un 88 a failli couler la portière sur laquelle notre T.D. était en train de traverser le fleuve.

Le mécano s'énerva:

— Alors on le garde, oui ou merde?

Trois voix lui répondirent en chœur:

— C'est vendu!

Finalement le fayot (je veux dire Magloire, qui parle toujours de rempiler après la victoire) ne fut pas tellement difficile à convaincre, d'autant moins que Lenoir l'avait félicité pour la propreté de son engin:

— Vos camarades devraient en prendre de la graine!

A ces mots j'avais dressé l'oreille; il ne fallait surtout pas que les autres équipages du peloton soient au courant. Je les connaissais, ces mecs-là: ils auraient eu tôt fait de nous vendre leur silence contre le partage à parts égales des activités de notre « valet d'armes », comme l'appelait Biju qui est instit... (mais je l'ai déjà dit).

Le brigadier fut entièrement d'accord pour garder le secret.

— On le planquera dans le char, voilà tout. Et le soir on se débrouillera pour cantonner à l'écart.

L'affaire ne posait pas de problèmes, chacun préférait avoir son espace vital. Ça facilite les choses quand il s'agit de prêcher la réconciliation franco-allemande aux filles du pays de Bade. Restait le maréchal des logis-chef car le lieutenant était resté à l'hosto pour quelques jours.

— Ce qui prouve qu'on a déjà gagné la guerre, remarqua Ménard. En Italie ou dans les Vosges, guéri ou pas guéri, il aurait déjà rappliqué dare-dare.

On casa donc Gustav dans les flancs de « Rhinocéros » et en route pour la gloire.

Détachés de notre peloton, nous faisions maintenant partie d'une patrouille mixte qui comprenait également deux Sherman et des engins légers appartenant à d'autres régiments. Les cuirs[1] et les spahis prirent l'habitude de nous voir faire bande à part, d'ailleurs ils s'en foutaient. Nos unités se répandaient comme une tache d'encre à travers le Wurtemberg et un motard nous avait appris que les Ricains venaient de faire leur jonction avec les Popoff, quelque part sur l'Elbe. Bref ça sentait la victoire finale à plein nez et, pendant les trois jours qui suivirent, « Rhinocéros » n'eut guère à intervenir sur des cibles de choix: juste quelques antichars et surtout des barrages en abattis.

A présent Gustav était totalement incorporé à l'équipe. En tout cas il se considérait vraiment de la maison et ne manifestait aucune émotion lorsque nous flinguions ses compatriotes: accroupi derrière le tireur, il se contentait de se boucher les oreilles au départ du coup. A part cela, il bouffait comme quatre, bavardait volontiers et lavait notre linge. Sitôt disparus les G.M.C.[2] du ravitaillement, il se précipitait pour charger les jerrycans d'essence et les cartons d'obus. Toujours prêt à se rendre utile, il lui arrivait même de faire la tambouille, ce qui lui valut la reconnaissance (du ventre) du brigadier. Celui-ci, jugulaire-jugulaire, l'avait tout de même consciencieusement interrogé.

— Ce môme est cent pour cent antinazi, nous affirma-t-il un soir.

— Ben, voyons! s'esclaffa Biju. Aujourd'hui, si tu me trouves un seul Chleuh qui avoue être prohitlérien, je te paye le champagne!

Tout de même! répliqua Magloire, il ne doit pas

1. Cuirassiers.
2. Camions américains, en service dans toutes les armées alliées

les porter dans son cœur. Son paternel a été arrêté par la Gestapo et envoyé dans un camp de travail. Il était prof de français.

— Ah, évidemment... admit l'instituteur, radouci à l'idée qu'il avait affaire au fils d'un collègue.

Ménard l'interrompit en s'écriant :

— Pour ce que nous en avons à foutre, il me convient parfaitement. Tiens, hier il m'a même aidé à branler le canon[1] et à nettoyer la 12,7[2].

Pendant ce temps, le gosse roupillait tranquillement entre les chenilles du T.D., comme un jeune enfant entre les pattes d'un gros chien.

La route serpentait entre les sapins à flanc de colline. Nous venions de démolir une barricade faite avec quelques troncs d'arbre et qui n'était même pas tenue. D'ailleurs, depuis le matin, l'on n'avait pas vu la queue d'un frisé. Tout allait pour le mieux, sauf que « Rhinocéros » était arrêté : une saloperie dans le bourrin que Charney s'activait à réparer. Le reste de la patrouille nous avait précédés dans un village distant d'un kilomètre, en laissant la jeep de dépannage nous tenir compagnie pour le cas où. Le mécano émergea de la tourelle et se dirigea vers elle :

— Faudrait que tu ailles me chercher une pièce dans le *half-track*, dit-il au conducteur.

— Impossible, répondit celui-ci, j'ai l'ordre de rester avec vous. On doit rallier ensemble.

— Justement ! On ne risque pas de rappliquer tant que je ne l'aurai pas, et le capitaine a déjà râlé à la radio en nous priant de nous grouiller. Vas-y, tu en as pas pour

1. Ecouvillonner.
2. Mitrailleuse lourde.

cinq minutes. Que veux-tu qu'il nous arrive? Il n'y a pas de plus de Chleuhs dans le secteur que de beurre au cul.

— O.K. ! fit l'autre qui démarra sur les chapeaux de roues.

— Hé, les gars, s'écria Biju. Venez un peu par là, au soleil, je vais vous tirer en photo.

Depuis qu'il a ramassé à Pforzheim un superbe Zeiss-Ikon, l'instituteur ne pense qu'à fixer n'importe quoi sur la « plaque sensible » (comme il dit). Nous sommes tous descendus. A une dizaine de mètres de la chaussée, une minuscule clairière jetait une tache de clarté dans la forêt. Biju commença son cirque :

— Bon ! mettez vous... non ! Ménard un peu plus à gauche : tu fais de l'ombre au briga...

Il n'acheva pas sa phrase : des silhouettes casquées venaient de surgir des taillis, braquant sur nous leurs mitraillettes. Un grand costaud au visage déformé par une cicatrice gueula en français :

— Les mains sur la nuque, et pas un geste !

Nous étions faits comme des rats. J'obtempérai avec les copains en me traitant mentalement de tous les noms car j'aurais dû rester dans le T.D. Le gars s'avança :

— Un, deux, trois, quatre, cinq : l'équipage au complet, hein ? Un grand merci pour le cadeau que vous nous faites, car ce char va nous être très utile.

Il n'avait qu'un vague accent du Nord et soudain je repérai les insignes aux revers de son col : nous avions affaire à des S.S., pis : aux collabos servant sous l'uniforme allemand ; j'eus à peine le temps d'échanger un regard avec Biju qui était devenu tout pâle : il avait compris, lui aussi. Déjà ces ordures nous poussaient devant eux à grands coups de latte.

— A poil tout le monde ! hurla le balafré. Vous

pouvez garder vos slips et vos chaussettes, ajouta-t-il en se marrant méchamment.

Que faire sinon s'exécuter? Magloire, blanc comme un linge, me lança un coup d'œil désespéré. Lui aussi avait pigé le topo : ces fumiers allaient endosser nos uniformes et nous piquer le char, *notre* char! puis foncer droit sur le village. Comme les copains ne se méfiaient pas, ça promettait un drôle de gâchis. Ces salauds-là nous avaient déjà fait le coup en Alsace avec des Sherman pris aux Américains. Je gambergeais tant que je pouvais, tout en essayant de ralentir le mouvement en feignant d'avoir des difficultés pour enlever mes godasses. Ils n'étaient que six mais leurs Schmeisser[1] parées à envoyer la sauce nous azimutaient à moins d'un mètre.

— Couchez-vous. A plat ventre! éructa le balèze.

C'était la fin. Adieu, maman. Je fermai les yeux et serrai les dents en attendant la balle dans la nuque, quand une longue rafale déchira l'air au-dessus de moi et les S.S. se mirent à hurler. Je relevai la tête. Bon sang, ce n'était pas vrai : accroché à la 12,7, serrant de toutes ses forces les poignées, les deux pouces pressant le bouton de tir comme il nous avait vus le faire, Gustav, notre « valet d'armes », était en train de faucher impitoyablement les agresseurs. Seul le balafré eut le temps de riposter avant de tomber comme une masse, lui aussi. Tout à coup le silence se fit; l'affaire n'avait duré que quelques secondes. Complètement sonnés, les oreilles bourdonnantes, nous nous relevâmes péniblement. Six cadavres déchiquetés gisaient sur le sol : deux d'entre eux n'avaient plus de visage, un autre... pouah! je me mis à vomir et je n'étais pas le seul.

Biju fut le premier à réaliser et se précipita vers le T.D. en criant. Le corps à moitié sorti de la tourelle, Gustav

1. Mitraillettes allemandes.

s'était écroulé sur la mitrailleuse : une balle, la seule peut-être que le mastard ait eu le temps de tirer, l'avait frappé en pleine poitrine. Il avait les yeux grands ouverts, des yeux d'enfant.

Nous l'avons déshabillé : le môme ne méritait pas de reposer sous le même uniforme que ces salauds. Ménard lui a passé sa chemise que le gosse avait lavée la veille, Charney son pantalon. Moi je lui ai refilé ma ceinture.

Nous l'avons enterré à la va-vite, car la radio s'était mise à crépiter. Tandis que Magloire faisait le guet sur la route, à la rencontre de la jeep dont on venait de nous annoncer le retour, l'instituteur confectionna une croix avec deux branches.

— Ben quoi, il était catholique, expliqua-t-il, gêné, mais personne n'eut l'idée de le charrier.

Charney avait trouvé une planche. Trempant son doigt dans le cambouis, il écrivit dessus :

MORT POUR LA FRANCE ET
POUR LA PAIX

Nous approuvâmes en silence. D'ailleurs nous cinq, la fine équipe, on est toujours d'accord.

## *Une nouvelle religion...*

Nos hommes étaient comme fous : ils chahutaient, se bousculaient dans les coursives, chantaient, criaient des obscénités, vérifiaient pour la vingtième fois l'état de leurs armes, lançaient des plaisanteries idiotes et rigolaient à tout propos. Sept semaines, sept semaines qu'ils attendaient dans leur camp de la jungle cinghalaise le moment de mettre enfin le pied sur la terre d'Indochine.

Les officiers souriaient et laissaient faire, moi le premier, au grand dam du capitaine d'armes[1] du bord qui devait penser que les commandos n'avaient aucun esprit militaire.

L'esprit militaire ? Il s'agissait bien de ça ! Quarante-cinq jours s'étaient écoulés depuis que l'Empire du Soleil-Levant avait capitulé devant la bombe atomique, quarante-cinq jours que les Etats-Unis nous empêchaient de revenir *chez nous*. Enfin, aujourd'hui ça y était : le croiseur léger sur lequel nous venions d'embarquer s'apprêtait à remonter *full speed* les méandres de la rivière de Saigon où nous allions être les premiers à ramener le drapeau français. Quoi de plus naturel que les gars

1. Officier-marinier chargé de la discipline.

se défoulent un peu et que les plus malins se soient déjà faufilés aux cuisines ou, mieux, à la cambuse.

D'ailleurs la discipline et moi... Bof ! Si je suis enseigne de vaisseau, c'est vraiment un hasard de la guerre. Mon patron dans la Résistance était capitaine de corvette. Après la capitulation allemande, il a formé un groupe de commandos, moitié marine, moitié infanterie coloniale; j'étais son adjoint direct au sein de notre réseau, je le suis resté. Voilà ! On est vainqueurs; nous revenons dans cette Cochinchine où j'ai passé une partie de mon enfance. La vie est belle !

J'ai retrouvé à bord mon vieux copain Hubert Dumond, un véritable enseigne celui-là, sorti de Navale, jugulaire-jugulaire et tout et tout. Nous sommes en train de boire un whisky au carré des officiers lorsqu'un grand gaillard légèrement voûté en franchit le seuil. Son visage bronzé, marqué comme celui d'un boxeur, et ses cheveux grisonnants, coupés en brosse, accusent la quarantaine. Il s'affale à côté de nous, s'essuie la figure avec un grand mouchoir à carreaux et soupire :

— Putain de moine, quelle chaleur!

Comme il ne porte aucun insigne de grade sur sa veste camouflée, Dumond, fronce les sourcils; je me hâte de faire les présentations :

— Le capitaine Percheron... ou plutôt le camarade capitaine Percheron, ci-devant lieutenant-colonel F.T.P.[1].

Le nouveau venu hausse les épaules :

— Arrête tes salades, veux-tu. Si tu crois que j'ai le cœur à rigoler...

— Qu'est-ce qui ne va pas?

1. F.T.P. : Francs-tireurs partisans (organisation militaire de résistance du parti communiste pendant l'occupation allemande).

L'ancien maquisard secoue la tête sans me répondre; Hubert fait signe au maître d'hôtel.

— Vous prenez un scotch avec nous, mon capitaine?

— Volontiers!

Sitôt servi, il porte le verre à ses lèvres et le vide d'un trait, juste comme le haut-parleur se met à débiter :

— L'équipage aux postes de combat. L'équipage...

Percheron le désigne d'un mouvement du menton.

— Tiens! Voilà les conneries qui commencent, annonce-t-il d'une voix sombre.

Dès la capitulation japonaise, des troubles ont éclaté en Indochine; des Français désarmés, des femmes, des enfants ont été sauvagement massacrés sous l'œil indifférent des Nippons paradoxalement chargés du maintien de l'ordre aux termes mêmes de leur reddition. Dans ces conditions, le pacha du croiseur a sagement décidé de se présenter dans la rivière avec ses pièces pointées sur les berges, paré à riposter énergiquement contre toute agression. Les commandos, eux, ont reçu la consigne de ne pas se montrer et de rester claquemurés dans les postes; toujours indiscipliné, je me suis glissé néanmoins sur le spardeck aux côtés de Dumond qui est chargé des canons de 20 millimètres, et Percheron m'a suivi.

Comme mon ami commande : « Paré à manœuvrer », il l'interroge :

— Vous allez tirer sur les indigènes ?

L'enseigne le dévisage froidement :

— Evidemment, s'ils nous attaquent! Cela vous surprend?

Sans se démonter, le capitaine poursuit :

— Pourtant ces gens-là sont chez eux. Ils veulent leur indépendance, c'est tout; pourquoi la leur refuser?

Hubert me jette un regard éloquent.

— Monsieur, réplique-t-il d'un ton glacial, vous êtes mon supérieur hiérarchique (il appuie sur le mot), mais je me demande ce que vous faites ici... car vous êtes volontaire, n'est-il pas vrai?

— Oui, pour me battre contre les Japonais mais pas contre...

Dumond le coupe sèchement :

— Un militaire ne choisit pas ses adversaires : il exécute les ordres!

Aïe, aïe, aïe, ça sent la bagarre; je m'interpose :

— Ecoute, mon capitaine. Tu sais que nous ne serons jamais d'accord sur certains points. Fais moi plaisir : n'insiste pas.

Percheron nous regarde; une sorte d'étonnement douloureux se peint sur son visage.

— Pourtant vous devriez comprendre, dit-il. Car enfin, vous avez tous les deux été dans la Résistance. Vous avez combattu, vous aussi, pour la liberté.

Pour le coup Hubert, qui a rallié la France libre dès juillet 40, ne le rate pas :

— Parfaitement, comme vous-même. Seulement, j'ai commencé un peu plus tôt!

L'interpellé rougit, hoche la tête et murmure :

— Vous ne savez pas tout...

Puis, sans achever sa phrase, il nous tourne le dos et redescend sur le pont par l'échelle verticale. Je le suis des yeux : il marche lentement, la tête baissée, les genoux pliés pour conserver son équilibre, massif et puissant comme un homme des cavernes; mon ami me demande :

— Dis donc, Patrice, où avez-vous été le chercher ce type-là ?

Le fait est...

Au début nous ne savions pas trop par quel bout le prendre. Il avait rallié Ceylan en juin à la tête d'une compagnie de marsouins alors que nous préparions en grand secret un raid sur les côtes de Birmanie. Il parlait peu. Le commandant en second l'avait accueilli assez fraîchement et nous avait prévenus :

— Méfiez-vous. Cet officier était dans un maquis communiste !

En revanche le pacha, qui l'avait connu en France, paraissait le tenir en grande estime. La plupart de ses hommes provenaient comme lui des F.F.I. ; cependant beaucoup de gradés avaient servi dans l'armée de l'armistice avant de participer au combat clandestin. Le gaillard menait son monde à la baguette mais à sa façon ; par exemple, un jeune soldat ayant traité un sergent de « vichyste », il l'avait tout bonnement étendu pour le compte d'un maître coup de poing avant de forcer les deux antagonistes à se réconcilier autour d'une caisse de bière. Après cela il n'y avait plus jamais eu d'incidents dans sa compagnie.

A l'entraînement individuel il nous surpassait tous au tir comme au maniement des explosifs ; sur le terrain son expérience et son sens de la manœuvre dépassaient largement ceux d'un chef de partisans.

— Hé, en Espagne, je commandais un bataillon, m'a-t-il soudain lâché tout à trac après un exercice particulièrement réussi.

Assez curieusement, en effet, Percheron s'est pris de sympathie pour moi alors qu'au départ rien ne semblait devoir rapprocher un fils de grands bourgeois et un vétéran des Brigades internationales.

— A Albacete, j'ai connu un petit Navarrais qui te ressemblait, me confia-t-il un soir sur la terrasse du mess où nous prenions le frais. Il était grand et blond comme toi ; je l'aimais bien : les franquistes l'ont fusillé.

Sur le moment, j'ai cru que mon bonhomme *en était*; ça m'a flanqué un drôle de choc. Eh bien, pas du tout, au contraire ! Je connais même deux plieuses de parachutes qui auraient pu le certifier. Il me racontait sa guerre d'Espagne :

— Quel bordel ! Tout le monde voulait commander ! De plus, il fallait toujours avoir un œil pour repérer les fascistes de la cinquième colonne qui s'infiltraient dans nos rangs et un autre sur les anarchistes qui ne pouvaient pas nous piffer.

Il me parlait avec fierté de sa compagne restée en France :

— Marcelle était au maquis avec moi, enceinte jusqu'aux yeux. Elle a accouché le jour où nous avons libéré Limoges. Le matin même elle avait descendu un milicien !

Bref, nous étions devenus des amis. Il m'intriguait et me fascinait à la fois; une sorte de flamme froide semblait le consumer. Quant le Japon capitula, le comportement de Percheron se modifia sensiblement. Il devint de plus en plus réservé, même avec moi : on aurait dit que quelque chose le tracassait. Lorsque nous apprîmes les atrocités perpétrées par le Viêt-minh, une rage folle s'empara des hommes comme des officiers. Lui : pas un mot. Pendant trois jours il n'a pas desserré les dents, sauf pour le service. La veille de notre embarquement, le pacha nous a rassemblés pour nous expliquer la situation : les environs de Saigon étaient tenus par des *rebelles encadrés par des Japonais qui refusaient de se rendre.* A le voir, j'aurais juré que cette nouvelle lui enlevait un poids de la conscience.

Mais aujourd'hui, le voilà qui recommence à avoir des problèmes... Je devrais peut-être en toucher un mot au commandant.

Je n'ai rien dit et j'ai eu raison. En dégageant les

abords de la ville nous avons abattu plusieurs *snipers*[1] : tous des Japs ! Ils avaient descendu cinq gus de la compagnie de Percheron. Lorsque celui-ci a entraîné ses hommes à l'assaut, il n'a pas fait de détails, ni de prisonniers. Il a même ramené un drapeau japonais qu'un des tireurs isolés gardait plié sur sa poitrine et en a aussitôt fait un paquet qu'il a expédié en France avec une longue lettre, lui qui n'écrit pour ainsi dire jamais, même à Marcelle.

— Pour quoi faire, elle sait bien que je l'aime et que je pense à elle et au petit ! me répond-il quand je m'étonne.

On nous a envoyés pacifier le delta du Mékong. Décidément le pacha est fin comme une lame sous ses allures de gorille : il évite d'engager directement notre homme contre des adversaires inorganisés, qui ne sont autres, bien souvent, que les paysans du coin, pour l'utiliser sitôt qu'une présence nipponne est signalée. Tout de même, ce n'est pas normal !

Il a fini par lui coller le commandement territorial d'une zone comprenant une dizaine de villages. Du coup, voilà mon maquisard transformé en chef scout, aidant les pauvres *nha-qués*[2] à reconstruire leurs cases, soignant les malades, distribuant les vivres, renvoyant les gus dans les rizières planter et repiquer. Le tout à grand renfort de coups de gueule et parfois de coups de pied au cul, lesquels, en général, manquent volontairement leur but. Son coin a l'air de marcher au poil et ceux des indigènes, abusés par la propagande viêt, qui s'étaient enfuis dans la brousse à notre arrivée reviennent s'y installer. D'ailleurs le secteur est de plus en plus calme. Il y a bien

1. Tireurs isolés, généralement munis de fusils à lunette.
2. Paysans.

encore une embuscade de temps en temps, toujours la nuit, mais nos progrès sont indéniables et le pacha est ravi.

— Tu vois, Patrice, notre « camarade » a trouvé sa voie et il fait du bon travail pour la France!

Je m'en réjouis également. Après tout, pourquoi pas : peut-être est-il en train de comprendre? En tout cas, il en met un sacré coup.

Je suis en train de lire son premier compte-rendu : Percheron a concocté un véritable plan quinquennal, allant du recensement de la population aux projets de construction d'écoles et de cantines populaires; bien entendu, il aligne des chiffres et demande des crédits.

Comme le commandant m'a refilé la comptabilité du groupement sous prétexte que j'ai préparé H.E.C., je suis obligé de vérifier ses bilans et c'est là que ça cloche : en comparant les quantités de vivres distribuées avec le nombre d'habitants, je commence à tiquer. Ayant passé trois ans dans ce pays, je sais parfaitement que les paysans annamites se nourrissent essentiellement de riz arrosé de *nuoc-mam*[1]; or, si j'en crois le rapport, les *nha-qués* de mon bonhomme ont consommé en outre une mégatonne de singe et autres *meat and végétables*[2]. Curieux : les additions ont l'air de coller et cependant... Brusquement je réalise : hier avec le pacha nous avons fait le tour du petit royaume de Percheron; celui-ci nous a montré fièrement ses dépôts d'ordures : il exige en effet que les indigènes les brûlent périodiquement par mesure d'hygiène, or je n'y ai vu pour ainsi dire *aucune boîte de conserve vide.*

Cette constatation, jointe au fait que les rebelles s'abstiennent désormais de « venir au ravitaillement », comme

1. Saumure de poisson, réputée riche en vitamines et fortifiante.
2. Conserves américaines : viandes et légumes.

ils le font ailleurs dès que nous avons le dos tourné, m'amène à l'inévitable conclusion : c'est Percheron lui-même qui nourrit les viêts.

La chose me paraît tellement énorme que je décide de mener ma petite enquête avant d'en parler à quiconque, mais je n'ai pas le temps d'en savoir davantage car un coup de feu claque soudain au-dehors.

C'est une sentinelle qui a tiré : quatre paysans se sont pointés en pleine nuit sans crier gare; une veine qu'ils ne se soient pas fait flinguer. Ils ramènent Percheron étendu sur un brancard, sans connaissance, les narines pincées, le teint déjà cireux : il a reçu trois balles dans le buffet.

Interrogés, les gars jurent qu'ils ne savent rien, qu'ils ont trouvé le capitaine par terre, inanimé ; il avait, semble-t-il, pu se traîner jusqu'à l'entrée de leur village. Allez donc lire quelque chose sur ces visages impénétrables. Le pacha réagit au quart de tour : au lever du jour un hydravion se pose sur le rach voisin et emporte le blessé; notre toubib ne lui donne pas une chance sur dix.

Deux semaines plus tard, non seulement mon ami n'est pas mort mais il est sauvé. Cependant, le commandant, qui est allé le voir à l'hôpital, n'est pas arrivé à lui faire dire dans quelles circonstances il s'est fait poivrer. Comme il insistait, le chirurgien-chef l'a viré : le blessé est encore très faible.

Notre pacha a d'ailleurs d'autres chats à fouetter : nous avons entrepris une série d'opérations qui nous ont amenés au-delà du Bassac. Au bout d'un mois de cheminement épuisant dans la boue, notre groupement est enfin envoyé au repos à Saigon. Je flane dans la rue Catinat, musardant devant les boutiques, lorsque quelqu'un m'assène une claque entre les épaules. Je me retourne : c'est Robert Verdet, mon beau-frère ou plutôt mon ex-beau-frère; la brebis galeuse de la famille. Ma sœur

Madeleine l'a connu sur un paquebot en rentrant d'Indochine ; le temps de traverser l'océan Indien, elle est tombée dans les bras de ce grand rouquin aux allures de corsaire. Le consul de France à Port-Saïd les a mariés, car Robert se refusait à toute cérémonie religieuse : il est farouchement athée et communiste de surcroît. Ma grand-mère en a fait une dépression qu'elle est allée soigner aux Bahamas, ce qui lui a valu d'éviter l'occupation allemande. Verdet, mobilisé comme premier maître de manœuvre (pas question d'être officier de réserve !), a rallié la France libre après l'armistice. Toujours folle de lui, Madeleine s'est débrouillée pour gagner le Royaume-Uni en passant par le Portugal : l'argent ouvre bien des portes. Elle est revenue à Paris à Noël 44, officier des services féminins de la Flotte... et a divorcé, ce qui lui a permis de se remarier à Saint-Honoré-d'Eylau six mois plus tard. Moyennant quoi Robert m'embrasse sur les deux joues comme s'il m'avait quitté la veille. Après quatre années de convois dans l'Atlantique, il est second capitaine d'un *liberty-ship* affrété par les Messageries maritimes.

— Mon vieux Patrice, tu tombes à pic ! s'écrie-t-il en me prenant par le bras. Je dois voir un camarade qui est blessé...

Il consulte son carnet :

— A l'hôpital Grall, tu sais où cela se trouve ?

— Bien sûr !

— Formidable ! Tu vas me conduire.

Chemin faisant, il m'explique :

— Figure-toi que je ne le connais pas. En France, les... euh... des amis m'ont bien recommandé de lui rendre visite. Je sais seulement qu'il est capitaine et qu'il s'appelle Ernest Percheron. Ça ne te dit rien, par hasard ?

Je reste bouche bée de surprise. Mon ex-beau-frère,

qui lorgnait une sculpturale métisse cambodgienne, ne remarque rien et s'exclame :

— Ainsi te voilà officier... et dans la Royale encore! Qui l'aurait cru : je te croyais plutôt P.-D.G. d'une boîte.

L'hôpital est assez loin et le soleil tape dur; je lève le bras pour appeler un cyclo-pousse, Verdet s'écrie vivement :

— Non, non! Je n'en prends jamais, c'est un principe! Allons bon : toujours ses opinions! Se faire traîner par une machine humaine qui pédale doit lui sembler affreusement colonialiste. Tout en marchant d'un bon pas, il m'interroge : mes activités dans la Résistance l'intéressent énormément.

— Ce que je ne pige pas, me dit-il, c'est qu'un type comme toi qui s'est vaillamment battu contre les fascistes combatte à présent un peuple qui lutte pour sa liberté.

Ah non, il ne va pas recommencer comme Percheron! Je vais pour lui répondre lorsqu'il me lance en souriant de toutes ses dents :

Je te dis cela parce que j'ai de l'estime et beaucoup d'affection pour toi, même si tu n'es plus mon beau-frère!

— Mais moi aussi, je...

— Crois-moi, ma vieille, ajoute-t-il soudain redevenu sérieux. Tire-toi en vitesse de ce merdier!

— Que je... tu veux rire, non?

— Patrice, c'est fichu! Les carottes sont cuites : vous croyez gagner alors que le viêt-minh contrôle en réalité tout le pays. Tiens, il a même organisé des élections générales en plein Saigon, sous votre nez. C'est un dénommé Giap qui a été élu.

— Dis donc, tu en sais des choses.

— Le chef de la cellule de mon bateau nous a mis au courant.

— Tu veux dire qu'il y a une cellule communiste à bord de ton cargo et que tu n'en es pas le patron?

— Pourquoi le serais-je? Le chef est un simple graisseur mais il est beaucoup mieux éduqué politiquement que moi.

Il arrête là ses explications car nous arrivons. Je le laisse se renseigner au bureau des entrées, souriant à l'idée de sa réaction en découvrant que Percheron et moi faisions partie de la même unité. Pendant qu'il parlemente, je me surprends à dévisager avec méfiance un infirmier vietnamien en blouse blanche qui sort, un paquet de fiches à la main. C'est peut-être un rebelle, lui aussi. Tout à coup, je me fais l'effet d'être un officier d'une armée d'occupation, exactement comme les Allemands en France. Je passe la main sur mon front. Mais non, voyons, je divague! Les Boches sont venus chez nous en ennemis tandis que nous autres, Français, nous avons jadis arraché l'Indochine au joug des Chinois; nous y avons apporté la civilisation, la santé... oui, la santé, car ils crevaient comme des mouches avant notre arrivée! Nous avons construit des écoles, des hôpitaux, des routes, sans compter l'œuvre de nos missionnaires, de nos religieuses.

Justement l'infirmier, qui s'est arrêté pour consulter ses papiers, porte un scapulaire avec une petite croix en or. Soudain il relève la tête, et nos regards se croisent; dans le sien, j'ai cru voir une espèce de défi. Décidément je débloque! Et soudain la solution m'apparaît, évidente. J'ai un peu honte de n'y avoir jamais pensé. L'indépendance, oui! Mais c'est à *nous* d'y amener ce peuple qui ne l'a jamais totalement connue au courant de son histoire, c'est à nous de l'amener à maturité, comme Lyautey voulait le faire au Maroc. On leur a raconté n'importe quoi à ces gens-là! Maintenant il s'agit de réoccuper le terrain mais aussi de réconquérir les cœurs. En somme, il faut trouver un joint. Or que pouvons-nous avoir de commun avec les Annamites sinon notre foi, notre religion. Et on ne peut pas dire que cela ait été le souci prioritaire de nos gouvernements successifs depuis trente ans.

Verdet revient vers moi :

— On est en train de lui refaire ses pansements. Nous pourrons le voir dans quelques minutes. En attendant passe-moi donc une cigarette!

Je lui tends mon paquet; il me remercie d'un bon sourire. Je n'arrive pas à le comprendre : mon ex-beau-frère est un peu farfelu mais il est foncièrement honnête et loyal, courageux, généreux. Il a fait une guerre magnifique et maintenant il est *avec eux*, donc forcément *contre nous*. Et Robert me l'a révélé sans la moindre méfiance : je le sens sûr de lui. Sait-il seulement quelles atrocités ses amis ont commises; en avons-nous assez trouvé de corps mutilés, empalés sur des bambous, et ces enfants coupés en deux à la scie mécanique.

Un frisson me parcourt à cette évocation; mon visage a dû prendre une drôle d'expression car mon ex-beau-frère me demande :

— Qu'est-ce que tu as? Tu es souffrant? Un coup de palu?

Je sursaute et réponds froidement :

— Non, ce n'est rien. Allons voir notre gars. Je n'ai plus tellement de temps.

Verdet ouvre doucement la porte et entre le premier. Adossé à ses oreillers, Percheron est en train de lire. Il a terriblement maigri; ses yeux sont enfoncés dans leurs orbites et ses cheveux sont devenus tout blancs. En voyant le visiteur, il fronce les sourcils.

— Salut, camarade! s'écrie Robert. Je viens te voir de la part de Gründ.

Instantanément le visage du blessé s'éclaire; il sert avec effusion la main tendue et la garde dans la sienne.

— Assieds-toi, camarade, murmure-t-il d'une voix éteinte. Je suis bien content.

M'apercevant, il lance distraitement :

— Ah, c'est toi, Fabert. Prends une chaise... Oh, il n'y en a qu'une.

Je reste debout dans l'encoignure de la porte en lui faisant signe que cela n'a aucune importance. Mon ex-beau-frère s'est déjà installé près de lui. Se retournant vers moi, il me demande d'un ton détaché :

— Vous vous connaissez?

Puis, sans même attendre ma réponse, il se penche à nouveau vers Percheron qui l'interroge avidement :

— Donne-moi des nouvelles des camarades.

Ils conversent à mi-voix comme des complices ou plutôt comme de vieux amis heureux de se retrouver. Je saisis quelques bribes d'un étrange langage : allié objectif... courant de l'histoire... dialectique considérée sous l'angle...

Ayant le sentiment d'être un intrus, je m'apprête à quitter discrètement la chambre quand une question de Robert me fait dresser l'oreille :

— Comment est-ce arrivé?

— J'avais demandé à voir leur chef. Un rendez-vous a été fixé, j'y suis allé...

J'entends mal; ils ne prêtent aucune attention à moi, je me rapproche un peu. Percheron poursuit :

— Dès qu'ils m'ont vu, ils ont tiré. Je suis tombé...

Le blessé parle par saccades.

— J'ai beaucoup réfléchi depuis : ils avaient raison. J'avais agi de ma propre initiative, sans ordre du Parti. Je voulais... mais j'ai eu tort. Tu leur diras, là-bas...

Verdet lui tapote amicalement l'avant-bras.

— Je leur expliquerai, camarade. Je suis sûr qu'ils comprendront.

Le capitaine pousse un profond soupir et ferme les yeux; lorsqu'il les rouvre, on dirait qu'il est soulagé, apaisé, comme quelqu'un qui vient de se confesser et de recevoir l'absolution.

Je referme tout doucement la porte. A quoi bon parler à Robert des atrocités dont j'ai été témoin, il ne me croira pas. Et Percheron? Il sait... mais cela n'a rien changé; tous deux sont murés dans leurs certitudes. Nous sommes en présence d'une nouvelle religion : le joint avec les indigènes ce sont eux qui l'ont trouvé... et nous ne sommes pas sortis de l'auberge!

## *La leçon des choses*

1981

Notre fille venait d'avoir des jumeaux. Mon épouse téléphonait déjà pour retenir les places d'avion quand, brusquement, elle reposa l'écouteur et s'exclama :

— Et Mako!

Evidemment, il y avait le chien, un énorme berger belge au pelage couleur de feu. Pas question de l'emmener avec nous à Londres où mon gendre était attaché d'ambassade, messieurs les Anglais ayant décrété indésirables les animaux en provenance du Continent. Alors, à qui le confier? Nous étions en plein mois d'août et tous nos amis en vacances. Quant à la femme de ménage, elle n'osait plus l'approcher depuis le jour où, les crocs du fauve ayant effleuré sa fesse à travers le blue-jeans, elle s'était enfuie en hurlant : « Mon Dieu, je suis défigurée! »

Le sourire enjôleur de ma femme me fit clairement comprendre que l'un de nous devait se sacrifier. Ah mais non, par exemple! Je tenais à les voir, ces chérubins, et tout de suite encore... Enfin : dès demain. C'était l'heure des grandes décisions. J'en avais pris assez au cours de ma carrière, aussi je n'hésitai pas une seconde :

— Attends un peu : j'ai vu une annonce dans le journal. Tiens la voici : « *Pension pour animaux : partez tranquille, nous le soignerons bien.* »

Une demi-heure plus tard, je roulais à travers la campagne normande dans ma vieille 4L; sur la banquette arrière, Mako contemplait le paysage et aboyait à tout bout de champ dans l'ignorance de son nouveau destin.

L'homme qui m'accueillit devait avoir mon âge; il était de taille moyenne mais solidement charpenté. D'innombrables petites rides striaient son visage au teint de brique; il plissait les yeux comme le font par habitude les vieux marins. Pourtant, avec son chapeau de brousse posé tout de guingois sur des cheveux blonds taillés très courts, sa chemise à carreaux et ses bottes poussiéreuses, il me fit plutôt penser aux cavaliers boers dont les exploits avaient enchanté mon enfance. Je l'entrepris sur le fonctionnement de son établissement.

— Venez vous rendre compte par vous-même!

Son français était teinté d'un accent que je ne parvenais pas à identifier : hollandais? danois? Il me précédait, marchant d'un pas lourd, les genoux un peu fléchis, dégageant à chaque mouvement une impression de force paisible. Mako ne s'y trompa point et lui manifesta spontanément une sympathie dont il n'est pourtant pas coutumier avec les étrangers. Les installations, d'une propreté impeccable, me produisirent le meilleur effet. Mon chien allait disposer d'une « suite » comportant une courette et une niche. S'il se révélait assez sage, il serait, deux fois par jour, lâché dans un pré pour y folâtrer à sa guise. Le toutou (quarante kilos, bon poids!) s'étant laissé enfermer sans difficulté dans ses quartiers provisoires, le maître de céans s'effaça pour me laisser entrer dans une salle voûtée où régnait une délicieuse fraîcheur. Au milieu de la pièce, une meule de pierre posée sur des billots faisait office de table familiale. Les pieds des tabourets en bois qui l'entouraient étaient constitués de maillons de chaîne soudés les uns aux autres selon des courbes étudiées. Le lustre en fer forgé évoquait la roue d'un gouvernail. Partout des fleurs, des plantes en pot. Sur la tablette de la cheminée une grande photographie que je distinguais mal dans la pénombre. L'homme m'invita à m'asseoir, prit place devant un secrétaire et ouvrit son registre pour y inscrire le nouveau pensionnaire. Comme je déclinais mon identité, il posa vivement son stylo et me dévisagea d'un air où la stupeur se mêlait à l'incrédulité. Tendant le bras vers une étagère où s'alignaient des bouquins, il en saisit un que je reconnus aussitôt et me le présenta.

— Etes-vous l'auteur de ce livre?

Interloqué, je lui demandai à mon tour :

— Oui, pourquoi?

Au lieu de me répondre, il hocha la tête en murmurant :

— Incroyable... incroyable! puis m'interrogea avidement : Ce... ce récit, c'est votre propre histoire? Excusez-moi, j'ai besoin de savoir.

J'étais de plus en plus intrigué.

— Euh... oui et non. Mettons que certains faits...

— Je vois! Mais cet enseigne de vaisseau, votre personnage principal, qui donne l'assaut à l'arsenal de Toulon à la tête d'un groupe de chars, en août 44... et qui est blessé.

— Ça c'est bien moi. Je n'ai pas changé un seul détail.

— Et l'Allemand qui a tiré sur vous?

— Il était planqué sur un toit, du moins je le présume, car si je l'avais repéré...

Pointant un doigt dans ma direction, il m'interrompit, impatient :

— Vous portiez bien une casquette d'officier de marine ce jour-là, alors que les soldats qui vous suivaient avaient une espèce de bonnet marron.

— Affirmatif! J'étais l'unique représentant de la Royale parmi des biffins et pour rien au monde...

— Exact! C'est tout à fait ça! s'écria mon interlocuteur en opinant énergiquement du chef. Casquette bleue, chemise kaki! Et vous couriez vers la porte de l'arsenal?

Pressé de questions, je me demandais où il voulait en venir.

— Oui, c'était moi mais, bon sang, allez-vous enfin m'expliquer?...

Abattant le livre comme une carte, l'homme me fixa droit dans les yeux :

— C'est moi qui vous ai tiré dessus!

Il se leva.

— Vous avez raison : j'étais en effet embusqué sur le toit, à moitié dissimulé par une cheminée. Je n'avais guère le moral : vos troupes encerclaient l'arsenal et notre reddition n'était plus qu'une question de jours, peut-être d'heures. Mais l'amiral avait donné l'ordre de tenir jusqu'au bout pour avoir le temps de tout démolir. A chaque instant, j'entendais des bruits d'explosions. Le matin même nous avions pétardé notre vieux U. 737. C'est terrible d'être obligé de détruire son bateau, vous savez.

— Je sais! Rappelez-vous qu'en novembre 42 nous avions dû nous aussi saborder nos navires.

— Oui, c'est vrai. Je me souviens encore de notre premier accostage à Toulon au milieu de toutes ces épaves. Quand vos chars se sont mis à tirer sur le blockhaus qui défendait la porte principale, j'ai cru que ma dernière heure était arrivée. Je m'apprêtais à redescendre lorsque je vous ai aperçus : vous étiez deux qui surgissiez d'un coin de rue. J'ai fait feu immédiatement, tout le chargeur de ma mitraillette y est passé. Vous êtes tombé et j'ai fichu le camp.

Il se dirigea vers la cheminée pour prendre la photographie qui s'y trouvait, je le suivis.

— Le voilà, mon sous-marin; j'ai passé trois ans à bord. Nous avons envoyé des dizaines de cargos par le fond.

En remettant le cadre en place, il émit une sorte de ricanement :

— Hé! Savez-vous où j'ai trouvé cette photo? Dans un marché aux puces! Je l'ai payée cinq francs à un bougnoul qui vendait aussi des croix de fer, ainsi que des décorations françaises, d'ailleurs. Des morveux les lui achetaient et les accrochaient sur leurs blousons à fleurs, pour rigoler! Quelle chierie!

Nous étions installés dans des fauteuils de cuir de part et d'autre de la cheminée, chacun perdu dans ses pensées, mais il me semblait que nos souvenirs se confondaient au point de rendre secondaire notre appartenance à des camps opposés. De son côté, mon ex-adversaire n'avait exprimé aucun regret. Très simplement, il m'avait apporté un verre ballon et levé le sien, sans sourire, esquissant un petit salut très raide. Je goûtai avec précaution : c'était un alcool blanc, fort et fruité.

Au bout d'un assez long moment, il demanda :

— Votre blessure, c'était grave?

— Encore assez : on a failli m'amputer d'une jambe.

— Je devrais sans doute vous assurer que je suis désolé... (Aïe, donc, c'était trop beau : voilà les excuses!) mais en vérité je ne le suis pas. C'était... normal, n'est-ce pas? La guerre!

Je levai le bras pour l'approuver :

— Absolument ! Vous accomplissiez votre devoir, moi le mien, et si c'était à refaire...

— Jamais !

L'homme avait presque crié; il insista en martelant du poing le bras de son siège.

— Jamais, entendez-vous, monsieur !

— Mais vous venez de dire le contraire.

— Je ne parle pas de ça. Vous et moi, c'était... régulier, mais il y a tout le reste.

L'Allemand se tut brusquement, le regard dans le vide. Puisqu'un caprice du destin nous remettait en présence trente-sept ans après, j'étais maintenant curieux d'en savoir davantage; pour relancer la conversation, je l'interrogeai :

— D'où êtes-vous originaire?

— Du Brandebourg. Mes parents exploitaient une ferme mais moi je voulais être marin; alors je me suis engagé comme mousse sur les grands voiliers qui allaient chercher du blé en Australie. Quelle existence merveilleuse! Ensuite, j'ai été requis pour l'Arbeitsdienst[1] avant d'être versé dans la Wehrmacht au printemps 1939. J'ai fait la campagne de Pologne : c'était affreux! Tous ces juifs massacrés par des S.S., des villes entières qui brûlaient *avec leurs habitants*. De quoi devenir fou!

Le bonhomme s'animait. On aurait dit qu'il attendait depuis longtemps une occasion de se confier.

— Heureusement j'ai pu passer dans la Kriegsmarine. Là au moins la guerre était propre. En 1941, volontaire pour les sous-marins : l'Atlantique Nord! La vie était dure à bord mais il y avait l'amitié. Du commandant au dernier des matelots nous étions... comme ça!

1. Service du travail.

Il joignit les mains comme un champion qui salue le public; j'en profitai pour lui demander :

— Comment vous êtes-vous retrouvé à Toulon?

— Notre escadrille y a été basée fin 43.

Son regard s'assombrit brusquement.

— Quelques jours après notre arrivée, une de nos patrouilles a surpris un jeune garçon en train de dévaliser les maisons évacuées d'une zone interdite : il a été passé par les armes. Après cela, quand nous sortions en ville, nous sentions littéralement la haine gronder autour de nous...

— Dame! mettez-vous à leur place.

— Mais ces gens ignoraient, monsieur... Excusez-moi, comment faut-il vous appeler?

— Aucune importance, continuez!

— Oui, je disais que la veille un marin allemand avait été fusillé pour le même motif : pillage. Le gars avait fauché un phonographe et une bouteille de champagne; il n'a même pas eu le temps de la boire. Ça, la population ne l'a jamais su!

« Et quand les ouvriers des chantiers navals se sont mis en grève. Les feldgendarmen ont réclamé des renforts; j'en faisais partie.

Il secoua tristement la tête comme s'il revoyait la scène :

— J'avais reçu l'ordre de braquer ma mitrailleuse sur ces pauvres bougres qui réclamaient seulement du pain : tout le monde savait qu'il y avait des tripotages dans les cantines de l'organisation Todt. Comme la foule ne voulait pas se disperser, un *obersturmführer*[1] m'a commandé de tirer dans le tas, en fauchant. Avant d'appuyer sur la détente, j'ai réarmé deux fois exprès pour coincer une cartouche. Le coup a réussi : l'arme s'est enrayée. Le temps de réparer, les manifestants avaient compris et s'étaient débinés en vitesse. Quant à moi, j'ai ramassé trente jours de prison mais je ne le regrette pas.

Il lampa son verre d'un trait et le reposa sur la table en déclarant :

— Et pourtant ces types-là nous détestaient.

— Vous étiez l'ennemi!

— D'accord, mais vos civils ne faisaient aucune différence entre nous les marins et ces cochons de S.S. ou de la Gestapo. Aujourd'hui encore, ça me fait mal au cœur!

L'homme se leva, très excité, et se mit à arpenter la pièce à grandes enjambées.

— Et quand l'arsenal a capitulé!... Vos soldats nous ont traités correctement, c'est vrai, mais ils sont repartis le surlendemain en nous abandonnant à la garde d'une bande d'énergumènes qui ne savaient pas seulement se servir de leurs armes. Tenez : l'un d'eux s'est fait sauter le pouce avec sa propre mitraillette en la tenant par le canon. J'ai dû le soigner; il sanglotait comme une mauviette.

Le gars commençait à m'agacer, il se donnait un peu trop le beau rôle; je l'apostrophai froidement :

— Dans ces conditions, je ne comprends pas que vous soyez demeuré en France.

Il se radoucit un peu :

— Oh moi, j'ai eu de la chance. Un médecin du bureau d'hygiène m'a réquisitionné pour ramasser les cadavres. Ensuite, j'ai travaillé pour la Croix-Rouge, c'est là que j'ai rencontré celle qui allait devenir ma femme. Alors, quand j'ai été libéré, nous avons quitté Toulon pour venir ici. Au début ce fut très dur : per-

(1) Lieutenant (chez les S.S.).

sonne ne nous adressait la parole, les commerçants refusaient même de nous servir; on crachait sur le passage d'Hélène. Un vaincu n'a qu'un seul droit, n'est-ce pas : celui de se taire. Mais je me suis accroché, j'ai lutté, j'ai travaillé de toutes mes forces. Et puis, graduellement, les choses ont évolué, surtout lorsque de Gaulle a rencontré Adenauer.

Mon interlocuteur cessa de déambuler et me fit face :

— Vous avez de la chance, vous les Français, d'avoir eu un chef comme lui. Après avoir tenu le coup dans la défaite, il vous a ramenés dans le camp des gagnants.

— Et vous n'êtes jamais retourné en Allemagne?

Il haussa les épaules :

— A quoi bon? Toute ma famille a disparu dans la tourmente, la ferme a été déclarée propriété d'Etat. Et maintenant mon pays est coupé en deux : d'un côté, ils sont encore plus militarisés que du temps d'Hitler; de l'autre, ils versent à présent dans le neutralisme. Vous avez vu les journaux : quelle connerie! Son regard se tourna vers la fenêtre d'où l'on découvrait le domaine. De gros nuages accouraient de l'horizon.

— Ici, je suis bien. C'est moi qui ai tout façonné. Nous avons un grand garçon, il s'est engagé dans la Marine nationale et ça lui plaît.

Pour la première fois, il sourit. J'imaginais ce qu'il avait enduré avant de faire sa souille.

— Il y a longtemps que vous êtes naturalisé?

— Mon fils est français. Moi je n'ai jamais voulu, c'est une question de fierté.

Le temps était venu de prendre congé. Je me levai, animé de sentiments complexes : l'espèce de solidarité qui unit tous les anciens combattants (les vrais : ceux qui ont été au casse-pipes) le disputait aux réminiscences hostiles. Que voulez-vous, l'on n'abandonne pas si facilement la notion de l'ennemi héréditaire, et justement ma jambe blessée me tiraillait, signe que l'orage n'allait pas tarder.

Sur le seuil de la porte, je lui tendis la main. Il la prit en s'inclinant et la retint dans la sienne, attendant visiblement que je parle, quêtant sans doute une sorte d'approbation... mais je fus incapable de lui servir autre chose qu'un lieu commun :

— Eh bien, au revoir... et souhaitons qu'il n'y ait plus jamais de guerre. Il n'y a rien de plus horrible, n'est-ce pas ?

— Vous vous trompez, monsieur, murmura l'homme en secouant la tête négativement. Il y a pire encore : c'est une guerre qu'on a *perdue*.

Huit jours plus tard, c'est ma femme qui est allée chercher le chien.

## *Vous avez dit : héros?*

Le sifflement s'amplifia, vrillant les oreilles des hommes tandis que la frégate évoluait désespérément.

Dans un vacarme assourdissant, la bombe percuta la base de la cheminée dont les tôles légères volèrent en éclats, traversa le pont principal, éventra le caisson blindé et, tel un monstre à bout de forces, se figea entre la turbine et le réducteur. Un incendie avorta mort-né sous les jets de gaz de l'extinction automatique... et ce fut tout. L'engin n'avait pas explosé.

Les mécaniciens, plaqués par le souffle contre le plancher métallique, se relevèrent avec peine, hagards, hébétés, contusionnés mais vivants. Premier à reprendre ses esprits, le « patron » se précipita vers l'interphone de passerelle...

A des dizaines de nautiques de là, une animation joyeuse régnait dans le carré du bâtiment amiral. Les officiers qui redescendaient du quart finissaient de déjeuner. Des pilotes, encore tout surexcités, racontaient avec force gestes leur attaque du terrain d'aviation. Dans un coin, trois bridgeurs fixaient en silence leur partenaire, attendant que celui-ci se décide à annoncer. Un maître d'hôtel s'approcha, s'adressant à l'un des joueurs :

— Le chef d'état-major vous demande... C'est très urgent.

David posa ses cartes et se leva :

— Allez : sept cœurs ! Et s'ils contrent, je surcontre. Quant à vous, tâchez de ne pas me rater ce grand chelem. Je reviens !

Il traversa rapidement la salle d'armes, poussa négligemment la porte de la coursive menant au « saint des saints », nullement impressionné par l'écriteau qui en interdisait l'accès. Il arpenta à longues enjambées la moquette antidérapante et se retrouva devant le cagibi où le *staff*[1] avait coutume de se réfugier pour concocter ses idées géniales. A le voir ainsi, visage poupin, d'une laideur sympathique avec un drôle de nez retroussé, des yeux rieurs couleur noisette et le hâle d'un coureur des mers, n'importe qui l'aurait pris pour un jeune officier enthousiaste, ardent, un peu irréfléchi et préférant assurément les joies de la bouline[2] aux complications des techniques de pointe. En réalité, David avait quarante-deux ans, un caractère posé, des nerfs d'acier. Il adorait le ski et l'escalade, mais détestait naviguer car il était sujet au mal de mer : c'était le plus grand spécialiste que la terre ait porté en déminages, désamorçages d'engins piégés, machines infernales et autres cochonneries chères aux terroristes : la marine avait eu beaucoup de mal à l'emprunter aux services spéciaux.

Le chef d'état-major indiqua un point sur le plan étalé devant lui :

— D'après le message, la bombe est coincée ici en plein milieu du compartiment de l'appareil propulsif ; si elle explose, le bâtiment sera coupé en deux, dit-il. Il fau-

1. Chef d'état-major.
2. Tout ce qui se rapporte à la navigation, la manœuvre du navire, le vent, les voiles, bref à la marine pure...

drait que vous y alliez pour essayer... hum... de résoudre ce problème. Si vous êtes volontaire, bien entendu. Dans un cas pareil, je ne peux pas donner un ordre, surtout à...

Il se mordit les lèvres et n'acheva pas sa phrase.

« ... Surtout à un civil, pensa David. Sacré snob, va! »

— Eh bien, s'écria-t-il en frappant sur les accoudoirs de son fauteuil, je suis payé pour ça, non?

Une expression de soulagement apparut sur le visage du *staff* :

— Splendide! L'hélicoptère est paré.

— Parfait! Je passe prendre ma trousse et j'embarque. Ah! Signalez-leur de prendre le maximum de photos de ce zinzin en m'attendant... S'ils sont volontaires, bien entendu, ajouta-t-il sur le seuil sans que la moindre ironie perce dans son intonation.

Une heure plus tard David, treuillé sur la plage arrière de la frégate, prenait pied sans plaisir sur un pont qui s'inclinait à chaque instant d'un bord ou d'un autre; il s'était bourré de cachets de nautamine : de quoi être tranquille pendant un bon moment. Sans plus attendre, il procéda à une inspection méticuleuse de l'engin.

— Voici ce que je suggère, expliqua-t-il au commandant en remontant sur la passerelle. Installer une liaison filaire entre la machine et un point du bateau suffisamment éloigné de ce merdier. Etant donné sa taille, je pense qu'une trentaine de mètres...

— Le P.C. Trans[1] pourrait convenir.

— Excellent! Au fur et à mesure que j'avancerai dans mon travail, je décrirai ce que je fais à mon correspon-

(1) Trans... missions.

dant. Celui-ci devra avoir les photos sous les yeux pour bien me comprendre et noter tout ce que je dis, afin que cela puisse servir une autre fois si je me débrouille mal.

Il s'exprimait calmement, traînant un peu sur les finales ; le pacha le regardait avec une surprise teintée d'admiration, David s'en aperçut :

— Ne vous en faites pas : je ferai *très* attention. Vous savez, je ne touche ma prime qu'en cas de réussite. Autrement ce sont mes héritiers.

— Vous êtes marié ?

— Grands dieux, non ! Aucune femme ne me supporterait : je ronfle comme une locomotive.

— Et l'équipage ?

— C'est votre problème, moi, je n'ai besoin de personne.

— Je compte les rassembler à l'avant et à l'arrière. Paré à... hum...

— A évacuer ? J'espère que cela ne sera pas nécessaire. Mais ne perdons pas de temps. On m'attend avec impatience sur le navire amiral : j'ai un bridge en cours. Oh, ils ont pu jouer le dernier coup sans moi, j'étais le mort !

Solidement calé contre la turbine, ses cuisses enserrant le corps de la bombe, David avait déjà réussi à démonter les lambeaux de l'empennage sur lequel aucune marque n'était visible : la chaleur avait dû les effacer. Tout en auscultant le culot au moyen d'un stéthoscope, il soliquait :

— Bon sang ! Savoir seulement dans quel foutu pays cette saloperie a été fabriquée : par les temps qui courent tout le monde s'installe marchand de pétards et ne le crie pas toujours sur les toits.

Il écouta encore puis secoua la tête :

— Apparemment rien qui ressemble à un dispositif de retardement, dit-il en élevant la voix pour parler dans le micro-plastron accroché à sa veste. J'avais cru entendre quelque chose lorsque j'ai dévissé le boulon que j'avais baptisé numéro 4... mais rien. Je passe au numéro 5.

Il examina de plus près le métal, cherchant des rayures qui auraient pu le renseigner sur le sens du filetage, appuya son tournevis et pesa... en vain, puis essaya dans l'autre sens sans plus de succès. Posant son outil, il s'essuya le front avec l'avant-bras. Cet engin le prenait de court, exactement comme un adversaire aux cartes dont il ne parviendrait pas à découvrir la méthode de jeu. Un jeu! C'était d'ailleurs cela qui l'avait attiré la première fois : un cinglé d'étudiant avait placé une charge de T.N.T. dans la voiture d'un professeur de son université. Heureusement pour lui, l'enseignant avait coutume de vérifier tous les matins le niveau d'eau de sa batterie; il avait ouvert le capot avant de tourner la clé de contact. Il courut alerter la police, recommandant à David de ne toucher à rien et de ne laisser approcher personne, au lieu de quoi celui-ci s'était mis à tripoter le système destiné à faire exploser la bagnole puis, ayant mûrement cogité, avait entrepris de le démonter. Enfantin! Artisanal! Quand les spécialistes arrivèrent, il leur tendit le mécanisme dûment décortiqué en leur expliquant son fonctionnement.

— Ce petit malin avait prévu le coup. Regardez cette astuce : le gars qui aurait essayé d'enlever le truc sans couper ce fil-là au préalable se serait envolé directement au paradis.

Sa réussite avait valu au jeune homme une sacrée bamboula offerte par le rescapé, lequel s'était lui-même cuité à cette occasion. La semaine suivante, un homme aux cheveux gris coupés très courts, strictement vêtu d'un pardessus mastic, l'avait contacté à la sortie du laboratoire :

— Nous avons... hum... la nette impression que vous êtes exceptionnellement doué. Quel genre d'études poursuivez-vous en ce moment?

— Je prépare une thèse de doctorat sur l'électromagnétisme des...

— Assurément fort intéressant, coupa son interlocuteur, mais n'aimeriez-vous pas acquérir d'autres notions. Je suis certain que vous pourriez rendre de précieux services à votre pays.

Il y avait dix-sept ans de cela. Peu à peu sa renommée avait franchi les limites du discret organisme qui l'employait : les services techniques du ministère de la Défense sollicitaient fréquemment son concours; il avait même été amené à se rendre à l'étranger. Son plus bel exploit : le désamorçage d'un engin ultrasophistiqué placé dans la salle où devait se tenir une conférence internationale. Il passait son temps entre les différentes capitales où se manifestaient les terroristes lorsque éclata au bout du monde cette guerre inattendue qui n'osait pas dire son nom.

David alluma une cigarette et s'accorda une pause. Drôlement calé le bidule; il y avait certainement une cochonnerie là-dedans : il le *sentait*. Et d'abord, pourquoi cette bombe n'avait-elle pas explosé au choc. Le détonateur se trouvait bien au culot, donc fonctionnant apparemment par inertie, alors?...

— Ça va bien? interrogea une voix inquiète.

Il capela les écouteurs :

— Mais oui, mais oui!

— Le commandant vous fait demander si vous n'avez besoin de rien.

Il fut tenté de répondre : « Oh si, qu'on me laisse tranquille », mais se ravisa. Après tout ces gens-là faisaient leur métier. Au fait, comment pouvait-on appeler le sien? Il chercha une bonne définition : conjurateur de catastrophes préméditées! Hé, cela ferait très bien sur les cartes de visite. Il éteignit son mégot, fourragea dans ses cheveux et se décida :

— Bon! Je vais tenter ma chance avec le numéro 8, énonça-t-il dans le micro. Le voyez-vous sur la photo... à gauche du 4?

— Bien reçu.

— Parfait! Je commence, mollo mollo...

David assura la pince contre l'écrou et tourna avec précaution, tout à coup celui-ci céda.

— Ça y est! J'ai débloqué le...

Il s'interrompit et appliqua de nouveau le stéthoscope : un faible bruit, tout juste perceptible, lui parvint. Preste, il resserra l'écrou d'un poil : le bruit cessa.

— Bon Dieu, qu'ont-ils pu inventer?

Il fronça les sourcils, plus mécontent qu'inquiet. Des gouttes de sueur perlèrent à son front; brusquement des souvenirs affluèrent; à deux reprises déjà, il avait bien failli y rester.

La dernière fois, six mois de ça ou sept, ce fut vraiment tangent : il n'avait décelé le *second piège* qu'au tout dernier moment. A force de jouer ainsi, l'on finit par gagner.

David posa la pince et se força à contrôler sa respiration.

— Dis donc, mon vieux, qu'est-ce qui te prend? murmura-t-il inconsciemment.

Dans les premiers temps sa passion de triompher des embûches, de trouver la solution avait prévalu sur l'appréhension. Une sorte de soif de vaincre, irrésistible; la crainte elle-même le stimulait. Ensuite les choses avaient progressivement pris une autre tournure : *il s'était habitué à la peur*; elle était devenue pour lui une de ces vieilles connaissances qu'on salue en passant sans s'arrêter pour engager la conversation. Cette politesse rendue, il analysait froidement la machine infernale, la reconstituait dans sa tête, découvrait avec satisfaction les malices de ceux qui l'avaient conçue et la démolissait par degrés, sûr de lui et parfaitement détendu.

— Ces vieux baroudeurs doivent être des types dans mon genre, songeait-il en regardant les commandos marine s'entraîner sur le pont d'envol, accoutumés aux risques et n'en prenant qu'à bon escient après avoir étudié l'adversaire.

David n'avait jamais connu la guerre et, bien qu'il fût sincèrement pacifiste, parfois il le regrettait. L'existence qu'il menait lui plaisait même si elle impliquait des sacrifices. Ainsi il s'était toujours refusé à fonder une famille.

Alice, la secrétaire de son patron, était pourtant bien mignonne et ne demandait que ça... Bah, il y a les gens heureux et les gens utiles, et lui faisait partie sans doute de la deuxième catégorie, en ayant droit, faute de mieux, à « l'éternelle gratitude de ses concitoyens », comme l'avait proclamé tel ministre en accrochant une décoration à son revers. Dans la plus stricte intimité comme de juste. La croix dormait depuis lors au fond d'un tiroir.

Aujourd'hui il s'en rendait compte : côtoyer constamment le danger avait fait de lui un être à part, avec d'autres raisonnements, d'autres réflexes. Le commun des mortels ne pouvait pas comprendre : il aurait fallu qu'ils soient passés par là au moins une fois. Et quand il prendrait sa retraite, il en serait encore ainsi. Emettant un petit ricanement, il reprit la pince mais, avant même qu'il eût touché l'écrou, le bruit recommença, plus fort, une sorte de chuintement. Soudain il comprit le système...

— Attention! hurla-t-il dans le micro, le bloc détonateur est d...

L'explosion coupa littéralement la frégate en deux; sur ce point le chef d'état-major avait eu raison.

Cette histoire n'a pas d'âge : elle aurait pu se passer de nos jours aux Malouines ou il y a plus de cinquante ans en Angleterre lorsqu'un officier de la *Royal Navy* désamorça la première mine magnétique, échouée sur une plage. Au fond, comme les récits qui l'ont précédée, c'est celle de tous les humains placés, volontairement ou non, dans un contexte où ils doivent agir en sens contraire du plus élémentaire instinct de conservation.

Les vacanciers qui arrivent chaque été dans mon village varois avec un teint de cachet d'aspirine en repartent le corps transformé, bronzés comme des Indiens... Jusqu'au prochain hiver. Mais jamais ne s'efface la marque imprimée dans l'esprit de ceux qui furent brûlés par le soleil des armes.

Le Revest-les-Eaux, Mai 1991

## *Table des matières*

*Achevé d'imprimer en mai 1991*
*sur presse CAMERON*
*dans les ateliers de la S.E.P.C.*
*à Saint-Amand-Montrond (Cher)*

Éditions du Rocher
28, rue du Comte-Félix-Gastaldi
Monaco

N° d'édition : CNE, section commerce et industrie. Monaco 19023
N° d'Impression : 1282
Dépôt légal : mai 1991